Robert Barnard

CYWION
NELL

Addasiad

PEREDUR LYNCH

Gwasg Taf
2001

Mewn amrantiad tynnodd Gordon rywbeth allan o waelodion ei boced, a'i gau yng nghledr ei law. 'W'ti'n cofio'r froetsh? Y froetsh oedd Llywelyn yn chwilio amdani er mwyn ca'l tystiolaeth yn erbyn y lob o Gaer-emrys? Y froetsh roddodd Pritchard iddi? Be ti'n feddwl 'di hon?'

Agorodd gledr ei law. Yno'n sgleinio o dan drwyn Brian roedd broetsh arian fechan ar lun paun, a mân emau yn ronynnau llachar yn y llygaid ac ar hyd y gynffon.

'Un bach ddel, 'dydi? Un ddrud hefyd, ddeudwn i. A ti'n gwbod lle dwi 'di bod yn ei chadw hi? Yn y coleg! Tu ôl i bentwr o lyfra yn stafall Pritchard!… Goriada porthor yn betha handi, w'sti… Ond yn 'y mhocad i bydd hi o hyn allan. A bob tro fydda i'n ei thwtsiad hi, fydda i'n cofio wynab pathetig Nell ar y llwybr 'na, ac yn gwbod na fydd yr ast byth bythoedd yn dod 'nôl.'

Syllodd Brian mewn anghrediniaeth ar y froetsh. Doedd dim dwywaith amdani. Hon oedd y froetsh. Hon gafodd ei rhwygo oddi ar ddillad Nell. Am hon y bu'r heddlu'n chwilota yn y tŷ. Hon gafodd ei disgrifio'n fanwl yn y papurau newydd. Ac wrth ei gweld fel hyn yn sgleinio ar gledr llaw Gordon dechreuodd ei ben droi. Plygodd dros y basn golchi unwaith eto a chwydu'i berfedd y tro hwn.

'Ia, chwyda di, brawd bach. Cacha lond dy drowsus,' meddai Gordon yn watwarus. 'Ma' gin ti le i boeni. Oeddat titha'n rhan o'r cynllwyn. *Conspiracy to murder* – uffar o drosedd, w'sti. A dallta hyn, 'swn i'n cyffesu, nawn i'n siŵr fod titha hefyd yn y cach.'

'Cyffesu?' ebe Brian o ganol ei gyfog. 'Pam gneud peth felly?'

'Dwn i'm,' atebodd Gordon, a thinc o dristwch bron yn

ei lais. 'Ond weithia dwi'n ca'l 'y nhemtio... Oes 'na bwrpas dal ati? Oes 'na bwrpas i betha fel ma' nhw?... Mi nath Nell lanast o'n bywyda ni. Ac w'sti be ydan ni o'i hachos hi? Bastads trist, digymeriad. Dyna ti'r holl genod 'na drw'r ha. W'sti pam 'mod i 'di bod ar eu cefna nhw un ar ôl y llall? Ar ôl dau neu dri thro oeddan nhw'n ca'l llond bol arna i. Bastad boring o'n i yn eu golwg nhw. Dyna'r llanast ma' Nell 'di neud... A be sy 'na ar ôl rŵan? Mond y teulu.'

Roedd Brian erbyn hyn wedi dod ato'i hun ac yn sychu'i wep hefo llond llaw o bapur tŷ bach. Ond dal i refru heb gymryd sylw ohono a wnaeth Gordon.

'Ti. Rhian. A'r hen Ffred. Dyna'r cwbwl sgin i. Ond ma' hynna'n well na dim. A mae o'n gyfrifoldab. 'Na i joban iawn ohoni. Cheith snobs Aberedwy byth eto chwerthin am ein penna ni. A chân' nhw ddim rheswm i neud. Achos fyddwn ni'n sticio hefo'n gilydd, ac yn deulu bach cyfrifol.'

Wrth weld ei frawd yn rwdlan mor ddigyfeiriad, ymwrolodd Brian. 'Gordon,' meddai'n daer. 'Gordon, ma' gin i 'mywyd 'yn hun i'w fyw.'

'Nac oes, Brian. Ti'n anghywir. Y teulu sy'n bwysig rŵan. 'Dan ni i gyd yn yr un cwch. A dallta hyn, er ein mwyn *ni*, er mwyn y teulu, y ces i warad ohoni... Ac o hyn allan fydd 'na drefn ar betha. Disgyblaeth. Dyna s'isio. Ryw ddiwrnod fyddi di'n dod â chlod i ni. A falla y gnawn ni rwbath o Rhian. Ond disgyblaeth, dyna s'isio i ddechra. Fydd raid i ni i gyd ymddisgyblu.'

'Gordon, dwi'm isio dy hen ddisgyblaeth henffasiwn di! Dwi'm isio bod yn frawd *bach* i ti am byth!'

'Ond sgin ti'm dewis. Ti'm yn dallt? Er dy fwyn di –

dyna pam nes i ei lladd hi. Er dy fwyn di, Brian.'

'Ond do'n i ddim am i hynny ddigwydd. Do'n i ddim isio iddi ga'l ei lladd.'

Sythodd Gordon, a rho'i fraich yn dadol am ysgwydd Brian.

'Wn i,' meddai. 'Dyna pam nes i'r joban ar 'y mhen 'yn hun. Ond isio dy weld di'n ca'l dy ryddhau o'n i. Ei mwrdro hi *er dy fwyn di* 'nes i.'

Yn nhrem wag Brian doedd dim arlliw o ofn i'w weld erbyn hyn. Dim ond tristwch llethol. Na, doedd Nell ddim yn bod bellach, ond yr ennyd honno, yng ngolau llachar y toiled, synhwyrai fod gwlad yr addewid ymhell bell i ffwrdd.

DIWEDD

Hefyd yn y gyfres hon:

Y Cylch yn Cau, Evelyn Anthony/William Gwyn Jones (Gwasg Gwynedd)

Ar Gortyn Brau, P. D. James/Mari Lisa (Cymdeithas Lyfrau Ceredigion)

Chwerw'n Troi'n Chwarae, Ian Rankin/John Rowlands (Gwasg Gomer)

Mewn Drych, Dick Francis/Dylan Williams (Gwasg Gwynedd)

Llinyn Rhy Dynn, B. M. Gill/Meinir Pierce Jones (Gwasg Gomer)

Bai ar Gam, Michael Underwood/Wyn G. Roberts (Gwasg Carreg Gwalch)

Cymru ar Werth, Penri Jones (Gwasg Dwyfor)

Ingles, Urien Wiliam (Gwasg Gomer)

Rhwng y Cŵn a'r Brain, Elgan Philip Davies (Hughes a'i Fab)

Seidr Chwerw, Peter Lovesey/Ieuan Griffith (Gwasg Carreg Gwalch)

Amser i Farw, Jonathan Ross/Elin ap Hywel (Hughes a'i Fab)

Y Llwybr Cul, Dorothy Simpson/Nansi Pritchard (Cyhoeddiadau Mei)

Ias o Ofn, Margaret Yorke/W. J. Jones (Cyhoeddiadau Mei)

Noson yr Heliwr, Lyn Ebenezer (Y Lolfa)

Y Goeden Lasarus, Robert Richardson/Llifon Jones (Gwasg Carreg Gwalch)

Corff yn y Capel, Urien Wiliam (Y Lolfa)

Celwyddau Distawrwydd, Brian Moore/Nansi Pritchard (Gwasg Gwynedd)

Lara, Eirug Wyn (Y Lolfa)

Rhyw Chwarae Plant, Elgan Philip Davies (Cymdeithas Lyfrau Ceredigion)

Apwyntiad Terfynol, Roy Hart/Llifon Jones (Gwasg Carreg Gwalch)

Datod Gwe, Penny Kline/Emily Huws (Gwasg Gomer)

Cyffur Cariad, Urien Wiliam (Y Lolfa)

Magl yr Heliwr, Kay Mitchell/Megan Tomos (Gwasg Gomer)

Corff yn y Goedwig, Alison Taylor/Emily Huws (Gwasg Gwynedd)

Semtecs, Geraint V. Jones (Gwasg Carreg Gwalch)

Fel y Dur, Elgan Philip Davies (Cymdeithas Lyfrau Ceredigion)

Twyll Diderfyn, Urien Wiliam (Y Lolfa)

Asasin, Geraint V. Jones (Gwasg Carreg Gwalch)

Ar Chwarae Bach, B. M. Gill/Ieuan Griffith (Gwasg Gomer)

Omega, Geraint V. Jones (Gwasg Carreg Gwalch)

PENNOD 1

Y FAM A'I THYLWYTH

Yn haul cynnar y gwanwyn, drwy dawelwch swbwrbaidd Heol y Deri, gorymdeithiai brenhines hunanapwyntiedig Aberedwy. Clip clop, clip clop, heibio i'r ceir drudfawr a'r tai unffurf âi Nelly Veronica Hughes; Nelly Veronica Hughes gyda'i basged siopa ar ei braich ac ar ddechrau wythnos olaf un ei buchedd bathetig ar y ddaear hon.

'Helô, Mr Davies. Ydi'r lymbego'n well? Neis gweld y gwanwyn, 'tydi? Dim byd fel y gwanwyn i godi calon rhywun.'

Dim ond ebychiad myngus a gafwyd o du'r Athro Emeritws Glandon Davies; digon i awgrymu nad oedd y lymbego'n well ac na fyddai sylwadau nawddoglyd hulpan wirion fel Nelly Veronica Hughes yn debygol o'i wella ychwaith. Ond doedd fawr o bwrpas i'w ebychiad hyd yn oed. Yr oedd Nell wedi hen fynd heibio iddo ac eisoes yn llygadu targed nesaf ei chyfarchion boreol.

'Helô, Mrs Price. Dwrnod neis… A ma'r ferch adra hefo chi! A'r plant bach hefyd?… Lyfli! Lyfli!… Mi gewch benwythnos ffantastig.'

Roedd crybwyll ei hwyrion yn ddigon i godi awydd sgwrs ar Mrs Eifiona Price. Ond nid felly Nell: 'Fedra i'm stopio, Mrs Price fach. Holl siopa'r Sul i'w neud, ylwch.' Ac i ffwrdd â hi gan adael Mrs Price gyda'r teimlad annifyr ei bod hi wedi cael ei bychanu, a hynny gan Nelly

Veronica Hughes o bawb.

Nid gwraig y byddech chi'n debygol o'i hanghofio ar fyrder oedd Nelly Veronica Hughes. Ar rai o strydoedd diddorol Amsterdam, ac yn y Barri Xines yn Barcelona, dichon y gweddai'r gôt o 'groen' llewpart a oedd wedi ei lapio o amgylch ei chorff brestiog. Priodol yno hefyd fyddai'r sandalau plastig du gyda phlethwaith o addurniadau euraid arnynt, ynghyd â gwawr gopr ei gwallt lliw potel. Ond yn Aberedwy, ac ar stad Awel y Môr, roedd y trigolion – gwragedd y capeli, yn enwedig – yn sylwi ac yn siarad am ferched a wisgai'r fath rig-owt.

Ar fore Sadwrn arall felly, wele Nell yn gorymdeithio am siopau'r dre. Iddi hi roedd siopa'n berfformans, yn llwyfan cyhoeddus i ymollwng i fôr o chwerthin aflywodraethus arno. Ac yn siop y cigydd a'r Coparét, yn y siop bapur newydd, y fferyllfa a'r siop lysiau, gwyddent oll amdani. Oni chlywsant ganwaith ei jôcs treuliedig? Onid eu tynged, o wythnos i wythnos, fu cadw wyneb ac ymdrechu i weini arni yn ymddangosiadol glên? Onid rhyddhad o hyd oedd ei gweld yn mynd? Bobol bach, roedd holl siopwyr Aberedwy yn nabod Nell; hithau hefyd yn eu nabod hwy, ac yn gwbl argyhoeddedig fod pob un wan jac ohonynt yn ei hystyried yn gymêr a hanner. Onid oedd hi, wedi'r cwbl, wedi dod â mymryn o fywyd i'r lle?

'Rhowch ddarn reit dda o'r bîff 'na imi, Gwilym. Dim gormod o frastar, rŵan, neu chwip din gewch chi. Hi hi hi...' Yr un hen jôc yn yr un hen le. A'r tu ôl i doddion saim ei wên deg, yr un hen amheuaeth yn goglais meddwl Gwilym Davies: a wyddai Nell y gwahaniaeth rhwng stecen dda a lwmpyn o lard? 'Neith y darn yna'n lyfli,

6

Gwilym. Jyst y peth a hitha'n ben blwydd Gordon fory… Ond dew, 'swn i 'di mwynhau rhoi chwip din i chi!… Hi hi hi.'

Ac o siop i siop, gan glochdar a chwerthin yn aflafar, gan greu embaras a thramgwyddo rhai o'r cwsmeriaid eraill, parediodd Nell nes cyrraedd ei chyrchfan olaf, sef siop bapurau newydd Ellis & Jones ar waelod yr allt. Yno aeth drwy'r un hen ddefod, sef prynu ei chopi wythnosol o'r *Caernarfon and Denbigh Herald* gyda newyddion a chlecs o'r hen fro.

'Dew, dwrnod braf, Mr Jones. A ma'r haul yn gwenu jyst er mwyn Nell, w'chi. Rhywun i fyny fan'cw 'di ca'l *crush* arna i! Hi hi hi… Hi hi hi… Rŵan 'ta, gymra i focs o dsiocled hefyd… Y mab 'cw, Gordon. Mae o'n chwech ar hugian fory, w'chi.'

Llygadodd Nell y bocsys lliwgar o'i blaen, a phwyntio'i bys at y mwyaf a'r drutaf yn eu plith.

'Dim byd ond y gora i'n teulu bach ni, yntê?' ymffrostiodd, gan estyn am bapur decpunt o'i phwrs.

'A beth yw hanes Gordon y dyddie hyn?' holodd y siopwr yn ddiplomataidd o glên.

'Y funud yma? Ma'n siŵr fod y cena bach yn ei wely!' meddai Nell cyn chwerthin yn wichlyd drachefn. 'Dyna lle oedd y ddau ohonyn nhw – Brian a fynta – pan o'n i'n cychwyn allan. "Codwch, y tacla, erbyn i mi ddod adra, neu fydd 'ma gythral o le!" – dyna ddeudodd Nell wrthyn nhw wrth gychwyn… O! 'dan ni'n ca'l hwyl efo'n gilydd. A hen hogia iawn 'di'r ddau ohonyn nhw.' Agorodd Nell ddrws y siop bapurau newydd a lled-gamu i ganol yr haul. 'Dew, ma'n nhw'n meddwl y byd ohona i,' meddai cyn ymadael. 'Mi fasan yn gneud rwbath er mwyn Nell.'

*　　*　　*

Tref glan môr oedd Aberedwy; tref a freintiwyd drwy ryw ryfedd wyrth â choleg prifysgol. Er hynny, gofalodd y Bod Mawr, ynghyd â thirwedd y lle, na fyddai hi byth yn tyfu'n dref fawr. Casgliad o strydoedd clawstroffobig y tu ôl i gryman o draeth oedd ei chanol. I'r gogledd a'r dwyrain roedd bryniau'r wlad gyfagos yn cau'n dynn fel staes Fictoraidd amdani. Ond ers y chwedegau roedd Aberedwy wedi magu bloneg, a chareiau'r hen staes wedi gorfod rhoi mewn mannau. Tyst i hynny oedd y stadau tai newydd ar y cyrion, a chadarn goncrid adeiladau newydd y coleg ar fryndir uwchlaw'r dref. Safai stad Awel y Môr ar godiad tir, dafliad carreg o ganol y dref. Tua deugain o dai oedd yno i gyd, a'r rheini wedi eu codi yn ystod y chwedegau. Roedd yno hefyd chwech o dai eang a braf a godwyd yn ystod y tridegau ac a oedd fymryn islaw'r stad ei hun ac ar wahân iddi. Hwy oedd â'r olygfa orau. O'u parlyrau a'u llofftydd ffrynt gellid gweld y dref a'r bae yn glir islaw, ac ar nosweithiau braf gellid syllu ar yr haul yn llithro'n llesmeiriol araf i'r môr. Roedd y stad yn lle digon preifat a neilltuedig, ac eto dim ond clip o allt, ac roedd rhywun yng nghanol y dref ac o fewn cyrraedd y siopau.

Mudo i Aberedwy a wnaeth Nell. Un o Arfon oedd hi'n wreiddiol; un o werin ôl-Fethodistaidd ardal y chwareli a benderfynodd ymddyrchafu yn y byd. Petai hi ond wedi aros tan yr wythdegau cyn i'r ysfa ryfedd hon ei meddiannu, byddai Caernarfon a'i ddiwydiant teledu a'i sêr wedi bod yn hwylus wrth law. Ond daethai'r penysgafndod hwn i'w rhan cyn gwawrio o'r milblynyddoedd yn nhre'r Cofis. I Aberedwy, gan hynny, y mynnai Nell fudo, a'r hyn a roddodd rwydd hynt iddi symud i ganol tawelwch swbwrbaidd Awel y Môr oedd y tâl diswyddo a dderbyniodd ei gŵr yn sgil cau un o ffatrïoedd Arfon. Bonws ychwanegol oedd swm bach reit ddel a enillwyd ganddi hi ei hun ar y pyllau pêl-droed.

Yn Awst l975, gan hynny, pan oedd eisteddfodwyr Cymry yn anelu am Gricieth, a thrên y 'Ddau Ddafydd' yn atgof llesmeiriol ym meddyliau Pleidwyr Arfon a Meirionnydd, gwelwyd un o lorïau dodrefn Pritchard Bros yn ymlwybro am Aberedwy, a Nelly Veronica Hughes, ei gŵr, ei dau fab a'i hunig ferch, yn codi pac yn eu hymchwil anniwall am borfeydd bras y dosbarth canol Cymraeg. Ac yr oedd gan Aberedwy lawer i'w gynnig i Nell. Roedd yno ysgolion Cymraeg yn llawn o blant neis hefo enwau fel Meleri ferch Dafydd, Siôn Trefor a Gwion Llŷr. Roedd yno ambell stryd dawel fel Coedlan Arthur lle y medrech gyfarch ambell lenor a fyddai'n pynditio o dro i dro ar raglenni celfyddydol o'r Eisteddfod Genedlaethol. Roedd yno hefyd ddarlithwyr eangfrydig a gwâr a oedd yn debygol o yfed (ac o werthfawrogi) o leiaf un botel o Château Petrus yn ystod eu hoes.

Ond, yn anffodus, dim ond symud i Aberedwy a wnaeth Nell; symud i rif 7, Awel y Môr, heb ddeall fod i Aberedwy a'i ddosbarth canol ei set o reolau anysgrifenedig a'i god moesol; symud o ganol brau werinos y tefyrn tatws yn Arfon gan gredu bod y tŷ-semi teirllofft megis hudlath a fyddai'n ei thrawsnewid hi a'i theulu. Nid ffenomen ddaearyddol yn unig oedd y bryniau a amgylchynai'r dre, ond, yn achos rhai o'r trigolion, rhyw staes seicolegol a'u trodd yn fodau startshlyd o bropor. Ar stad Awel y Môr roedd digonedd o'r cyfryw rai yn byw, a deng mlynedd a mwy ar ôl mudo i Aberedwy, parhâi Nell o hyd yn aderyn dieithr a rhyfedd yn eu golwg. Yn wir, wrth weld y lori ddodrefn honno'n dadlwytho yn ôl yn 1975, onid yngan un o linellau Siôn Tudur o dan ei wynt a wnaeth yr Athro Glandon – 'a barcud yn farcud fyth'?

*   *   *

'Rhoi taw ar y gotsan, unwaith ac am byth! Dyna'r atab!' meddai Gordon Hughes a orweddai ar wastad ei gefn ar ei wely gan syllu'n ddwys tua'r nenfwd. 'Rhoi tro iawn yn ei gwddw hi! Esu, dyna liciwn i neud!'

Ar wely sengl arall yn yr un ystafell gorweddai Brian. Rhoddodd y llyfr y bu'n pori ynddo drwy'r bore o'r neilltu.

'Dwi'n gallu'i chlywad hi rŵan!' meddai. '"Sgynnoch chi gyw iâr at y Sul imi, Gwilym? Gnewch chi'n siŵr ei fod o'n un nobl achos… achos ma' Gordon ni'n licio darn reit neis o frest."'

Yna dechreuodd Gordon ac yntau chwerthin yn wich-lyd fel eu mam. '"Hi hi hi. Hi hi hi. Hi hi hi."'

Parhaodd Gordon â'r dynwarediad. '"Nath chydig o chwerthin rioed ddrwg i neb. Yr hogia a fi – 'dan ni'n tynnu ar ein gilydd rownd y rîl, w'chi… A hen hogia iawn ydyn nhw… Meddwl y byd ohona i… Gneud bob dim dwi'n ddeud."'

Yna'n sydyn ymddifrifolodd. Cododd ar ei eistedd a syllu'n brudd ar ei frawd. 'A ma' hynny'n wir, 'tydi?' meddai'n dawel. 'Cowtowio iddi ar hyd y blynyddoedd. Dyna'n drwg ni. Gneud bob dim ma'r ast yn ddeud… A be nawn ni, Brian? Cau ceg y lwnatig unwaith ac am byth, 'ta be?'

Ddaeth yr un ateb o enau Brian i'r cwestiwn hwn. Roedd yntau wedi ymddifrifoli erbyn hyn, a'r awgrym lleiaf o nerfusrwydd yn nwfn ei lygaid.

Gordon a Brian. Y ddau fab. Cywion Nell. O ran pryd a gwedd, prin fod llawer o debygrwydd rhwng y ddau. Gordon oedd yr hynaf. Gyda'i gorff cyhyrog a'i wallt pryd tywyll, y fo hefyd oedd yr un mwyaf prydweddol. Am bum mlynedd mi fu yn y fyddin, yn breifat gyda'r Ffiwsilwyr Brenhinol Cymreig. Ond porthor a swyddog diogelwch oedd o bellach yng Ngholeg Prifysgol Cymru Aberedwy; swydd nad oedd chwarter digon da iddo yn ôl ei fam. Deunaw oed oedd Brian, a'i lwyddiannau academaidd yn yr ysgol uwchradd Gymraeg yn destun cryn falchder i'r teulu. Ymhen ychydig wythnosau, byddai'n wynebu'i arholiadau Safon Uwch, a'r hydref dilynol roedd pob gobaith y byddai'n fyfyriwr yn yr Adran Hanes yng ngholeg y dre. Un pryd golau oedd o; un llawer eiddilach na'i frawd, a'i holl osgo'n awgrymu ei fod yn un a ymrôi i bethau'r meddwl. Ond, os oedd Gordon a Brian mor drawiadol wahanol i'w gilydd â Laurel a Hardy, yr oedd, serch hynny, un gadwyn enbyd yn eu clymu ynghyd: bod yn feibion i Nell. Nell yr hen jadan flagardiog; Nell ffôl, rydd ei thafod, a godai gywilydd arnynt ar hyd a lled y dref: o'i chroth hi y daethai'r ddau.

'W'ti 'di sylwi ar un peth?' meddai Brian ymhen hir a hwyr. 'Bob dim ma' hi'n neud, ma' 'na batrwm pendant iddo fo, 'toes?'

'Be? Drewi'r toilet 'run amsar bob bora!' atebodd Gordon yn goeglyd.

'Naci'r ffŵl. Bob un dwrnod; bob un wsnos. Ma' hi

wastad yn dilyn yr un drefn; yn glynu at yr un rhigola.'

'Ti'n iawn… Faint o' gloch ma' hi'n cyrradd y Rose and Crown ar nos Sadwrn? Chwartar wedi saith! Faint o' gloch ma' hi'n cychwyn am adra? Hannar awr 'di deg! Esu, ma'i bywyd hi fatha teimar y gwres canolog. A phan ma'r ast allan o'r tŷ ti'n gwbod y bydd hi'n ôl ar y dot. Ti'n gwbod i'r eiliad pryd i'w ddisgwl o: "Iŵ-hŵ, dwi'n ôl, hogia!" Esu, digon i yrru rhywun o'i go.'

'Ond ma' hynny'n fanteisiol i ni,' meddai Brian a gwên ar ei wyneb. 'Y ffaith ei bod hi'n glynu mor ffyddlon at yr un hen arferion.'

'Ti'n iawn!' sbowtiodd Gordon. 'Uffernol o handi, a ninna'n planio sut i roi taw arni.'

'Esu, 'sat ti'n boblogaidd yn y dre 'ma. Mi gaet yr OBE falla! Neu dy neud yn faer!… A mi fasa'r cwbwl mor foesol dderbyniol â'r ymgais i ladd Hitler… Ca'l gwarad ag unben, yli!'

Roedd Gordon, erbyn hyn, wedi codi oddi ar ei wely ac wrthi'n gwneud ei ymarferion corfforol boreol. Rhywbeth oedd wedi para ers dyddiau'r fyddin oedd hyn. Rhyw awydd i brofi iddo ef ei hun, ac i bawb o'i gwmpas, y medrai ymgodymu o hyd â disgyblaeth gorfforol lem. Ac fel yr atgoffai ei frawd yn aml, oni allai'r ffitrwydd hwn, a'r cyhyrau tyn, fod o wir gymorth iddo ar ryw awr o gyfyngder? Chwythai fel stemar wrth iddo ymgyrraedd at ei ddeugeinfed *press-up*.

'Neno'r Tad,' meddai Brian, 'rho'r gora i'r giamocs 'na. Cynllunio, a meddwl yn ofalus, dyna sy'n bwysig rŵan.'

'Dwi *yn* meddwl,' atebodd Gordon yn chwys i gyd.

'A be 'di ffrwyth myfyrdod Mr Charles Atlas?'

Rhoddodd Gordon y gorau i'w gampau a bustachodd at

droed gwely ei frawd.

'Dydd Sadwrn!… Hwnnw 'di'r dwrnod gora!… Dydd Sadwrn wsnos i heddiw!… Fel y bydd hi'n dod adra o'r Rose and Crown ac yn chwysu mynd ar y llwybr wrth gefn yr hen sbyty – whaaac! Ei tharo hi'n iawn ar ei phen… Neu raff, falla, am ei gwddw hi… W'ti'n gêm, Brian?'

'Siŵr Dduw 'mod i!' meddai Brian yn wên o glust i glust. Gorffwysodd ei ben yn ôl ar y glustog. 'Cythral o syniad da. Pawb yn meddwl fod rhywun 'di trio'i mygio hi a bod hynny 'di mynd dros ben llestri. Ddwynwn ni ei handbag hi i neud siŵr… Dew! 'sa rhywun mond efo'r gyts a'r asgwrn cefn i neud y fath beth.'

Prin y cafodd Brian gyfle i orffen ei frawddeg cyn i Gordon neidio ar ei ben a dechrau'i ysgwyd yn filain yn erbyn y gwely.

'Bastad gwirion!' bytheiriodd. 'Dim jôc ydi hyn… Dwi o ddifri… W'ti'n dallt?… Dwi 'di laru malu cachu.'

'O ddifri?' atebodd Brian yn araf. 'W'ti'n meddwl 'sat ti… 'san ni'n gallu gneud y fath beth?'

Cododd Gordon ac aeth yn ôl at ei wely ei hun. Eisteddodd, a rhoi'i ben yn ei ddwylo. Felly y bu am rai eiliadau, yn syllu ar ei draed ac yn anadlu'n ddwfn. Yna cododd ei ben yn araf.

'Pa ffor' arall sy 'na?' meddai'n daer. ''Nes i drio, do? Pam ddiawl ti'n meddwl 'mod i 'di mynd i'r armi?… A faint callach o'n i? Oedd y cwlwm yn rhy dynn, yli. Oedd hi fatha maen melin rownd 'y ngwddw i hyd yn oed yn fan'no… A titha? Pam ddiawl w'ti am fynd i coleg yn fa'ma?… Ddeuda i wrthat ti… Ofn dengyd w'ti. Ofn gadal Nell… Be am Gaerdydd neu Abertawe?… O, na! Mi fasa fan'no'n rhy bell i hogyn bach Nell. Adra hefo'i fami ma'i le fo!'

'Chwara teg rŵan, 'y newis i oedd o,' protestiodd Brian. 'A ma' 'na resyma academaidd, i ti ga'l dallt.'

'"Rhesyma academaidd", myn uffar i! Methu torri'n rhydd w'ti. Y cwlwm yn rhy dynn. A phan geith hi hartan mewn ryw ddeg mlynadd ar hugian, fyddi di'n dal yma, a Nell 'di sugno pob owns o fywyd a phersonoliaeth allan ohonat ti… Ond cheith yr ast ddim gneud llanast o 'mywyd i. Torri'r cwlwm unwaith ac am byth! Ca'l gwarad arni! Dyna'r unig atab.'

'Ond ma' 'na ffor' arall; bownd o fod,' meddai Brian heb fawr o argyhoeddiad.

'Nac oes!' meddai Gordon yn wyllt. 'Toes 'na'r un. Neu 'swn i'n rhydd rŵan… Ond dod 'nôl o'r armi 'nes i. A mi fydd y ddau ohonan ni'n styc yn fa'ma. A Nell fatha pry copyn mawr yng nghanol ei gwe yn diddanu'i phryfaid bach diniwad.'

'Ond falla y byddi di'n priodi ryw ddwrnod.'

'Priodi! A Nell ar dir y byw! Blydi hel, dydi'r slag fwya'n y byd ddim yn haeddu Nell fel mam-yng-nghyfraith.'

'Y llinyn bogail tragwyddol. Ma' 'na lyfr am y peth, w'sti. *Sons and Lo*–'

'Stwffia dy lyfr. 'Y *mywyd* i ydi hwn… A be 'swn i'n mynd at… ati hi? A be 'sa hi isio 'mhriodi fi? Be fasa'n digwydd wedyn?… Mi fasa Nell yn rheoli'r cwbwl. Achos Nell bia ni'n dau. O'r funud geuthon ni'n geni, ei thegana hi oeddan ni… A mond un ffor' sy 'na o dorri'n rhydd. W'ti'n dallt?'

'Pwy ydi hi?' holodd Brian.

'Be ti'n falu?'

'Pwy 'di'r "hi" 'ma? Y ferch berffaith 'sa ti'n fodlon ei

phriodi?'

'Neb yn benodol… Dychmygu petha o'n i… Meddwl am hogan fel Delyth Prydderch… Sgin i'm tsians hefo rhywun fel'na. Esu, prin fod honna rioed 'di sbio arna i. Ac w'ti'n gweld bai arni hi? Hogyn pump ar hugian o dan fawd ei fam o hyd! Be uffar ma' hi'n ei feddwl ohona i?… A fel'na fydd petha os na ddown ni'n rhydd o grafanga Nell.'

'Ti'n iawn,' atebodd Brian yn ddifeddwl ddigon. 'Ti'n iawn. Ti'n iawn,' meddai drachefn mewn llais cryfach fel petai am berswadio'i frawd ei fod yn llefaru â gwir argyhoeddiad.

'Reit 'ta. Dechra planio. Dyna'r peth pwysig rŵan,' meddai Gordon.

'Y trwbwl ydi ma'r teulu sy'n ca'l eu hama gynta mewn achosion o lofruddiaeth,' meddai Brian ymhen ychydig.

'Rong. Y gŵr. Ac w'ti'n eu gweld nhw'n ama Ffred? A hyd yn oed 'tasan nhw, mi fydd gynno fo *alibi* perffaith ar nos Sadwrn a fynta'n y Ship.'

'Felly, ni'n dau fydd yn ca'l ein hama.'

'Be? Cywion Nell! Ma' pawb yn y lle 'ma'n meddwl bo' ni'n deulu bach hapus. Meddwl bo' ni'n hannar addoli Nell,' meddai Gordon yn hyderus. Yna trodd at ei frawd a holi'n ddifrifol: 'W'ti rioed 'di deud wrth unrhyw un?'

'Deud be?'

'Deud sut 'dan ni'n teimlo o ddifri ynglŷn â Nell – sut 'san ni'n lecio'i rhoi hi mewn andros o badall fawr, a'i gweld hi'n ffrio'n ara deg.'

'Esu, naddo. Rioed. Ddeudis i rioed wrth neb yn 'rysgol. A be fasa'r pwynt, a hitha wrthi rownd y rîl yn canmol y "teulu bach"? Pam rhoi achos i bobol feddwl fel arall?'

Gwenodd Gordon. 'Yr Huwsiaid! Y teulu clòs cytûn! Yr hogia'n meddwl y byd o'r fam! Nell druan. Ma' hi 'di sbredio'r cachu yna drwy'r dre i gyd. A ma' hi'n ei goelio fo'i hun hyd yn oed. Chei di'm gwell *cover* na hynna… Cynllunio'n ofalus, a cadw'n penna – dyna'r peth pwysig rŵan.'

I lawr y grisiau clepiodd drws.

''Dach chi'n dal i bydru'n eich gwlâu? Codwch, y tacla, neu mi chwipia i'ch tina chi o fa'ma i Batagonia.' Yna clywyd chwerthin gwichlyd Nell yn atseinio drwy'r tŷ. 'Hi hi hi. Hi hi hi. Hi hi hi.'

'Dod rŵan, Mam,' meddai deulais ufudd o'r llofft. Ond wrth i Brian ruthro am ei ddillad, gafaelodd Gordon ynddo a'i sodro'n ddiseremoni yn erbyn y pared. Syllodd yn fygythiol i fyw ei lygaid.

'Ti'n dallt, 'dwyt? Dim jôc ydi hyn. 'Dan ni'n mynd i'w lladd hi.'

PENNOD 2

NOSON AR YR ÊL

Practis oedd y noson honno i fod. Practis ar gyfer y noson
fawr ymhen wythnos; ac ymhen wythnos byddai Nell yn
farw gelain ac ar ei ffordd at ei Chreawdwr. Roedd Brian
yn ymwybodol iawn o hynny; yn ymwybodol fod yn rhaid
iddo fod yn sylwgar ac effro. Ei ddyletswydd oedd rhag-
weld anawsterau, neu, os oedd hynny'n bosibl, sylwi ar yr
hyn a allai fod o gymorth i ddau ddarpar lofrudd.

A hithau'n nos Sadwrn, roedd y teulu wedi mynd allan i
ddathlu pen blwydd Gordon, er mai ar y dydd Sul yr oedd
o'n chwech ar hugain mewn gwirionedd. Nid bod y dathlu
i ddod i ben yn ddisymwth y noson honno. Wrth siopa yn
y dre ben bore gofalodd Nell brynu digon o ddanteithion
fel y câi'r dathlu barhau dros ginio drannoeth.

Roedd yr Huwsiaid, felly, yn eu cyrchfan arferol ac yn
deulu bach ymddangosiadol gytûn yn yr un hen gornel yn
y Rose and Crown. Ac ar hyd yr un llwybr y tu ôl i'r hen
ysbyty y cerddasant yno. Yn ôl amseru manwl Gordon,
chwe munud a hanner oedd hyd y daith. Cerddasai ar hyd
y llwybr hwnnw droeon o'r blaen, ond dim ond y Sadwrn
hwn y gwawriodd arno mewn gwirionedd pa mor ogon-
eddus o beryglus ydoedd gyda'i gilfachau snêc yma ac acw.

Y Rose and Crown oedd tafarn Nell. Yno roedd hi yn
ei helfen. Yno câi siarad dwli gyda'r tafarnwr, Elfael
Jenkins. Yn bwysicach fyth, yno hefyd câi yfed ymysg
academwyr a Chymry proffesiynol Aberedwy. Ynghanol y

mwg, rhwng parwydydd a oedd yn un plastar o bosteri melynfrown, credai Nell yn gwbl ddiysgog ei bod yn ymdroi ymhlith hufen y genedl. Roedd unrhyw un â 'Dr' o flaen ei enw i'w fawr edmygu yn ei golwg hi, ac unrhyw un a oedd yn Athro – wel, yr oedd hwnnw neu honno'n tarddu o blith yr angylion eu hunain. (Trueni na wyddai'r jolp wirion pa mor ddaearol ddiflas oedd darlithoedd y rhan fwyaf ohonynt, a bod doethuriaethau'n fynych iawn yn cael eu rhannu fel conffeti.)

Ar wahân i'r ffaith fod Gordon yn dathlu ei ben blwydd, roedd hon yn nos Sadwrn nodweddiadol yn hanes Nell. Wel, bron â bod, oherwydd heno roedd Ffred yn gwmni iddi – am ryw beint neu ddau beth bynnag. I Ffred, nos Sadwrn yn ddi-ffael oedd noson chwarae dartiau yn y Ship; y noson pan gâi ei draed yn rhydd. Ond heno, er mwyn dathlu gyda gweddill y teulu, a rhag tynnu'n groes i Nell, yr oedd am dreulio rhyw awr neu ddwy yn y Rose and Crown.

Creadur bach eiddil a thawel oedd Ffred Hughes. Er nad oedd ond hanner cant a phump, edrychai o leiaf ugain mlynedd yn hŷn na Nell. Ac i'r rhai hynny yn Aberedwy a oedd yn gybyddus ag o, testun gwawd a dirmyg ydoedd. Ef oedd gŵr y bladres flagardiog o'r 'North'; y llipryn di-asgwrn-cefn na chododd erioed mo'i lais yn ei herbyn. Druan o Ffred, fu'i fywyd ddim cweit yr un fath ar ôl cael ei lusgo o ganol tomenni llechi Arfon i'r dref glan môr hon. Nid ei fod o'n un i achwyn. Âi i'w waith ym mharc y dref yn ddirwgnach bob bore, ac fel yr oedd Nell mor hoff o'i atgoffa, dim ond diolch oedd ei le. Yr oedd o'n goblyn o lwcus ei bod hi wedi cymryd ffansi ato a'i briodi. Ac yr oedd yntau, bid siŵr, yn llwyr gytuno â hynny. Nell oedd canolbwynt ei fywyd. Hi, yn ei dyb o, oedd y wraig lanaf ac ardderchocaf yn yr holl gread crwn. Gŵr a'i hystyriai ei hun yn hynod, hynod ffortunus oedd Ffred Hughes.

Heno roedd Rhian, eu merch, yn un o'r cwmni hefyd, ac yn syllu'n surbwch ar y gwydryn o win a soda o'i blaen. Dim ond yn ysbeidiol y deuai hi gyda'r teulu i'r Rose and Crown. Mewn gwirionedd, doedd hi ddim eto'n ddeunaw oed, ond pa dafarnwr a fyddai'n barod i ddadlau gyda Nell? Pa ynad yn wir! Rhian Auronwy oedd ei henw llawn. Casâi hithau'r enw hwnnw a oedd yn ffrwyth ymchwil manwl ar ran Nell mewn llyfr o enwau bedydd Cymraeg. I Rhian roedd ei henw'n crynhoi i'r dim holl uchelgais afiach a diffyg chwaeth Nell; yn cynrychioli ei hymdrech bathetig i anghofio'i gwreiddiau gwerinaidd yn Arfon.

Roedd meddwl Rhian yn bell heno. Ond torrodd llais cras Nell ar draws ei myfyrdodau. 'Wel, pwy sy 'di llyncu mul heno 'ma? Ty'd rŵan, Rhian. Be am wên fach neis inni? Mae hi'n ben blwydd ar Gordon, ond pwy ddiawl fasa'n meddwl hynny wrth weld dy hen wep ddiflas di?'

Yng ngolwg Nell, nid oedd Rhian yn yr un cae â'i dau fab. Coleddai ryw gasineb gwyrdroëdig tuag ati. Yn ystod y flwyddyn flaenorol yr oedd Rhian wedi prifio ac aeddfedu'n gorfforol. Yr oedd hi'r un sbit yn union â Nell pan oedd hithau'n ifanc, dim ond fod Rhian ganwaith yn fwy diymhongar ac yn anhraethol aeddfetach ei meddwl. Ond ym marn Nell, merch na chafodd erioed ei chynysgaeddu â charisma magnetig ei mam oedd Rhian Auronwy Hughes.

'Tawn i ond yn medru torri'n rhydd, meddyliodd Rhian. Dim ond torri'n rhydd, a hwyrach y baswn i'n ca'l tsians i fyw.

'Wel, nawn ni'm gadal i ryw sopan fach flin roi dampar ar betha,' meddai Nell, gan droi â'i chŵyn at yr hogiau. 'Mae angan tipyn o fywyd yn y lle yma heno. Mi fydda chydig o "Yma o Hyd" yn gneud byd o les.'

O na! meddyliodd Gordon. Plîs, O! Dduw, dim 'Yma o Hyd'. 'Y mhen blwydd *i* ydi hwn. Pam y dylsa 'mhen blwydd *i* ga'l ei sbwylio gan hon yn crochlefain 'Yma o Hyd'?

Drwy drugaredd, ni chafodd Nell gyfle i gychwyn ar yr oratorio fawr. Daeth Nicholas Nyerere i mewn i'r dafarn, ac aeth hwnnw â'i sylw.

'Nero!' gwaeddodd Nell. 'Iŵ-hŵ, Nero!' Câi Nell anhawster i ynganu enwau a oedd yn hwy na thair sillaf ac, yn ei barn hi, 'mymbl-jymbl o ganol y jyngl yn Affrica' oedd cyfenw fel Nyerere. Beth bynnag, oni chredai Nell yn gydwybodol fod galw Nero ar Nicholas Nyerere yn llawer mwy cyfeillgar? Ni sylwasai Nell erioed fod gwahaniaeth rhwng cyfeillgarwch a bod yn nawddoglyd.

Myfyriwr tramor hŷn ym Mhrifysgol Aberedwy oedd Nicholas Nyerere. Roedd o'n gwbl rugl ei Gymraeg – er y byddai ar brydiau yn drysu rhwng Cymraeg Canol a Modern – ac yn un o fyfyrwyr ymchwil disgleiriaf yr Adran Gymraeg haeddiannol ryngwladol ei bri. Wrth glywed cyfarchion nawddoglyd Nell saethodd un o linellau Robert Williams Parry drwy ei feddwl – 'ba dynged enbyd ingol'. Meddyliodd am y gwynt hwnnw wedyn yn soned 'Cymru 1937': fe roddai ei drysor gwerthfawrocaf – *Dictionarium Duplex* John Davies Mallwyd (argraffiad 1632) – pe rhuthrai drwy'r dafarn yr ennyd honno a chwythu Nell yn ôl at ei thebyg yn Arfon anoddefgar. Ond ildio'n dawel i'w dynged a wnaeth Nicholas Nyerere, a daeth i eistedd at

yr Huwsiaid. Ar unwaith, dechreuodd Nell ledu ei haden-
ydd a pherfformio.

'A sut mae 'nghariad bach du i o Affrica heno?' meddai,
gan blannu clamp o gusan soeglyd ar ei dalcen. 'Twt, twt,
twt, mi wyt ti'n hogyn drwg. Dal heb sgwrio dy wynab fel
hyn.'

Gwenodd Nicholas Nyerere. Yn ei chynddaredd a'i
chywilydd cochodd Rhian hyd fôn ei chlustiau. Ond dal i
syllu'n gwbl edmygus ar Nell a wnâi Ffred. Ew, meddyl-
iodd, tipyn o gês ydi fy Nell i. Mae hi wastad yn medru
rhoi proc i'r tân, a chodi clonna pawb o'i chwmpas. Be sy
well na chydig bach o hwyl a thynnu coes diniwad?

Ysywaeth, yr oedd hi'n amser i Ffred ymadael. Er ei
fod heno'n cael mwynhad anghyffredin yng nghwmni ei
deulu, roedd y Ship a'r dartiau'n galw. Cleciodd weddill
ei beint ar ei dalcen; sychodd ei weflau yn llewys ei
siwmper a gwenu'n dirion ar ei deulu, cyn canu ffarwél
iddynt a diflannu o'r dafarn i wyll y nos.

Reit, meddyliodd Brian. Mae'r practis yn dechrau o
ddifri rŵan. Fel hyn yn union y bydd hi nos Sadwrn nesa;
dim ond Gordon a fi, Rhian ella, Nicholas Nyerere yn
hofran o gwmpas, ac wrth gwrs, Nell! Mi fydd Rhian yn
siŵr o fynd cyn bo hir. Fedrith hi'm stumogi bod yng
nghwmni Nell am fwy nag awr. Mi eith hi i weld un o'i
ffrindia. Dim ond iddi fod yn rhywle lle bydd 'na bobol.
Dyna fydd yn bwysig nos Sadwrn nesa. Iesu, ia. Yn union
fatha mae hi'n fa'ma rŵan. Pobol. Digon o dystion i roi
alibi solet inni.

Tarfwyd ar feddyliau gwibiog Brian gan sibrydiad nod-
weddiadol hyglyw o eiddo Nell – mwy o waedd na dim
arall.

'Sbïwch pwy sy fan'cw: Delyth Prydderch druan o'r tŷ pen. Hogan neis 'di hi, 'te. Bechod fod yr hen olwg drist ddigalon 'na arni hi o hyd.'

Ym mhen pellaf y bar, yng nghwmni merch tua'r un oed â hi, eisteddai gwrthrych sibrydion Nell. Yr oedd hi tua phump ar hugain oed, yn llwyd a gwelw ei gwedd, a than don osgeiddig ei gwallt golau hir yr oedd hi'n ystryd-ebol hardd. Yr oedd hefyd yn gwbl ymwybodol mai hi oedd testun sibrydion Nell ym mhen arall y dafarn. Ymdrechai i agor paced o greision, a cheisiai gymryd arni ei bod wedi ymgolli yn y sgwrs gyda'i ffrind.

'Bechod am ei gŵr hi,' ychwanegodd Nell ymhellach, gan droi at Nicholas Nyerere. 'Ca'l ei chwythu'n ddarna fel'na. Oeddach chi'n gwbod hynny, Nero? Tacla'r IRA 'na. Eu crogi nhw sy isio. Bob un wan jac ohonyn nhw.'

'Rwy'n ymwybodol o'r hanes trist,' atebodd Nicholas Nyerere yn bwyllog. 'Rydw i wedi bod yn siarad 'da Mrs Prydderch o dro i dro.'

'O, do, wir?' meddai Nell ag ychydig o falais yn ei llais. 'Mond i chi beidio trio ennill y blaen ar Gordon ni yn fan'na. Mi fasa Delyth Prydderch yn gneud gwraig tan gamp iddo fo.'

'Stopiwch hi, Mam!' apeliodd Gordon yn daer. Yr oedd wedi gwingo pan glywodd Nell yn crybwyll enw Delyth Prydderch i ddechrau. Yn awr ymdrechai i roi'r argraff ei fod yn mwynhau cael tynnu ei goes. 'Dwi'n ddigon hen i ffendio gwraig 'yn hun,' meddai gan wenu'n ffals.

'Wel, nid bob dydd y cei di dy facha ar bishyn bach fel'na. Diolch i'r drefn ei bod hi 'di dechra dod allan o'i chragen, ddeuda i. Ond mi gymrodd amser. Blydi hel, 'tasa Ffred yn cicio'r bwced, faswn i 'di bachu rhywun i gnesu'r gwely 'cw mewn chwinciad.'

Erbyn hyn nid oedd Nell yn ymdrechu i sibrwd hyd yn oed, ac roedd ei sylwadau'n gwbl hyglyw i'r cwsmeriaid a eisteddai wrth y byrddau cyfagos. 'Fetia i y byddech chi hefyd, Nell!' ebe un ohonynt yn gellweirus, a chwarddodd hithau'n hunanfodlon.

Ond nid oedd Nell am adael i'r mater hwn orffwys. Ymddifrifolodd ryw gymaint a throdd drachefn at Gordon. 'Be am fynd draw ati hi, Gordon? Wnâi gair neu ddau ddim drwg. Mae'n hen bryd i chdi ddod i' nabod hi'n well. Wedi'r cwbwl, mi rydach chi'n gymdogion!' Rhoddodd winc awgrymog arno, gan deimlo balchder ar yr un pryd nad oedd hi erioed wedi ceisio cadw'r hogiau ynghlwm wrth linyn ei ffedog. Mi fyddai wastad yn pregethu ei fod o'n beth da iddyn nhw gael cariadon. Ond mi wnâi Mrs Prydderch fwy na chariad i Gordon. Mi wnâi wraig ardderchog. Ac mor hwylus fyddai hynny. Mi gâi Gordon symud ati i'r tŷ pen, a byw wrth ymyl o hyd.

'O, rhowch gora iddi, Mam,' meddai Gordon, yn ymddangosiadol hwyliog o hyd. 'Be faswn i'n ei ddeud wrthi? "Mam sy 'di 'ngyrru fi yma. Deud y dylswn drio tynnu sgwrs efo chi"?'

'Taw, wir. Welis i rioed mo'nat ti'n brin o eiria.'

Gwenodd Gordon. Ond roedd ei du mewn yn corddi. Blydi ast gegog, meddyliodd. Mi gei di dalu am hyn. Ond heno, yng ngŵydd pawb arall, roedd hi'n allweddol cadw wyneb a chydwenu. Bum munud yn ddiweddarach aeth at y bar, a thorri ychydig eiriau hwyliog gyda Delyth Prydderch. Sylwodd Nell ar hynny a rhoes hithau wên slei ar Brian. Oes raid i ti wenu'n wirion fel'na? meddai Brian rhyngddo a'i hunan. Ti'n meddwl y medri di drefnu'n bywyda ni, 'dwyt? Ond aros di, Nelly Veronica Hughes! Aros di tan wsnos i heno i weld be mae Brian bach a Gordon yn fan'cw 'di drefnu ar dy gyfer di!

Ar ôl ei hail a'i thrydydd fodca dwbl a leim dechreuodd Nell fynd yn fwyfwy anystywallt. Cafodd Nicholas Nyerere lond bol arni, a ffoes yn gwrtais ddigon draw at y bar i siarad â'r Dr Gwyn Davies, y mwyaf allblyg o blith academwyr Aberedwy. Yn gyfleus ddigon, rhoddodd ymadawiad Nicholas Nyerere gyfle i Nell athronyddu'n ddoeth ymhlith anffodusion y byrddau cyfagos am un o'i hoff bynciau: gallu rhywiol dihysbydd a rhyfeddol 'yr hen bethau du 'na'. Ynghanol yfwyr gwâr a rhyddfrydol y Rose and Crown doedd y fath wrthuni hiliol ddim yn taro tant rywsut. Daethai Rhian hefyd i ben ei thennyn. Roedd sylwadau cywilyddus Nell yn esgus da dros gael codi'n ddiseremoni oddi wrth y bwrdd a gadael y dafarn yn llawn soriant.

Ond nid oedd ymadawiad mulaidd Rhian yn mennu dim ar Nell. Ni allai un dim amharu ar y mwynhad a gâi hi yn y Rose and Crown ar noson fel hon; roedd yr alcohol yn corddi yn ei gwaed, ac, yn ei thyb hi, roedd yn hen, hen bryd iddi ddechrau canu. Yn reddfol bron, gwyddai holl gwsmeriaid selog y Rose and Crown y byddai Nell yn canu 'Yma o Hyd'. A hithau'n ben blwydd ar Gordon Hughes, roedd hynny'n anochel. I Nell, roedd canu 'Yma o Hyd' yn rhan mor anhepgor a defodol o ddathliadau teuluol cyhoeddus o'r fath â chanu 'Hen Wlad fy Nhadau' cyn gêm rygbi yn y stadiwm genedlaethol.

'Reit! Gnewch le i Leila Megane!' gwaeddodd Nell, fel petai pawb yn y dafarn wedi bod yn dyheu am ei pherfformiad drwy'r nos. Tynnodd ei sgidiau sodlau uchel gwyrdd golau ac esgynnodd i'w llwyfan (stôl sigledig) gan orchymyn yn floesg: 'Chi'r potiwrs mawr wrth y bar, cofiwch ymuno'n y gytgan.'

Yn anfoddog, trodd tancwyr profiadol y bar tuag ati. Syllu'n amheus drwy fwg ei getyn a wnâi'r Dr Gwyn Davies. 'O, jiw, na!' ebychodd Lyn Williams, prif ohebydd yr *Aberedwy News and Chronicle*, wrth ei gyfaill penfoel o gyflwynydd teledu. Ond wrth gwrs, fel erioed yn y Rose and Crown, yr oedd yno fyfyrwyr digon meddw i weiddi '*Come on*, Nell! Tawelwch i Nell!'

Sythodd Nell. Anadlodd yn ddwfn. Yna agorwyd y llifddorau:

> 'Dwyt ti ddim yn cofio Macsen,
>
> Does neb yn ei gofio fo,
>
> Mae mil a chwe chant o flynyddoedd
>
> Yn amser rhy hir i'r co…

Ymunodd y corws anfoddog yn y gytgan – 'Ry'n ni yma o hyd… er gwaethaf pawb a phopeth…' – ac edrychodd Nell arnynt fel bugail yn edrych ar ei braidd. Am ddiawl o gês dwi, meddyliodd. Edrychodd ar Delyth Prydderch brydferth alarus ym mhen draw'r ystafell. Edrychodd ar Dr Gwyn Davies, a oedd wrthi erbyn hyn, ym maldordd y dafarn, yn trafod Etholiad Cyffredinol 1868 gyda myfyriwr Marcsaidd-Leninaidd enbydus o wrth-Ryddfrydol. Edrychodd ar Nicholas Nyerere. Mi fydd gan hwnna hanesion i'w hadrodd wrth y *blacks* yn Tanzania, meddyliodd. Ac yna, drwy'r mwg, ynghanol môr o wynebau chwyslyd, fe welai ei Brian a'i Gordon *hi*'n syllu'n gariadlon arni. Mor lwcus oedd hi. Mor lwcus, yn wir, yn cael bod yn fam i'r fath hogiau. Ac onid oedd hi'n amlwg, yr ennyd hon, fod eu hedmygedd hwythau ohoni hi yn ddyfnfor diderfyn?

Wrth godi ei wydryn peint, edrychodd Gordon yn slei ar ei oriawr. Ugain munud wedi deg. Yr oedd y cynllun yn datblygu yn ei feddwl mor ddistaw ddiymdrech â chyfrifiadur wrth ei waith. Ar ôl ychydig o hip-hip-hwrê fe fyddai Nell yn barod i gychwyn am adref. Ynghanol cymeradwyaeth y dorf, bwriadai yntau hefyd encilio'n slei allan drwy ddrws cefn y dafarn. Byddai hynny'n hawdd; ar ôl perfformiadau Nell byddai pawb yn y Rose and Crown fel petaent yn ymlacio drwyddynt. Byddai rhuthr dieithriad am y bar; byddai'r darlithydd allblyg, y newyddiadurwr rhadlon a'r myfyrwyr meddw, oll yn ymdoddi'n un dyrfa ddi-drefn o ryddhad. Ac felly y bu. Daeth Nell i ddiwedd ei chân; hwrê mawr; stampîd am y bar; ac ynghanol y berw, yn gwenu fel giât, safai Nell fel brenhines. Ynghanol yr holl halibalŵ, roedd Gordon wedi diflannu drwy ddrws y tai bach ac allan i dywyllwch iard gefn y Rose and Crown. Yn gwbl hunanfeddiannol agorodd y giât ochr, camu allan i'r stryd, a dechrau cerdded yn hamddenol am yr hen ysbyty. Yr oedd am ei amseru ei hunan i'r eiliad heno; yn ôl bysedd gloyw-wyrdd ei oriawr, yr oedd hi'n wyth munud ar hugain wedi deg. Allasai'r SAS ddim bod yn fwy proffesiynol na hyn, meddyliodd.

Yr un pryd, yn y Rose and Crown, yr oedd Nell yn paratoi i adael. Daethai'r sioe i ben. Lapiodd ei hun yn ei chôt groen llewpart a gwenu ar Brian.

'Wyt ti am *snack* bach heno, Bri? Os t'isio, mi ffria i hambyrgyr ac ŵy i ti erbyn y doi di adra, iawn?'

'Grêt, Mam.'

'A lle mae Gordon, y *birthday boy* ei hun?'

'Ymm... dwn i'm. 'Di mynd am bisiad, dwi'n meddwl.'

'O, mi wyt ti'n hen beth bach coman, Brian. Pam na ddysgi di ddeud "tŷ bach"! Rŵan, cofia di ddeud wrth Gordon am yr hambyrgyrs 'na.'

Ac i ffwrdd â Nell, gan ddymuno 'nos da' ecstatig i'w deiliaid ffyddlon yn y Rose and Crown. Edrychodd rhywun wrth y bar ar ei oriawr. 'Jiawl, 'na un dda yw Nell,' meddai. 'Hanner awr 'di deg; yn ddi-ffael.' Ie wir, meddyliodd Brian, wrth syllu ar waddod ei beint, un dda ydi Nell.

Y noson honno, am y pared â gwrthrych eu holl gasineb, roedd y cynllwynwyr wrthi'n trafod.

'Mi adewis i am union saith munud ar hugian wedi deg,' sibrydodd Gordon. 'Ac mi o'n i'n barod amdani ar y llwybr 'na am union hannar awr 'di deg. Mi aeth Nell heibio bedwar munud ar ôl hynny. Felly, mi fydd gen i amsar i ga'l 'y ngwynt ata. Does 'na'm pwynt brysio, neu mi fydd pobol yn sylwi. Dau funud i neud y job, a mi fydda i'n ôl yn y Rose and Crown erbyn ugian munud i un ar ddeg yn hawdd. Dim ond am ddeuddag munud y bydda i 'di bod allan o'r lle – ma' 'na ddigon o bobol yn treulio mwy o amsar na hynna'n y tŷ bach. A beth bynnag, os bydda i ryw funud neu ddau yn hirach, neith neb sylwi.'

Roedd yn flin gan Brian siomi ei frawd. 'Paid â bod mor siŵr. Mi sylwodd Nell dy fod ti 'di mynd heno.'

'Be!' ebychodd Gordon. 'Be ddeudodd yr ast?'

'Wel, jyst gofyn lle oddat ti 'di mynd.'

'A be ddeudist ti?'

'Dy fod ti 'di mynd i biso, de – be ddiawl ti'n feddwl ddeudis i? Dy fod ti allan y funud honno yn trefnu sut i'w lladd hi?'

Roedd hyn wedi taflu Gordon oddi ar ei echel. 'Dyna'r trwbwl efo Nell,' meddai. 'Ti'n meddwl dy fod ti'n medru rhag-weld yn union sut y bydd hi'n ymddwyn ac yn ymatab, ac yna mae'r gotsan yn gorfod gofyn cwestiwn annisgwyl fel'na.'

PENNOD 3

BWRW DRWYDDI

Diwrnod diffaith oedd dydd Sul yng nghartref yr Huwsiaid.
Roedd hynny'n dân ar groen Nell. Ond yr oedd hi wedi
hen gydnabod bellach nad oedd un dim y medrai hi ei
wneud ynghylch diogi gweddill y teulu. Rhyw lusgo'i hun
yn llipa o gwmpas y lle y byddai Ffred. A pha ryfedd fod
golwg fel brych arno. Nos Sadwrn oedd ei noson fawr ef;
noson ddartiau yn y Ship. Pydru o flaen y teledu a wnâi
Brian a Gordon, a hynny o dan gawod wen atodiadau'r
papurau Sul. (Roedd gan eu mam eglurhad parod i
unrhyw ymwelydd a fyddai'n debygol o'u gweld felly.
'Mae'r peth yn naturiol, 'tydi? Ma'n nhw'n lladd eu
hunan weddill yr wsnos.') Diflannu'n llechwraidd i gysegr
sancteiddiolaf ei llofft y byddai Rhian gan amlaf. O leiaf
câi lonydd yno rhag holl rwgnach di-baid ei mam.

Ar y Sul arbennig hwn yr oedd y cinio, a'r syrthni o
ganlyniad, yn un trymach nag arfer. I ddathlu pen blwydd
Gordon bwytawyd cig eidion (wedi ei orgoginio), pwdin
cytew (soeglyd), tatws (a oedd wedi mynd i ganlyn dŵr),
moron, bresych a sbrowts (i gyd wedi eu berwi'n ddidrug-
aredd), a grefi a oedd mor drwchus â thar. Yn bwdin
cafwyd *gateau* (y Fforest Ddu i Nell, bob gafael) a digon-
edd o hufen dwbl i'w dywallt drosto. Ac i iro'r llwnc wrth
sglaffio'r wledd amheuthun hon agorwyd potel litr o Blue
Nun.

Drwy'r prynhawn bu Brian a Gordon yn pori'n ddioglyd

drwy'r papurau Sul – y *Sunday Mirror* a'r *News of the World* – cyn sbriwsio ryw gymaint i wylio ras Fformiwla Un. Yn ystod y ras agorodd Nel y bocs tsiocled a brynasai yn siop Ellis & Jones. Ond rhai sicli ac anghynnes oeddynt, a phrin gyffwrdd â hwy a wnaeth Gordon. Câi Nell flas arnynt er hynny, ac wrth i'r ras fynd rhagddi clywid ei bysedd bach tew yn ymestyn am y bocs gan sgrafellu'r plastig du wrth godi'r cyfryw ffiaidd-dsiocled o'u cilfach-au tywyll. Am awr a mwy clywyd yr un diwn gron o'i genau: 'Ty'd yn dy flaen, Gordon. Cymra un. Maen nhw'n *Belgian chocolates* go-iawn.' Yr un, bob tro, oedd ateb Gordon o ddyfnderoedd y soffa: 'Dwi 'di ca'l digon am y tro, diolch.'

A llyna'r modd y treuliwyd y Sul arbennig hwnnw yng nghartref yr Huwsiaid. Ac mewn modd nid annhebyg y treulid y rhan fwyaf o Suliau yno.

Ysywaeth, byddai i syrthni a heddwch cymharol y Sul ei ganlyniadau alaethus. Erbyn bore Llun byddai Nell yn dyheu am ryw chwistrelliad o nerth trydanol i gynhyrfu'r gwaed a'i thanio ar gyfer wythnos newydd arall. Byddai'n dyheu am storm felltennog i chwalu tes cysglyd y Sul. Ar fore Llun, gwraig i'w gochel, gan hynny, oedd Nelly Veronica Hughes. Yn reddfol anymwybodol byddai'n ysu am goblyn o ffrae iawn. Gwyddai gweddill y teulu hynny; gwyddai cymdogion a chydnabod. Gwyddai pawb heblaw am Nell ei hunan.

Dros frecwast y Llun hwnnw, roedd Nell yn ymddang-osiadol lawen. Ond heulwen cyn y storm oedd hynny. Yn nyfnderoedd tywyll ei bron cyniweiriai'r ddrycin ddu. Aeth ati'n ddygn i sgramblo wyau ar gyfer gweddill y teulu ac i dostio cruglwyth o fara sleis tenau iddynt.

'Bytwch o tra mae o'n boeth,' gorchmynnodd.

'Mam,' grwgnachodd Gordon, gan droi'i gyllell yn fisi yn y ddysgl farmalêd. 'Be ar y ddaear ydi hwn?'

'Marmalêd sbesial Mam,' atebodd Nell â chryn falchder. 'Mi oedd 'na lot o jaria marmalêd, mêl a jam yn y cwpwrdd efo rhyw lyfiad yn weddill yn bob un. Mi gymysgis i'r cwbwl lot. Syniad da, 'te?'

Ebychodd Gordon. Ond llyfu ei weflau a wnaeth Ffred ac ymestyn am fwy o'r marmalêd rhyfeddol hwn i'w daenu'n dew ar ei dost.

Ar ôl i Brian a Rhian ruthro am yr ysgol, ac wedi i Gordon a Ffred gychwyn am eu gwaith ar eu beiciau gwichlyd, aeth Nell ati i olchi'r llestri. Wrth i'w dwylo blymio i ganol yr ewyn trwchus dechreuodd hel meddyliau. Am ryw reswm, ceir oedd yn mynd â'i bryd y bore hwn, ac fe'i trawyd gan un ffaith greulon: hwy oedd yr unig deulu ar y stad heb eu car eu hunain. Parhâi'r ffaith greulon hon i'w phoeni wrth iddi fynd i fyny'r grisiau i gyweirio'r gwlâu, ac o ganlyniad cryfhawyd y deisyfiad greddfol hwnnw am ffrae ffyrnig ar fore Llun.

Am hanner awr wedi deg, ar ôl twtio'r llofftydd – ar wahân i lofft Rhian a oedd, ym marn Nell, yn ddigon hen bellach i ofalu am ei llofft ei hun – penderfynodd Nell bicio drws nesaf i weld ei mam. Taniodd sigarét. Tynnodd y dracht cyntaf o fwg yn eiddgar i ddyfnderoedd ei sgyfaint a'i ollwng allan yn gwmwl bygythiol; yna'i chychwyn hi.

'Wyt ti isio panad?' gofynnodd ei mam a oedd newydd eistedd wrth fwrdd y gegin gyda chwpanaid chwilboeth o goffi llefrith o'i blaen.

'Iawn, gymra i un i gadw cwmpeini i chi,' atebodd Nell.

Cododd ei mam yn ddiseremoni a rhoi sosbanaid o laeth ar y stof nwy.

Dim ond un hynodrwydd, mewn gwirionedd, yr oedd Nell wedi ei etifeddu gan ei mam – ei hymlyniad dall wrth rym arferiad. Dyna sut y gwyddai y byddai'n cael paned dawel am hanner awr wedi deg. Ond, ar wahân i'r un hynodrwydd hwnnw, roedd Nell a'i mam, o ran anian a phersonoliaeth, mor wahanol i'w gilydd â'r Blaid Lafur Newydd a Sosialaeth. Stwcan gadarn oedd Mrs Kate Williams, a gwraig weddw ers bron i ddeng mlynedd ar hugain. Lle bynnag yr âi, fe deimlech ias ei phresenoldeb; gwyddech fod ei llygaid eryraidd yn syllu arnoch, ac fe arswydech rhag grym oer ei phersonoliaeth. Roedd ganddi ei safonau, a gwae'r sawl na fedrai eu cynnal nac ymgyrraedd atynt. Talp oer o hen ymneilltuaeth Arfon ar ei wedd fwyaf anoddefgar oedd hon. Âi'n ffyddlon ar y Sul, drwy storm a hindda, i addoli ymhlith y Presbyteriaid. Gwgai, er hynny, ar ymdrechion rhai o weinidogion yr oes i drendineiddio'r Gair.

Roedd Mrs Williams yn byw'n go agos at ei lle. Ysywaeth, bu un drychineb oramlwg yn ei hanes, a bu, yn ogystal, un cam gwag lawn mor ddifrifol ei oblygiadau. Y drychineb oedd Nell. Y cam gwag oedd cytuno i ddod i fyw y drws nesaf iddi yn Aberedwy.

'Dwi 'di bod yn meddwl,' meddai Nell, gan fynd ati i godi hen hen grachen. 'Meddwl y bydda' fo'n syniad da i Rhian symud yma atach chi.'

Roedd ei mam, erbyn hynny, wrthi'n tywallt y llaeth berwedig o'r sosban i gwpan Nell. Bu'r mater hwn yn destun dadlau rhyngddynt yn y gorffennol. Ond ni chyffrôdd Kate Williams. 'A dyna sy'n dy boeni di eto,' meddai'n ochelgar, gan barhau i dywallt y llaeth â llaw gadarn hunanfeddiannol. 'Ond 'tydw i 'di deud wrthat ti droeon, Nell bach. 'Y nhŷ i ydy hwn. A hyd y cofia i 'tydw i ddim 'di deud wrth neb 'mod i'n chwilio am lojars... A neno'r Tad, Nell, paid â gollwng y llwch sigarét 'na dros y jwg llefrith.'

Nid oedd ateb ei mam yn debygol o roi taw ar Nell y bore hwn. Nid ildiai nes ei chythruddo, nes ei gwylltio'n gandryll, nes ei llwyr ddarostwng a dwyn dagrau i'r llygaid oer, hunanfeddiannol. Roedd mwg a llwch y sigarét yn un cyfraniad gwerthfawr i'r cyfeiriad hwnnw.

'Waeth i chi heb â bod yn styfnig,' meddai Nell gan anelu colofn hirfain o lwch sigarét am y grât. 'Dydach chi'n mynd ddim fengach. Mi ddylsach ga'l rhywun yma efo chi drwy'r amsar.'

'Felly wir,' meddai Mrs Williams, a oedd, erbyn hyn, wedi setlo drachefn wrth y bwrdd. 'Ac mi wyt ti'n credu 'mod i'n ddigon gwirion i feddwl mai fy lles i sgin ti mewn golwg wrth awgrymu hyn?'

'Wel, mae'n rhaid ystyried lles Gordon a Brian. Mae'n hen bryd iddyn nhw ga'l eu llofftydd eu hunan. Mi fasa llofft Rhian yn siwtio Brian i'r dim. Digon o le i'w lyfra fo a ballu.'

'Ac wrth gwrs mi fasa hynny'n dy siwtio di hefyd, yn basa? Ca'l gwarad â Rhian. Ond sawl tro mae'n rhaid i mi d'atgoffa di? 'Y nhŷ i ydy hwn. Dwi'n rhy hen i gadw lojars. Ac yn sicr ddigon nid lle gwraig weddw fatha fi ydy ymlafnio i gadw trefn ar ebolas fach fatha Rhian. Fasan ni byth bythoedd yn gweld lygad yn llygad. Cicio dros y tresi fasa'i hanas hi. Ond mae hynny i'w ddisgwl, 'tydi? Magwraeth ryfadd ar y naw mae'r gryduras 'di'i cha'l.'

'Iawn 'ta. A felly mae'i dallt hi? O leia dwi 'di cynnig. Ond rhoswch chi fel rydach chi os 'dach chi am syrthio'n farw yn fa'ma ar eich pen eich hun bach. Fedrith neb 'y meio i.'

Nid oedd crybwyll angau gawr yn debygol o fennu dim ar Kate Williams. Roedd hi wedi hen ymgodymu â'i meidroldeb, ac ni chodai Iorddonen ddofn na'i stormydd enbyd y gronyn lleiaf o ofn arni. 'Ac mi wyt ti'n meddwl y medri di 'nychryn i fel'na! Nell bach, mae *rhai* ohonan ni 'di hen ymbaratoi gogyfar â'r Dydd a ddaw. A beth bynnag, efo chdi'n byw drws nesa, a'r hogia'n galw mor amal, tydi hi'm cweit fel 'tawn i'n byw ar ben Wyddfa.'

Roedd mwy o fin ar lais Nell wrth iddi ateb y tro hwn. 'Sbïwch, dydw i ddim am weld yr hogia'n picio yma byth a beunydd, dim ond i weld ydach chi ar dir y byw ai peidio. Maen nhw'n ifanc. Mae gynnyn nhw betha gwell i'w neud efo'u hamsar.'

Ond nid oedd Kate Williams am ildio'r un fodfedd y bore Llun hwn. A llwyddodd ag un awgrym cyrhaeddbell i dorri'r tir yn llwyr o dan draed Nell. 'Os wyt ti am i'r hogia ga'l stafall yr un, mae 'na atab syml. Mae pob croeso i Gordon symud yma ata i.'

'Na, na, na! Ddaw'r un o'i draed o yma! 'Y ngwas bach del i o dan yr unto â hen wreigan sur fatha chi? Nefar in Ewrop!'

Ond parhau i resymu'n oeraidd a digynnwrf a wnaeth Kate Williams er gwaethaf gwrthwynebiad ffyrnig Nell. 'Mae o'n hŷn, 'tydi? Ac yn aeddfetach na Rhian. Mi wyddost yn iawn fod 'na lai o draffarth efo hogia. Mi gâi o ryddid y tŷ gen i. O fewn rheswm, wrth gwrs.'

Nid oedd Nell wedi rhag-weld y byddai'r sgwrs yn

cymryd y tro annisgwyl hwn, a cheisiodd roi'r ddeddf i lawr. 'Mae'r hogia'n aros dan yr unto. Mae hynny'n der-fynol. Mi wyddoch o'r gora na fasan nhw'n fodlon bod ar wahân.'

'Gwbod ydw i na fasat *ti*'n fodlon. Mae hynna'n nes ati.'

'Nefoedd wen, oes raid ichi fod yn gymaint o hen sgragan sur? 'Dach chi'm 'di newid drwy'r holl flynydd-oedd, naddo? 'Run oedd y stori pan o'n i'n ifanc. Y peth pwysig o hyd oedd fy rhwystro i rhag ca'l chydig o hwyl.'

Ebychodd Mrs Williams, cyn llefaru'n oraclaidd: 'Yr unig beth 'nes i rioed oedd trio dy rwystro di rhag ymdrybaeddu mewn trythyllwch.'

'O, dyma ni eto. Oes raid i chi f'atgoffa i o'ch blydi Beibl o hyd? Does 'na neb yn poeni am betha felly heddiw. Eiddigeddus oeddach chi? Deudwch y gwir. O dan yr holl siarad capal 'na mi oeddach chi'n blydi eiddigeddus wrth 'y ngweld i'n ca'l hwyl. Dyna pam neuthoch chi 'ngorfodi i i briodi Ffred...'

'D'orfodi di! Nefoedd yr adar! Mi ruthrist i briodi'n unswydd er mwyn ca'l dianc oddi wrtha i. Pan ddalltis i mai Ffred oedd o, dim ond balch o'n i nad est ti i chwilota'n is yn y doman.'

'A baw'r doman oedd Ffred, felly? Be nesa! Ond dyna ni, 'tawn i 'di priodi un o'ch gweinidogion bach diniwad chi, mi fasach yn dal i weld bai arna i. Be sy o'i le ar Ffred? Be 'tawn i 'di priodi rhyw gythral mewn croen fatha Hitler? Cofiwch, mi fasa'n haws o lawar byw drws nesa i hwnnw nag i ryw larwm gysetlyd fatha chi. Dwn i'm pam 'nes i ganiatáu i chi ddod yma i fyw o gwbwl.'

'Nell, mi wyt ti'n glwydda fel wyt ti'n gymala. Nid "caniatáu" i mi ddod yma nest ti. Ond mynd ar dy linia a chrefu. A gobeithio y bydda Nain yn hannar magu dy dylwyth di; yn eu gwarchod nhw ddydd a nos er mwyn i ti ga'l galifantio.'

'A faint ddiawl o warchod neuthoch chi rioed?'

'Dim llawar. Ac w'st ti be? Dwi'n falch o fedru deud hynna. Wyt ti'n meddwl o ddifri 'mod i 'di symud yma heb sylweddoli be oedd dy gêm di? Chest ti'r rioed y gora arna i, Nell. A chei di ddim yn y dyfodol. Dyna'r draffarth, yntê? Mi rydw i gymaint â hynny'n gallach na chdi!'

Roedd y gwir yn brifo. Yn waeth na dim, yr oedd Nell wedi ei threchu, ac fe wyddai hynny. Tarodd y cwpan yn swnllyd ar y soser, codi ar ei thraed a thorsythu. Ond cyn iddi fedru tanio'i hergyd olaf, roedd ei mam wedi achub y blaen arni unwaith eto. 'Falla mai dyna sy o'i le efo Rhian hefyd. Falla'i bod hitha'n gallach o'r hannar na chdi.'

Ni fedrai Nell oddef rhagor. Taranodd o'r tŷ a rhoi clep anferthol i'r drws cefn. Rhuthrodd heibio i'r dyn llaeth a oedd wedi bod wrthi'n clustfeinio ar y ffrae, a gwibio drwy'r ardd gefn, cyn diflannu drwy ddrws cefn rhif 7 i lyfu'i chlwyfau.

Ailafaelodd Kate Williams yn ei gwaith, ac wrth fynd ati i ddystio'r llofftydd roedd hoywder yn ei cham ac awgrym gwên ar ei hwyneb.

Llwyddasai'r gwrthdrawiad â'i mam i gyffroi Nell. Doedd dim amheuaeth ynghylch hynny. Bu'n gyfrwng hefyd i ryddhau peth o'r llidiowgrwydd du o ddyfnderoedd ei hymysgaroedd. Ac eto, nid ffrae fore Llun gwbl lwyddiannus oedd hon. Ac roedd rheswm syml am hynny. Ni lwyddasai i lwyr orthrechu ei mam; ni chafodd y boddhad o weld y dagrau'n powlio i lawr ei gruddiau, ac o ganlyniad roedd dogn da o fustl eto ar ôl i'w sgeintio dros rywun. Pan ddaeth Ffred a Gordon adref am eu cinio, buan y synhwyrodd y ddau na chawsai Nell wared yn llwyr â diawlineb ei dydd Llun. Yn ddywedwst, ac ar binnau braidd, bwytaodd y ddau y bastai bugail a'r pys tun a osodwyd ger eu bron, ac yr oedd yn gryn ryddhad iddynt gael dianc yn ôl i'w gwaith a'u crwyn yn iach. Ar ôl golchi'r llestri, gwnaeth Nell benderfyniad tactegol bwysig: penderfyniad a ragluniaethwyd i'w dwyn i ganol ffrae arall, ond ffrae go-iawn y tro hwn. Gwagiodd gynnwys y bowlen siwgr yn ôl i'r pecyn. Yna, gyda'r bowlen yn ei llaw, brasgamodd i fyny'r lôn am rif 13, cartref Delyth Prydderch.

'Iŵ-hŵ! Helô!' gwaeddodd wrth y drws cefn a oedd yn gilagored. 'Oes 'ma bobol?'

Ar fin cynnau'r stof nwy yr oedd Delyth Prydderch, a fferrodd mewn ffit o arswyd wrth weld Nelly Veronica Hughes, o bawb, yn camu i mewn i'w chegin. Roedd ei harswyd yn reddfol. Tref fechan oedd Aberedwy, a gwyddai beth oedd barn y mwyafrif mud am Nelly Veronica Hughes. Roedd profiad annifyr y Sadwrn blaenorol, y sibrwd ansensitif hwnnw yn y Rose and Crown, hefyd yn fyw yn ei chof. Ond byddai'n rhaid iddi geisio cadw wyneb, a chelu pob gwrthnysedd.

'O, Mrs Hughes!'

'Helô,' meddai Nell drachefn, gan hwylio'n hy i ganol y gegin. 'A dyma lle 'dach chi'n cuddio! Peidiwch â meddwl 'mod i'n ddigwilydd, ond ar eich gofyn chi ydw i. 'Di anghofio prynu siwgwr, o bob dim. Fydda fo'n ormod ichi roi benthyg chydig imi? Digon i'n cynnal ni tan bora fory?'

'Wrth gwrs,' meddai Delyth Prydderch. Nid ymdraff-
erthodd i ofyn i Nell pam y bu'n rhaid iddi gerdded
heibio i bum tŷ arall cyn taro ar gymdoges a chanddi
becyn o siwgr wrth gefn. Ni fentrodd awgrymu ychwaith y
gallasai Gordon, Brian neu Rhian bicio i lawr i'r dref
mewn dim o dro. Gwyddai mai cydsynio â chais Nell oedd
orau a chymryd arni nad oedd unrhyw beth yn od yn ei
gylch. Tybiai y câi wared arni'n gymaint cynt felly.
Cymerodd y bowlen o'i llaw ac aeth at un o'r cypyrddau.
Wrth iddi ymbalfalu yn hwnnw, ac ymestyn am y pecyn
siwgr, bron na allai *deimlo* Nell yn rhythu arni a'i llygaid
yn llosgi fel laser ar ei gwegil. Wrth droi i'w hwynebu
drachefn gwenodd yn gwrtais ymatalgar; estynnodd y
bowlen siwgr iddi gan daer obeithio y byddai cynildeb oer
ei gwên yn ddigon i awgrymu i Nell nad oedd hi'n
chwennych sgwrs, dim ond llonydd. Cafodd wên lydan
nawddoglyd yn ôl, a synhwyrodd yn syth nad ar chwarae
bach y byddai Nell yn ymadael.

'Braf eich gweld chi allan nos Sadwrn,' meddai Nell.
'O'n i'n deud wrtha fi fy hun: "Mae'r gryduras fach 'di
dod drwyddi o'r diwadd."'

'O'dd 'na unrhyw beth arall heblaw siwgwr, Mrs
Hughes?' holodd Delyth Prydderch. Roedd oerni'r wên
yn nhôn ei llais bellach, a'r dyhead am weld Nell yn mynd
yn fwy nag awgrym cynnil.

Ond mynd rhagddi i baldaruo gyda sensitifrwydd
eliffant mewn dawns flodau a wnaeth Nell. 'Dod drwyddi.
Ailafael mewn bywyd. Dyna sy'n bwysig, 'te? Thâl hi
ddim fel arall, wyddoch chi.'

'Thâl beth ddim, Mrs Hughes?' holodd Delyth
Prydderch. Ond cam gwag ar ei rhan oedd yr holi hwn;

38

rhoddodd gyfle i Nell gynnig ateb ysgubol.

'Thâl hi ddim i neb ildio'n llwyr i alar.'

Ac am unwaith, er hynny, yr oedd Nell wedi llefaru calon y gwir.

Cwta ddwy flynedd y bu Delyth Prydderch yn briod cyn i un o fomiau'r IRA chwythu ei gŵr yn gyrbibion yn Ne Armagh. Mae'n ddigon gwir nad oedd hi, o'r ennyd y synhwyrodd y byddai eu carwriaeth yn arwain at briodas, wedi ei thwyllo ei hun o gwbl. Gwyddai'n iawn na allai'r fyddin fyth gynnig sefydlogrwydd na phriodas gwbl ddidramgwydd iddynt. Yr oedd hi hefyd yn ymwybodol o'r peryglon. Ond ni fu ymagweddu o'r fath yn baratoad yn y byd ar gyfer y prynhawn heulog hwnnw o Fai pan alwodd y caplan milwrol. Ac ar ôl enbydrwydd yr wythnosau cyntaf ni lwyddodd yr oriau hirfaith o gwnsela proffesiynol a slic i leddfu dim ar ei galar. Roedd rhai o'r gwragedd eraill i'w gweld yn ymgodymu ac yn dechrau dod drwyddi. Ond nid felly Delyth Prydderch. Efallai fod pethau'n waeth yn ei hachos hi, oblegid bu ei phriodas fer, er gwaetha'r holl anawsterau, yn un angerddol hapus. Ac yn awr, ddwy flynedd yn ddiweddarach, roedd byw a bod, magu'r ferch fach nad oedd yn cofio'i thad, ac ymgodymu â holl fân reolau a defodau cymdeithas yn groes mor drom i'w chario. Treuliai ei dyddiau megis lleian ffyddlon yn ceisio glynu at ddefodau'r dydd. Mor hawdd, er hynny, oedd i'r meddwl grwydro, ac i'r un brithluniau arswydus ei fferru hi'n stond: cerbyd milwrol yn gwibio ar hyd ffordd ddeiliog a gwledig; bysedd ar fotwm; tanchwa; a dur a theiars a chyrff yn hyrddio drwy'r awyr. Ond roedd gwaeth na hynny, hyd yn oed: y bobl yn y dref fechan hon a oedd yn dal i geisio cynnig cysur; pobl a fyddai'n ei harteithio â'u geiriau gwag a diystyr. O, mi wyddai hi'n iawn beth oedd ildio'n llwyr i alar; mi wyddai nad oedd amser yn lleddfu unrhyw boen, ac mi wyddai'n iawn hefyd nad meddyg i'r blinedig rai oedd Nelly Veronica Hughes.

'Chlywsoch chi ddim? 'Wy 'nôl yn dysgu'n rhan-amser ers chwe mis. Nid gwraig mewn galar fydde'n gallu ymdrin â dosbarth o fabanod swnllyd, Mrs Hughes.' Hyd yn oed wrth iddi lefaru'r geiriau hyn gallasai Delyth Prydderch yn hawdd fod wedi ei chicio'i hun. Beth oedd ar ei phen yn ceisio'i chyfiawnhau ei hun i'r sbleden gomon hon a oedd wedi tarfu mor ddigywilydd arni?

'O, nid dyna o'n i'n ei feddwl,' ebe Nell. 'Am eich gweld chi'n cymysgu mwy ydw i. Dod allan yn amlach, ac ymlacio. Mi wnâi chydig o hwyl diniwed fyd o les i chi.'

Safai Delyth Prydderch erbyn hyn a'i chefn at y stof, ac roedd pob brawddeg o eiddo Nell yn araf gau fel rhyw we hunllefus amdani. Clywsai ddywedyd ryw dro mai pobl eraill yw uffern, ac mor ingol wir oedd hynny'n awr. Oedd, roedd hi'n ddigon cyfarwydd â diniweitiaid y geiriau ffôl a diystyr, ond nid oedd neb, neb o'r blaen, wedi plymio â'r fath hyfdra bwriadus i ganol ei galar. Rywsut, byddai'n rhaid iddi ddal ei thir a dod â'r sgwrs hon i ben cyn gynted â phosibl cyn i bethau fynd dros ben llestri. 'Mrs Hughes, oes raid inni siarad am hyn? Nid mater i chi boeni amdano yw 'mywyd cymdeithasol i.'

'Wrth gwrs ei fod o'n fatar i mi. 'Dan ni i gyd ar y stryd 'ma'n poeni amdanach chi. Dim ond mai fi – yr hen Nell – ydy'r unig un sy'n fodlon bod yn onast efo chi. Dydi gweld hogan ifanc yn ei chragan ddim yn beth braf. Mi wn i fod Gordon yn poeni llawar yn eich cylch chi. Ac mi allsa fo'ch helpu chi. Mi fu ynta'n yr armi hefyd, wyddoch chi.'

'Rwy'n gwerthfawrogi'ch consýrn chi, Mrs Hughes. Ond fydde'n well 'da fi petaech chi'n gadael llonydd i bethe.'

'Hen hogyn iawn 'di Gordon. Calon fawr gynno fo. Mi fuo fynta'n Werddon hefyd. Mi saethwyd un o'i ffrindia gora fo. Blydi IRA. Blydi cachwrs. Eu crogi nhw i gyd, dyna faswn i'n ei neud. Pwy ŵyr, falla fod Gordon a'ch gŵr yn rhai digon tebyg yn y bôn?'

'Does 'na ddim sy'n bellach oddi wrth y gwir na hynny,' ebe Delyth Prydderch, a'i hamynedd bellach wedi ei drethu i'w eithaf.

'Nid o ran pryd a gwedd. O ran cymeriad, falla. Dyna o'n i'n ei feddwl. Eto – a dwi'n gwbod mai'i fam o sy'n siarad rŵan – welsoch chi rioed hogyn mwy glanwedd a thalsyth na Gordon?'

'Wn i ddim. Dydw i rioed wedi meddwl am y peth.'

'O, peidiwch â thynnu 'nghoes i! Mi wn i'n iawn eich bod chi 'di meddwl am y peth! Mi o'n i'n ifanc unwaith hefyd! A faint newch chi? Pedair, pump ar hugian? Delyth bach, mae'n hen bryd ichi sylwi fod 'na ddigon o bysgod ar ôl yn y môr. Pam na ddylsach chi ddim cael chydig o hwyl fel genod erill yr un oed â chi? Does dim rhaid i chi fyw fel lleian, gwraig weddw neu beidio!'

'Mrs Hughes, Mrs Hughes, oes raid i chi…?'

'Styriwch Gordon ni, rŵan. Mi ranna i gyfrinach fach efo chi. Dwi'n siŵr ei fod o 'di cymryd ffansi atach chi. A wyddoch chi be? Mi wnaech bâr tan gamp! Mi fedra i'ch gweld chi'r eiliad hon o flaen 'yn llygaid. Pwy ŵyr, falla'ch bod chi 'di'ch creu ar gyfer eich gilydd? Dowch, waeth i chi gyfadda ddim. Dwi'n siŵr eich bod chitha weithia'n dyheu amdano fo gefn drymadd nos.'

Roedd Delyth Prydderch erbyn hyn yn gegrwth. Ond nid sylwadau penwan Nell, nid hyd yn oed ei llais cras a wnaeth iddi yn y diwedd wylltio'n gacwn. Wyneb dieflig Nell a barodd i Delyth Prydderch golli pob rheolaeth arni ei hun. 'Yr ast ewn i chi!' dolefodd, a'i hwyneb yn un cryndod gwelw. 'Y'ch chi'n credu mai hŵr odw i?'

'Brensiach y bratia!' ebychodd Nell gan gilio'n ansicr braidd gyda'i bowlen siwgr am y drws. 'Pwy fasa'n disgwl clywad y fath araith o'ch gena chi? Titsiar o bawb yn siarad fel'na. Ond dyna ni, be 'di'r iws trio helpu pobol yn y lle 'ma? Eich lles chi oedd gin i mewn golwg. Chi a Gordon. Y cwbwl dwi isio ydy ichi fod yn hapus.'

'Ewch mas o 'nhŷ i, y slag gomon!' gwaeddodd Delyth Prydderch nerth esgyrn ei phen wrth i Nell droi ar ei sawdl a'i g'leuo hi oddi yno. 'Mas â chi! Mas â chi!' gwaeddodd drachefn cyn rhuthro am y drws a'i gau'n glep. Wedi'r gweiddi a'r tyngu, roedd mudandod yr eiliadau cyntaf ar ôl cau'r drws yn fyddarol. Trodd Delyth Prydderch yn ôl at fwrdd y gegin, eistedd, a gwasgu coesau'r bwrdd â'i dwylo nes bod ei migyrnau'n wyn. Ymhen ychydig eiliadau roedd ei chynddaredd wedi troi'n ddagrau heilltion a'i gweiddi direol yn igian crio.

Er mor ddiseremoni y bu'n rhaid i Nell ymadael â rhif 13, nid rhuthro ond cerdded yn hamddenol am adref a wnaeth. Cawsai gryn foddhad o ymweld â Delyth Prydderch. Cawsai agoriad llygad yn ogystal. Mi wyddai bellach na wnâi hi gymar oes i Gordon. Camgymeriad o'r mwyaf fyddai iddo ymhél â merch gyda'r fath dempar.

PENNOD 4

NA WNA ODINEB

Yn rhif 7, allor sanctaidd oedd y teledu lliw anferthol a feddiannai'r aelwyd. Oddi tano, yn sglein i gyd, swatiai chwaraewr fideo drudfawr. Yr Huwsiaid, yn wir, oedd y teulu cyntaf yn Awel y Môr i feddu ar y fath beiriant, a bu hynny'n destun cryn glochdar ar ran Nell. Roedd tarddle'r teledu a'r peiriant fideo yn stori od ar y naw. Yn ôl Nell, rhoddwyd y teledu iddi gan ddarlithwraig o Awstralia y byddai'n taro arni o dro i dro yn siopau'r dre. A'r ddarlith-wraig ar fin ymgymryd â swydd newydd yn ôl yn Sydney, doedd dim oll y medrai ei wneud â llawer o'i heiddo heb-law ei rannu ymhlith cyfeillion. Anhygoel o debyg oedd ach y peiriant fideo; dim ond mai trwy haelioni criw o fyfyrwyr cefnog o Dubai y cafwyd hwnnw.

I greadur hygoelus fel Ffred doedd dim oll yn od ynglŷn â'r straeon hyn. Iddo fo roeddynt yn brawf pellach o gymeriad magnetig ei wraig ac o'i phoblogrwydd dihafal. Ond nid oedd Gordon na Brian na Rhian lawn mor dwp â'u tad. Gwyddent hwy fod a wnelai'r teyrngedau hyn lawer mwy â melystra cnawd eu mam nag â melystra'i chymeriad. Gwyddent hefyd fod a wnelent â mynych ymweliadau Nell â Min y Don, cartref yr Athro Ceiriog Talhaiarn Pritchard a'i briod orweiddiog a methedig, Elena.

Roedd Min y Don yn un o'r chwe thŷ eang a braf a godwyd ar stad Awel y Môr yn ystod y tridegau, ac nid oedd unrhyw beth ymddangosiadol amheus ynghylch mynych dramwy Nell tuag yno. Ymweld ag Elena Pritchard yr oedd hi; mynd yno – bob nos Lun a nos Iau fynychaf – yn ysbryd y Samariad trugarog i gysuro truanes rwystredig a llesg. Roedd Elena Pritchard wedi bod yn gaeth i'w gwely am bum mlynedd dda. Yn ystod y cyfnod hwnnw trampiodd meddygon o bell ac agos ati. Ond ni lwyddodd yr un ohonynt i ganfod achos y llesgedd rhyfedd a'i gorthrechodd. Er talu cannoedd, 'anhwylder nerfol tra anghyffredin' oedd barn ochelgar (a da i ddim) y bonwr bochgoch a deithiodd i Aberedwy yr holl ffordd o Harley Street. Weithiau, yn ystod yr haf, âi Ceiriog Pritchard yn ddefodol i'r cwpwrdd eirio i nôl y garthen drom honno o wlân Cymreig a brynwyd gan Elena yn siop Anna Davies, Betws-y-coed, pan oedd ar ei mis mêl, cyn ymdrechu gyda chymorth cymydog i gario'i wraig i'r car. Ei hanelu hi am Benrhyn Gŵyr a wnaent fynychaf. Dro arall, fflasg o goffi llefrith a bara brith yn y maes parcio islaw castell Llansteffan fyddai uchafbwynt y trip.

Y teithiau anfynych hyn oedd unig gyswllt Elena â'r byd mawr y tu hwnt i furiau Min y Don. Ond prin oedd y diolch a gâi Ceiriog ganddi. Ar fachlud haul dros aber afon Tywi, ar ogoniannau Gwyllt Walia, syllu'n llawn surni a wnâi Elena Pritchard. Bron nad oedd hi'n wyrdroëdig falch ei bod hi wedi cefnu ar harddwch hyn o fyd. Nid bod a wnelo ei sarugrwydd ddim oll â'i salwch. Un felly fu hi erioed. Hen sopen finiog ei thafod na lefarodd air da am neb; un a'i heneiniai'i hun â bustl a chwerwder. Nid rhyfedd na ddôi yr un enaid byw i ymweld â hi. Yr unig rai a welai oedd ei gŵr, y meddyg teulu, y ddynes lanhau (a alwai ddwywaith yr wythnos), a'r nyrs breifat a ofalai amdani pan fyddai Ceiriog oddi cartref. A Nell? Ie, Nell! Ym… na… Na, doedd Elena Pritchard erioed wedi torri gair â Nell. Efallai iddi ei gweld ryw dro cyn i'r salwch ei tharo. Ond yn sicr ddigon ni fu unrhyw gyfathrach na chyfeillgarwch rhyngddynt. Nid nad oedd Nell yn gyfarwydd â Min y Don. Roedd hi'n gyfarwydd iawn â stydi'r Athro Ceiriog Pritchard; ac yn gyfarwydd iawn iawn â'r soffa ledr ddu honno a oedd, ysywaeth, wedi gweld dyddiau gwell.

Ar nosweithiau Llun, gan hynny, byddai Nell wedi hen olchi'r llestri swper erbyn tua saith o'r gloch. Byddai Ffred, Gordon a Brian wedi eu sodro eu hunain o flaen y teledu; Gordon a Brian yn barod i drafod yn sardonig safon sgriptiau *Pobol y Cwm*, a Ffred yn suddo'n is i drymgwsg swnllyd yn nyfnderoedd moethus y soffa heb i gamdreigladau'r teledu fennu dim arno. Am saith o'r gloch ar ei ben, byddai'r gôt groen llewpart yn cael ei thynnu oddi ar y bachyn yn y cyntedd a byddai'r frawddeg dreuliedig, 'Dwi jyst yn picio draw at Elena Pritchard druan am ryw chydig', yn atseinio drwy'r tŷ. Nid amharai'r frawddeg honno o gwbl ar drymgwsg Ffred. Ond, o wythnos i wythnos, o fis i fis, parai i surni a llid cynyddol grynhoi yn llygaid Brian a Gordon.

Roedd yr allwedd Yale yno yng nghlo'r drws cefn yn ei disgwyl. Fe'i trodd a chau'r drws yn ofalus o'i hôl. Tarodd yr allwedd ar fwrdd y gegin a'i nelu hi am y stydi. Doedd dim sôn am Ceiriog. Y llipryn gwirion, meddyliodd. Cic iawn yn ei thin hi sy isio, dim tendans. Aeth Nell ati'n ddiymdroi i chwilota ym mherfedd y cwpwrdd lysh. Un da oedd o efo'i fylb bach letrig yn g'leuo wrth i rywun ei agor. Chwara teg i'r hen Ceiriog, roedd o wedi ei brynu o'n sbesial iddi hi. Be gâi hi heno? Fodca? *Gin*? Chwisgi Tullamore? Ym… ia, *gin*san fach a chydig o donic! A'r gwydryn yn ei llaw aeth dychymyg Nell yn drên. Be 'tai hi 'di rhwydo'r hen Geiriog flynyddoedd ynghynt, a fynta 'di magu digon o blwc i roi'r droed i Elena? Mi fasa hynny 'di bod yn sbort! 'Aha, dewch i mewn, Brifathro. Croeso i'r parti. Ga i'ch cyflwyno chi i'r wraig, Nell?… *How nice of you to come along, Professor Loth. Of course, you met Nell at the Paris conference.*' Duw annwyl, mi fasa bywyd 'di bod dipyn gwahanol… Ond lle roedd y diawl bach rŵan? Tynnodd ei chôt a'i thaflu ar y soffa ledr. Aeth draw i fusnesa at y ddesg, a dechrau bodio'r pentwr dogfennau a oedd arni. 'Bwrdd Gwybodau Celtaidd Prifysgol Cymru. Argymhellion ar gyfer Ad-drefnu'r Pwyllgor Iaith a Llên (CYFRINACHOL)'. Parodd y gair CYFRINACHOL rywfaint o chwilfrydedd. Ond siom a gafodd. Doedd y siartiau astrus ar y dudalen gyntaf nac opsiynau A, B, C ac CH (tt. 2–56) nac opsiynau A1 a B2 yn Atodiad 1 yn gwneud fawr o synnwyr iddi. Ceiriog bach, ebychodd, does ryfadd dy fod ti'n garwr mor giami. Aeth yn ôl at y soffa. Eisteddodd. Ac yna, wedi'r hir ddisgwyl, daeth yntau, y gwron ei hun, yr Athro Ceiriog Talhaiarn Pritchard, drwy'r drws a'i wynt yn ei ddwrn.

'Asiffeta, ma' hi'n ddigon i drethu mynadd sant heno 'ma,' chwyrnodd.

'Wel, Ceiriog, dwi 'di deud droeon, do? Cic iawn yn ei thin hi s'isio.'

Creadur bach ffyslyd yr olwg oedd Ceiriog Talhaiarn Pritchard. Y math o ddyn y disgwyliech ei weld y tu ôl i gownter siop ddillad dynion o'r hen deip mewn tref farchnad weddol lewyrchus. Rywsut, doedd dim golwg ysgolhaig arno. Oedd, roedd ganddo ei ddosbarth cyntaf mewn Gwyddor Cymdeithas (Southampton, 1960); roedd ganddo ei ddoethuriaeth hefyd – 'Morality and Depravity in the Welsh Nonconformist Community of Llanuwch-llyn' (Ph.D. Cymru, 1972). Ond academydd cymedrol iawn iawn ei ddoniau ydoedd. Er hynny, bu'r wythdegau yn gyfnod tra bendithiol iddo, a pharodd dau beth i'w yrfa flodeuo'n rhyfeddol: dyfodiad y gair-brosesydd a chlwy cyhoeddi blynyddoedd Thatcher. Bu hefyd un dat-blygiad allweddol yn ei ddiddordebau academaidd: cafodd hyd i faes cymdeithaseg iaith ac i gynadleddau dirifedi ar ieithoedd llai Ewrop. Yn sgil hynny llifeiriodd y grantiau o wlad y llaeth a'r mêl ym Mrwsel, a chafodd cynadleddwyr, o Barcelona i Boston, ac o Galloway i Kalamazoo, y fraint fawr o wrando ar ei bapur cynhwys-fawr, 'The Welsh Language: From Degradation to Regeneration'. Cyhoeddwyd yr un papur – gyda theitlau a pharagraffau agoriadol gwahanol, mae'n ddigon gwir – mewn cruglwyth o gyfnodolion rhyngwladol eu bri. Do, bu'n dda i'r Athro Pritchard wrth y *copy and paste*. Trwy hynny trodd yn ysgolhaig 'gwyrdd': yn ailgylchwr heb ei ail. Ar sail y fath wrhydri, cafodd Ceiriog gadair bersonol a thîm o ymchwilwyr i'w gyrru â ffrewyll ddidrugaredd. Ei gamp fwyaf oedd sicrhau grant o £200,000 gan y Biwro Ieithoedd Llai eu Defnydd i ymchwilio i'r defnydd o'r Gymraeg yn nhai tafarnau cefn gwlad Cymru. Trampiodd yr ymchwilwyr o Frynsiencyn hyd Garreg Hollt, a chyda'r data a gasglwyd ganddynt lluniodd Ceiriog adroddiad tenau o ran brawddegau, ond trwchus ei graffiau, a ddôi i'r casgliad syfrdanol fod iaith tŷ tafarn yn debygol o newid wedi i Sydney Sidebotham o Surrey neu Fred Atkins o Swydd Efrog ei phrynu.

Ie, ysgolhaig cymedrol iawn ei ddoniau oedd Ceiriog. Mi wyddai yntau hynny. Ac mewn gwirionedd nid oedd ganddo'r gronyn lleiaf o wir ddiddordeb mewn na iaith na chymdeithas na chymdeithaseg. Dihangfa oedd y cynadledda a'r cyhoeddi iddo; dihangfa rhag diflastod y cydfyw hunllefus â'i wraig niwrotig. Ar nosweithiau Llun a Iau, cynnig dihangfa a wnâi Nell hefyd, a mymryn o gysur oherwydd hen swmbwl gwirion y cnawd.

Eisteddodd Ceiriog ar y soffa wrth ei hymyl a rhoi ei law lipa ar ei phen-glin.

'Faint mwy o redag fedar dyn ei neud? Dwn i'm wir.' Yr un oedd ei gŵyn bob nos Lun a Iau, ac wrth sôn am ei wraig byddai'r un ymadroddion treuliedig yn llithro'n ddefodol oddi ar ei dafod. Does 'na'm gwella arni, nagoes? Ac mi wyddon ni i gyd pam. Achos ma' hi'n benderfynol o fod yn sâl. Be goblyn 'di'r iws i'r arbenigwyr drampio yma? Be 'di'r iws cynnig cysur? Nychu'n ei gwely. Dyna 'di diléit y sguthan.'

Ni phorthodd Nell ddim arno. Clywsai'r un druth droeon o'r blaen. Gadael llonydd i Ceiriog druan fwrw'i fol oedd orau o hyd. Pan derfynodd, teimlodd ei law yn crwydro'n uwch i fyny'i chlun. Drapia'r sglyfath; roedd hi jyst â thagu isio *gin*san arall. Ond cystal gadal i'r ewach bach gael ei ffordd. Mi fydda'r cwbwl drosodd mewn chwinciad, beth bynnag.

Ddau funud yn ddiweddarach cafodd Nell ei *gin* a'i thonic.

'Petha'n iawn yn y colej?' holodd.

'Ydyn,' ebychodd Ceiriog, 'ar wahân i'r un hen broblema.'

'A be am Gordon? Ydy o'n plesio?'

'Ydy, ydy. Iawn, am wn i,' atebodd Ceiriog yn ddi-amynedd. 'Mae o i'w weld ddigon prysur.'

'Ond mae o'n haeddu joban llawar gwell, 'tydi?' Ymlaciodd Nell, a rhoi ychydig o raff i'w dychymyg. 'Dwi'n dal i ddeud fod gin yr hogyn y potensial i fod yn ffilm-stâr… a rŵan ma' 'na ffilms Cymraeg, 'toes?'

Nid agorodd Ceiriog ei geg. Y tro diwethaf y bu mewn sinema oedd yn gweld un o ffilmiau'r hen Gyngor Ffilm pan oedd John Ogwen yn ifanc.

'A mae o'n ddigon o bishyn. Does 'na'm dowt am hynny,' ychwanegodd Nell gan syllu'n freuddwydiol i'w diod a rhyw sglein bathetig yn ei llygaid. 'Ac ma' gynno fo'r peth sbesial hwnnw hefyd… ma' 'na ryw ramant peryg yn perthyn i'w gymeriad o.'

Ni roddodd Ceiriog yr ystyriaeth leiaf i'r sylw ysgubol hwn. 'Fedrith o actio?' holodd yn siort.

'Pan oedd o'n hogyn bach fydda Ffred a fi yn ein dybla. Dynwarad Caleb ar *Miri Mawr*; dyna oedd ei *party piece* o. Fuo Gordon ni rioed yn brin o dalant.'

Roedd Ceiriog wedi hen laru ar y sgwrs. Nell ar ei gwaethaf oedd hon heno. Nid fod ganddo un dim yn erbyn Gordon; roedd o'n reit hoff ohono. Petai'r creadur ond wedi cael cyfle. 'Mae o'n fy nharo i fel dipyn o foi chwaraeon. Mynd i goleg hyfforddi. Bod yn athro ymarfer corff. Mae'n bechod na fasa fo 'di meddwl am yrfa felly.'

Gordon yn ditsiar! Nid oedd y fath syniad gogoneddus erioed wedi gwawrio arni o'r blaen, ond doedd fiw i Nell ddangos hynny.

'Wrth gwrs, dyna dwi 'di'i bregethu rioed. Ond doedd

'na'm iws. Yr armi oedd bob dim. Ac i feddwl be ddig-wyddodd i ŵr Delyth Prydderch. Asiffeta! Ma'r peth yn gyrru iasa drwydda i. Diolch i'r drefn ei fod o 'di prynu ei hun allan, ddeuda i.'

Doedd Ceiriog, mae'n amlwg, ddim am i'r sgwrs fynd yn ei blaen. Y brych bach digywilydd, meddyliodd Nell, wedi cael ei funud o bleser, a rŵan am iddi hi fynd.

'O, Ceiriog bach, 'tydw i'n ofnadwy. Cwyno fel'ma, a beichia'r byd 'ma mor drwm ar eich sgwydda chi. Ond fel o'n i'n deud, mi ddylsa Gordon fod 'di mynd yn bellach. Dyna pam dwi am iddo fo ga'l car.'

Roedd Ceiriog Pritchard yn ddigon hirben i sylwi ar y tro sydyn yma yn sgwrs Nell, ac yn ddigon doeth hefyd i beidio â llyncu'r abwyd yn syth.

'Mae 'na ddigon o geir ail-law o gwmpas,' meddai'n swta.

'Wrth gwrs, am gar i'r teulu o'n i'n meddwl,' atebodd Nell. 'Dim ond Gordon fydda'n ei ddreifio fo. A Brian ella, pan fydd o'n hŷn. Dowch rŵan, Ceiriog, be 'di'r iws i chi gelcio fel peth gwirion? Be fasa ryw fil neu ddwy i chi? Cheith neb fynd â nhw efo fo, wyddoch chi!'

'Aha! Nell fach, mae'r dyddia da 'di hen ddarfod. Mae darlithwyr prifysgol cyn dloted â llygod eglwys yn yr oes ryfadd hon.'

''Dach chi rioed yn disgwl i mi gredu hynna, Ceiriog,' meddai Nell gan bwnio'i asennau'n chwareus. 'A be am gelc yr hen sgragan fyny grisia? Mi ddylsa dalu rwbath i mi am gysuro'i gŵr!'

Ond nid ar chwarae bach yr ildiai Ceiriog bellach. Cawsai ei ryddhad ers dros ugain munud. Y gŵr hunan-feddiannol a fu'n pwyllgora am ugain mlynedd a mwy ymhlith slywod academaidd a lefarai'n awr. 'Siarad efo'r Dr Gareth Wyn yn yr Adran Gymraeg. Dyna fasa'r peth calla i Gordon. Mi ŵyr o'r cwbwl am geir ail-law. Mae gin 'i frawd-yng-nghyfraith o garej ym Mryn Bethel. Chydig gannoedd a chosta prawf MOT a dwi'n siŵr y medra fo gael hen Gaprî neu Lada bach digon taclus.'

'Brensiach y bratia! Dim am ryw dun sardîns o beth o'n i'n meddwl,' bytheiriodd Nell. 'Car iawn sgin i mewn golwg.'

'Wel, ma' hynny'n reit amlwg,' atebodd Ceiriog.

Blydi bastad smyg, meddyliodd Nell. Ond roedd y diawl bach wastad 'run fath, yn jarffyn hunanfeddiannol ar ôl caru. Mi wnaethai'r un camgymeriad droeon o'r blaen. Rhwydo'r diawl yn ei rwystredigaeth cyn ei chydig eiliadau o orfoledd pathetig oedd y gamp. Byddai'n well iddi ildio am y tro. Buan y dôi nos Iau.

Dirywiodd y sgwrs yn fân siarad am y tywydd, y cymdogion, a'r sgandalau bach digon diniwed hynny sy'n llechu dan barchusrwydd tref brifysgol fechan fel Aber-edwy.

'Mi ges i goblyn o gynnig ddechra'r wsnos,' ebe Nell ymhen hir a hwyr.

'A be oedd hwnnw?'

'Ronald Parry, y boi drws nesa – mi ddaru o neud awgrym anweddus.'

'Awgrym anweddus? Be 'dach chi'n ei feddwl, Nell?'

'Nefoedd yr adar, Ceiriog! Ydach chi'n gwbwl dwp? Mi oedd o isio mynd i'r gwely efo fi. Ma'r diawl bach yn snwyro o gwmpas y lle 'cw bob awr o'r dydd.'

'A be ddaru chi'i ddeud wrtho fo?'

'Deud wrth y sglyfath am fynd â'i facha budron i rwla

arall. Does 'na'm iws bachu'r abwyd y tro cynta!' Cil-edrychodd ar Ceiriog yn y gobaith o weld eiddigedd yn llenwi ei lygaid. Ond ei siomi a gafodd. Daliai o i fwytho'i wydryn yn ei law yn ddigynnwrf. Ceisiodd ei anesmwytho drachefn. 'Cofiwch chi, mae o'n dipyn o bishyn. Ma'n rhaid deud hynny amdano fo. Sgwydda cyhyrog a dim owns o floneg. A ma' gynno fo waith sy'n talu'n dda hefyd… dyn insiwrans.'

'Wel, dyna ni, Nell! Dyna ddatrys y broblem. Ewch ato fo i chwilio am gar!'

Profai ateb brathog Ceiriog nad oedd ildio i fod ar fater y car heno. Ofer fu crybwyll Ronald Parry a cheisio ennyn rhywfaint o eiddigedd. Beth bynnag, yr oedd hi erbyn hyn yn hen bryd iddi droi am adref. Ond nos Iau fe'i rhwydai yn ei wendid.

Wrth ddrws y stydi cafodd Ceiriog gusan lafoeriog ganddi. Ar ôl sleifio drwy'r cyntedd tywyll ar flaenau'u traed, cafodd un arall lawn mor anghelfydd wrth ddrws y cefn.

'Peidiwch chi â phoeni am Ronald Parry,' sibrydodd Nell. 'Matar bach fydd ei setlo fo.'

'Greda i hynny,' atebodd Ceiriog.

'A chofiwch rŵan, Ceiriog, llai o redag fel ci bach i Elena. Pwy ŵyr, falla y bydd y Bod Mawr yn drugarog wrthi hi cyn bo hir? Esgob mawr, mi faswn i'n eich priodi chi mewn chwinciad wedyn!'

Nell bathetig, meddyliodd Ceiriog. Nell yn nerbyniad blynyddol y Prifathro! Nell yn narlith eisteddfodol Urdd y Graddedigion! Nell yn cadw cwmni iddo ar gyrsiau haf yng Ngregynog! A beth, tybed, fyddai tynged Ffred o ganlyniad i hyn oll?

'Ffred? Duw annwl, fasa ca'l gwarad o hwnnw yn draff-arth i neb,' sibrydodd Nell yn daer.

Rywle, oddi mewn i Min y Don, yn un o'r llofftydd efallai, clepiodd drws. Ond yn angerdd eu ffarwél olaf ar stepen y drws cefn ni chlywodd Nell na Cheiriog Talhaiarn Pritchard yr un smic.

'Wel, dyna fi 'di gneud 'y nhro da am heno!'

'A sut oedd hi?' holodd Ffred yn freuddwydiol o ddyfnderoedd y soffa.

Ysgydwodd Nell ei phen yn brudd. 'Salwch ofnadwy ydy o. I feddwl fod doctoriaid y wlad 'ma 'di bod yn trampio yno ati hi. A dydyn nhw ddim nes i'r lan. Mi ddylsan ni i gyd gyfri'n bendithion.'

Amneidiodd Ffred. Ond nid enynnai ymweliadau mynych Nell â Min y Don ei chwilfrydedd o gwbl erbyn hyn. Doedd gan Gordon, Brian na Rhian chwaith fawr o ddiddordeb yn salwch Elena Pritchard. Yr oeddynt wedi hen roi'r gorau i holi, i borthi'r celwyddau gerbron Ffred.

Roedd Nell yn hoff iawn o wyntyllu pob gweledigaeth fawr a gâi gerbron y teulu, a heno roedd yn rhaid trafod mater y car. 'W'ch chi be?' cyhoeddodd yn llawn brwdfrydedd. 'Dwi 'di ca'l brênwef. Ma' hi'n hen bryd i ni ga'l car fel teulu!' Edrychodd Brian a Gordon ar ei gilydd. Roedd y cwbl yn awr mor amlwg â'r dydd i'r ddau. Hon, mae'n amlwg, oedd y sgêm ddiweddaraf ym Min y Don. 'Ti'n cofio, Ffred? Oeddan ni ar fin prynu'r Austin Maxi coch 'na. Ond fuo raid inni brynu Gordon allan o'r armi. Cythral o glec oedd honno. Ond does 'na'm rhwystr rŵan, nagoes?' Roedd gwrando ar Nell yn rwdlan fel hyn am y chwilen ddiweddaraf a oedd wedi dod i'w phen, yn dân ar groen Rhian. Allai hi ddim goddef rhagor ac aeth am ei gwely heb ddweud na bŵ na be o'i phen. Ond ni fennodd hynny ddim ar Nell. 'Meddyliwch, hogia. Efo homar o gar sgleiniog, mi fasach yn gneud dipyn o argraff ar y genod!'

'A be ddigwyddodd i'r plania mawr ar 'y nghyfer i a Delyth Prydderch?' holodd Gordon a'i dafod yn ei foch. 'Does dim angan car i fynd ar ôl honno. Mond lawr y ffordd ma' hi'n byw.'

'Delyth Prydderch! Nefoedd yr adar, lle cest ti'r fath syniad? Iawn i ti ga'l car ail-law. Ond gwraig ail-law? Nefar in Iwrop!'

Ar ôl defod nosweithiol yr Ovalmix dihangodd Brian a Gordon yn ebrwydd i ddiogelwch eu llofft. Roedd angen trafod a chynllunio. 'Gwerthu'i chorff am gar. Dyna'r gêm ddiweddara, felly,' meddai Brian. 'Blydi hel, ma' gynni hi wynab!'

Cododd Brian ei freichiau mewn ystum melodramataidd. 'Fasat ti'n fodlon ca'l dy weld yn y fath gar, a hwnnw'n symbol o warth dy fam?'

'Dwn i'm. Ond be 'di'r iws dyfalu? Ddaw hi ddim i hynny bellach. Yr unig daith sy o flaen Nell rŵan ydy un mewn hers.'

Aeth ias hyd feingefn Brian. Roedd siarad digwafars o'r fath yn codi arswyd. Ond ceisiodd ymwroli.

'Mae o'n beth od, 'tydi? Dyma ni bron â bod yn rhydd, bron â thorri'r cadwyni ar ôl yr holl flynyddoedd. A finna mor swrth â chadach llestri.'

Syllodd Gordon arno'n llygadlym. 'Be ti'n fwydro? Be uffar sy'n bod arnat ti?'

'Mymryn o annwyd. Dyna'r cwbwl. Tywydd y wlad 'ma 'di'r drwg. Pan ma' hi'n ha 'mhob man arall, ma' hi'n aea 'Nghymru. Dyna ddeudodd ryw foi o Ffrainc rywdro.'

'Ffŵl. Waeth heb â beio'r tywydd. Nell 'di'r drwg. Ma' hi'n effeithio ar dy iechyd di. Ma' byw efo hi'n dy ladd di'n ara bach. Does 'na'm byd sicrach. Ti'n cofio llynadd, yn Tunisia? Mi gest uffar o ddos yn fan'no hefyd.'

Aeth Brian yn anniddig drwyddo o glywed ei frawd yn crybwyll Tunisia. Dechreuodd yr atgofion lifo'n ôl am yr hunlle hir o wyliau, a Nell yn codi cywilydd arno beunydd beunos. Roedd yr asiant gwyliau yn Aberedwy wedi ceisio esbonio wrthi ei bod wedi dewis teithio gyda chwmni braidd yn *up market* y tro hwn. Ond ni lwyddodd Nell i amgyffred arwyddocâd hynny. Yn syth bìn ar ôl camu ar yr awyren gwyddai Brian a Gordon fod eu cyd-deithwyr yn griw bach mwy sidêt na'r haflics swnllyd o Birmingham y cawsai Nell y fath bleser o fod yn eu cwmni dair blynedd cyn hynny ar y daith i Benidorm. Ond roedd Nell yn gwbl ddifraw i hynny, a rhaid oedd dechrau perfformio'n syth. A phawb arall wedi ymdawelu wrth i'r awyren baratoi i chwyrnellu ar hyd y lanfa, roedd yn rhaid iddi hi gael gweiddi ar Gordon, a oedd chwe sedd o'i blaen: 'Mi fyddwn yno mewn cachiad rŵan, Gord. Faint gymar hi ti'n meddwl i ryw *sheik* blewog gymryd ffansi ata i?' Ar ôl iddynt esgyn, hi hefyd oedd y gyntaf i godi o'i sedd wedi i oleuadau coch y rhybuddion gwregysau diogelwch gael eu diffodd. Parediodd am y tŷ bach dan ganu 'O Dad, cofia'r Arab…' Roedd y stiwardesau wedi sylwi arni gan synhwyro y byddai hon wedi hen drethu eu hamynedd erbyn pen y daith. A chyn croesi'r sianel, hyd yn oed, roedd gweddill y teithwyr yn ingol ymwybodol o'i phresenoldeb, a Brian, Gordon a Rhian yn glymau o gywilydd. Doedd hi ddim yn syndod felly na wnaeth fawr o neb o blith gweddill *clientèle* North African Cultural Tours unrhyw ymdrech i dorri gair â hi yn ystod y pythefnos o wyliau. 'Yr hen betha diflas iddyn nhw,' oedd ei thiwn gron dros frecwast a phryd nos. 'Ma'r petha bach duon 'ma'n gleniach o'r hannar. Ond bechod na fasan nhw'n siarad iaith gall.'

'Ti'n iawn,' meddai Brian cyn hir, wedi i'r atgofion hunllefus ddechrau cilio. ''Sa'm byd o'i le ar dywydd y wlad 'ma. Nell 'di'r drwg.'

'A Nell,' ychwanegodd Gordon, 'sy'n ein gneud ni'n gyff gwawd yn y ffycin dre 'ma. Os triwn ni fagu chydig o hunan-barch, ma' *hi* yno bob tro i'n tynnu ni'n ôl i'r cachu. Fedri di feddwl be ma' pobol yn ei ddeud amdanan ni?'

''Di hynny'n fawr o gamp.'

Ond roedd dyddiau'r rhefru hunandosturiol a'r rhincian dannedd ar ben. Roedd amgenach pethau i'w trafod, a Gordon yn eiddgar i redeg drwy'r holl fanylion am y canfed tro i wneud yn siŵr fod y cwbl yn dal dŵr.

'Ti'n dallt, 'dwyt? Rhoi *alibi* i fi. Dyna'r cwbwl ma' raid i ti'i neud. Uffar o bwys am dy annwyd di. Mond i ti gadw dy ben, a pheidio lyshio gormod, mi fydd bob dim yn iawn.'

''Di hynna'm yn swnio'n arwrol iawn,' protestiodd Brian.

'Iechydwriaeth, Brian! Fedrith y ddau ohonan ni ddim ei lladd hi efo'n gilydd fatha rhyw blydi deuawd cerdd dant. A be bynnag, falla ma' ti sgin y job g'leta. Fydd raid i ti ddarbwyllo'r cops 'mod i 'di bod yn y dafarn drw'r nos.

Os nei di lanast o betha, mi fydd 'di cachu arnan ni.'

'Ond cofia be ddigwyddodd Sadwrn dwytha. Be os bydd Nell yn sylwi? Ac yn holi o flaen pawb lle ti 'di mynd?'

'Raid i ni jyst neud yn siŵr na fydd yr ast wirion yn gneud hynny.'

Erbyn hyn roedd Gordon yn gorwedd ar ei wely ac yn syllu'n ddwys tua'r nenfwd. 'Dwi 'di bod yn meddwl am y broblem. Cyn diflannu, falla y basa fo'n syniad deud wrthi, "Dwi'n mynd draw i ga'l gair bach hefo 'Gwyn' neu 'Jim'" – neu pwy bynnag fydd yn digwydd bod yno – "wela i di amsar swpar." Fydd gynni hi'm rheswm wedyn dros holi lle dwi 'di mynd.'

'Ar ôl dod 'nôl. Dyna pryd fydd angan gofal,' rhybuddiodd Brian. 'Dwi 'di darllen am y peth. Mi all y weithred effeithio'n gorfforol ar y llofrudd ei hun. Gneud iddo fo fod isio – '

'Cachu? Dwi'n gwbod hynny… Ond ma' Nell 'di gneud yr un peth i mi ar hyd 'y mywyd.'

'Cofia, mi allsa rhywun sylwi ar y cryndod lleia. Dod yn ôl ata i. Ista i lawr a siarad. Dyna fasa ora… A sut ei di o'i chwmpas hi?… Ei thagu hi?… Efo dy ddwylo?'

'Iesu, na,' atebodd Gordon. 'Mae hynny'n ormod o gambyl. Mi fydd angan tamad o raff neu weiran falla. Ma' 'na ddigon o hen ddarna yn storws y Coleg.'

'Ydy hynny'm yn beryg? Mi fedran olrhain bob dim y dyddia hyn.'

'No wê. Fedri di brynu'r un math o raff 'mhob tre drwy Brydain.'

'Fasa hi'm yn haws rhoi un ergyd iawn ar ei phenglog hi?'

'Gormod o lanast. Falla y basa'n rhaid taro fwy nag

unwaith. Mi fydda 'na waed bob man wedyn… A be bynnag, dwi'm yn meddwl y basa hynny'n rhoi'r un math o bleser imi.'

'Ti'm yn blydi call! Deuda'r gwir wrtha i. Ti'n edrych ymlaen at hyn, 'dwyt?'

'Ydw, brawd bach. Hon fydd f'awr fawr i.' Syllodd Gordon yn llawn dirmyg ar Brian. 'A be amdanat ti? Dechra cachu plancia'n barod?'

PENNOD 5

DYDD MAWRTH

Ar y dydd Mawrth cafodd Nelly Veronica Hughes brof-
iad diddorol. Nid oedd mor ddramatig â'r hyn a fyddai'n
digwydd iddi'n ddiweddarach yn yr wythnos, ond yr oedd
yn brofiad diddorol serch hynny.

Ben bore roedd hi'n ymddangos mai dydd Mawrth
nodweddiadol arall fyddai hwn. Ymlusgodd y teulu'n
anfoddog o'u gwlâu gan ffraeo ar gownt pwy a gâi fynd
gyntaf i'r tŷ bach a'r ystafell ymolchi. Bwytasant eu
brecwast yn beiriannol cyn diflannu o un i un drwy ddrws
y ffrynt.

Wedi i'r trŵps fynd, dechreuodd Nell ymlacio a
theimlo'r boddhad o weld diwrnod arall yn ymagor fel
tudalen wen o'i blaen. Doedd neb ond hi yn y tŷ. Câi
wneud fel y mynnai, a chyflawni pa ddrwg bynnag a
fyddai'n debygol o fynd â'i bryd. Yn wir, roedd y posibil-
iadau'n ddihysbydd. Dechreuodd ddyfalu ynghylch
symudiadau ei chymydog, Ronald Parry. Tybed a fyddai
o adra ryw ben o'r dydd?

Glynodd hyn yn ei meddwl wrth iddi gyflawni mân
orchwylion y bore yn ei ffordd ddi-lun arferol. Roedd
llond y sinc o lestri i'w golchi, ac aeth ati'n frysiog i
drochi'r rheini mewn ewyn trwchus. Tarodd gadach stêl
dros fwrdd y gegin, rhoi ychydig o olosg ar y stof, a
gwagio'r lludw oedd wedi crynhoi oddi tani. Ond wrth
gyflawni'r holl orchwylion hyn roedd hi'n cadw llygad

barcud ar y ffenestr gefn, ac ar y gerddi y tu ôl i'r tai.

A oedd o adra o hyd? Falla'i fod o wedi mynd i'w waith yn annaearol o gynnar. Doedd y ffaith fod ei gar o o flaen y tŷ o hyd nac yma nac acw. Mi fyddai'n mynd weithiau yn Metro ei wraig, gan ei danfon hithau i'r ysbyty yr un pryd… Ond yna, am chwarter wedi naw, daeth y dyfalu i ben. Ymddangosodd Ronald Parry yng ngardd gefn y tŷ drws nesaf mewn crys chwys tyn, ac yn gyhyrau i gyd. Gwthiai ferfa. Ond nid oedd unrhyw argoel ei fod yn arddwr o'r iawn ryw. Un funud roedd o'n stwna â fforch wrth ymyl y ffens. Y funud nesa roedd o'n ffidlan â chaead rhydlyd y byncar glo.

Pwyll piau hi rŵan, meddai Nell wrthi'i hun. Roedd hi'n hen law ar y gêm hon, a gwyddai mai camgymeriad marwol oedd ymddangos yn rhy eiddgar. Aeth i fyny'r grisiau yn hytrach i gyweirio'r gwlâu, ond gofalodd agor ffenestri'r llofftydd led y pen. Dechreuodd ganu un o'i hoff ganeuon. Nid 'Yma o Hyd' y tro hwn, ond 'Shep' Trebor Edwards. Oedd o yno o hyd yn yr ardd? Oedd o'n ei chlywed hi? Oedd, debyg iawn. Llatai da a ffyddlon oedd Shep.

Yn yr ystafell ymolchi aeth ati i roi trefn ar daclau siafio Ffred a Gordon. Cafodd sbec fach arall ar yr ardd. Fe'i gwelodd drachefn yn loetran yn ddiamcan hefo'i fforch yn haul gwelw mis Ebrill. Ond efallai nad oedd o ddim o ddifrif, meddyliodd. Yn waeth na hynny, efallai'i fod o wedi laru disgwyl a'i bod hi'n bryd cynnig abwyd rhag ofn iddo fo wangalonni'n llwyr. Do, daeth yr awr. Daeth yn bryd iddi fynd i'r gad: Nelly Veronica Hughes, at y drin aeth eto draw. Rhuthrodd i lawr y grisiau, ac aeth allan yn ddiymdroi i'r cefn gyda gweddillion y brecwast. Gwagiodd y rheini'n swnllyd i'r bin, ond gan barhau i ganu am yr hen Shep druan, ac am ei ddiwedd ingol drist.

Roedd Ronald Parry yno o hyd, yn poetsian yr ochr arall i'r ffens.

'Jiw, jiw. Chi'n hapus heddi,' meddai. 'Rhywun 'di gadel ffortiwn i chi?'

'Ha ha. Reit dda rŵan. 'Sa hynny'n neis, a finna heb sentan. Ond be 'di pres ar fora braf fel heddiw?'

'Eitha gwir. Sdim pwynt becso am arian. Joio. 'Na'r peth pwysig, ontefe?'

'Ia, Ronald. Mwynhau bywyd. Mwynhau bob eiliad. Dyna fydda inna'n ei ddeud hefyd,' ebe Nell cyn diflannu'n ôl drwy ddrws y cefn.

Bingo! Bingo! Mi wyddai rŵan fod hwn yn gêm. Hawdd adnabod ci sy'n snwyro. Ond doedd hi ddim yn iawn iddo fo gael ei ffordd ei hun heb fymryn o ymdrech. Câi chwysu'n rhwystredig yn ei ardd am ychydig tra âi hi ati i hwfro a dystio'r parlwr. Wrth gwrs, mi fyddai'n rhaid iddi hi fod yn ochelgar. Byddai Ffred a Gordon yn ôl am eu cinio toc wedi un. Ond roedd digon o amser tan hynny. Ia, ara deg a fesul tipyn… Mi wyddai Nell o hir brofiad pa mor wir oedd y geiriau hynny.

Daeth i ben â'i hwfro arwynebol yn y parlwr mewn dim o dro. Penderfynodd adael llonydd i'r mymryn llwch ar y cŵn tsieni a'r canwyllbrenni pres ar y silff ben tân. Pwysicach yn awr oedd ymbaratoi i wynebu Ronald Parry drachefn. Aeth i fyny i'r llofft i ymbincio. Doedd dim angen mynd dros ben llestri. Ond roedd hi'n benderfynol o ddangos iddo ei bod hi, Nelly Veronica Hughes, yn bersawrus hardd o hyd, yn decach ei gwedd na chywennod dibrofiad yr oes hon. Cafodd un olwg arall arni'i hun yn y drych. Perffaith. Perffaith. Aeth i lawr y grisiau, ac i nôl y gwellaif torri rhosod o'r cwpwrdd dan y sinc. Allan â hi wedyn, yn ei holl ogoniant, i lygad yr haul.

Cyfrifoldeb Ffred oedd trin yr ardd yn rhif 7, a chyflawnai'r swyddogaeth honno'n ddirwgnach. Ambell brynhawn, yn nechrau'r gwanwyn, byddai'n sleifio adref o barc y dre er mwyn paratoi ei resi tatws. Dro arall, byddai Nell yn ymddyrchafu'n arolygydd. Ar ôl sylwi ar ryw flodeuyn anghyffredin yng ngerddi'r cymdogion, mynnai weld Ffred yn rhoi cynnig ar blannu un yn eu gardd hwythau. Ond nid oedd gan Nell wir ddiddordeb mewn garddio, a chan amlaf câi Ffred rwydd hynt ganddi i wneud fel y mynnai. Doedd o ddim yn arddwr wrth reddf, ond doedd o chwaith ddim yn gwbl ddi-glem. Roedd cryn raen ar ei faip a'i diwlipiau, ac roedd y rhosod dringo, a oedd bellach wedi tyfu hyd at ffenestri'r llofftydd y tu blaen i'r tŷ, yn ennyn cryn falchder ynddo. Diolch i Ffred, yr oedd felly yng ngardd gefn yr Huwsiaid lwyni a rhywfaint o flodau y medrai Nell o leiaf gogio ei bod am eu tocio. Ni ellid dweud hynny am ardd gefn Ronald Parry. Diffeithwch oedd ei libart o, a byddai, erbyn yr haf bob blwyddyn, yn dagfa o chwyn. Ond pan ddaeth Nell allan, roedd Ronald y garddwr mawr yn dal i boetsian wrth ymyl y ffens. O'i gweld cododd o'i blyg a sychu'r chwys oddi ar ei dalcen â chledr ei law.

'Jiw, jiw, 'ma jobyn caled,' ebychodd.

'Ma' isio mynadd Job, 'toes?' atebodd Nell gan wenu fel giât arno. 'Fflipin gerddi. Ond ma' raid i rywun eu trin nhw.'

Roedd Nell wrthi erbyn hyn yn tocio'r coed rhosod.

Gwrtaith oedd angen pennaf y rheini. Ond fyddai Ronald Parry fawr callach. A'r gwellaif yn ei llaw, ymddangosai Nell yn arddwraig brofiadol.

'Mae o'n beth od, 'tydi,' sbowtiodd Nell drachefn, 'ond dwi o hyd yn cwyno 'radag yma o'r flwyddyn; yr ardd 'ma'n ddigon i 'ngyrru fi o 'ngho. Ond pan wela i ffrwyth 'yn llafur – rargian, mi fydda i wrth 'y modd. W'ch chi be, chewch chi gythral o ddim yn yr hen fyd 'ma heb fymryn o ymdrech.'

'Chi'n eitha reit,' atebodd Ronald.

Drwy chwys dy wyneb y bwytei fara. Efallai i Nell glywed yr hen adnod flynyddoedd mawr yn ôl mewn rhyw honglad o gapel yn Arfon. Ond prin ei bod hi na Ronald yn ymgorfforiad o'r foeseg waith Brotestannaidd. Y peth blaenaf ym meddwl Ronald erbyn hyn oedd dwyn y rhagymadroddi hwn i ben.

'Duw mawr. Chi'n dishgwl yn bert heddi, Nell. Beth yw'r gyfrinach? Weden ni bo' chi'n edrych yn iau bob dydd!'

Roedd sylw ystrydebol o'r fath wrth fodd calon Nell. 'Peidiwch â mwydro,' protestiodd, ond yn amlwg wedi gwirioni'n bot. 'Chydig flynyddoedd eto, a pwy ŵyr sut olwg fydd arna i.'

'Fyddwch chi'n dal i dorri'n clonne ni'r dynon. Am flynydde mowr, weden i!'

Yn reddfol bron, symudodd y ddau'n nes at y ffens a oedd yn gwahanu'r ddwy ardd. Fel plentyn wedi gwirioni cododd Nell ei breichiau i'r awyr. 'O, dwi'n licio'r gwanwyn,' meddai'n ecstatig.

Am ychydig eiliadau bu'r ddau'n syllu ar ffrwyth llafur garddwriaethol Ffred, ar y twf newydd a ymwthiai drwy'r pridd.

'On'd yw'r gwanwyn yn neud i ddyn feddwl?' ebe Ronald Parry, wrth i wên awgrymog ledu ar draws ei wyneb. 'Chi'n cytuno, Nell? Odi'r gwanwyn yn ca'l effeithe rhyfedd arnoch chi?'

'Falla,' atebodd Nell. 'Pwy ŵyr?'

'Dewch nawr, Nell. Chi rioed yn swil? Chi, o bawb! 'Wy'n gwbod digon am fenywod. 'Wy'n gwbod am eu meddylie bach drwg nhw. A menywod eich oedran chi! Nawr, faint y'ch chi? Oboutu pymtheg ar hugen falle?'

''Sa pump ar hugian yn nes ati! Y cena bach drwg!'

'Adeg 'ny ma'n nhw'n dechre becso. Haul y gwanwyn yn gry. Meddylie bach drwg yn y pen. A'r blynydde'n mynd heibo. Chi'n 'y nilyn i, Nell?'

'Anodd peidio, 'tydi?' atebodd Nell.

'Peido gadel i'r blynydde fynd heibo. 'Na'r peth pwysig, ontefe? Jiw, all chydig o hwyl diniwed ddim gwneud lo's i neb.'

'Ma' Ffred ni'n rêl cena brwnt pan mae o 'di gwylltio,' meddai Nell yn felodramatig. 'Anodd coelio, 'tydi? Ond tynnwch chi o i'ch pen, a mae o'n gythral milain!'

Gollyngodd Ronald Parry ochenaid fawr. Gallai yntau hefyd gymryd rhan yn y felodrama hon. 'O Dduw mawr! 'Wy'n crynu'n 'yn sgidie. 'Wy'n ei weld e nawr. Tommy Farr o'r North!'

Yna ymwrolodd. Cododd ei ddyrnau a dechrau pwnio'r awyr o'i flaen.

'Dere'n dy fla'n, Ffred! Smo fi'n mynd i gachu bant nawr!'

Erbyn hyn roedd Nell yn ei dyblau. 'Cofiwch chi, Ronald,' atebodd rhwng pyliau o chwerthin aflywodraethus, 'dydi o'm yn ca'l gwbod bob dim…'

'Nag yw, glei. Ond chi'n lwcus, cofiwch. Chi'n lwcus bo' 'da chi ŵr sy'n becso amdanoch chi. 'Na chi'r wraig 'co. Smo hi'n becso'r dam amdano fi. Ni'n byw 'da'n gilydd. Ond smo i'n credu bo' hi'n 'y neall i o gwbwl. A smo i'n credu bod hi'n moyn.'

'Wel,' sibrydodd Nell. 'Un ryfadd ar y naw ydy hi. Dwi'n dy ddallt di'n iawn, Ronald Parry. Dwi'n gwbod, yli, ma' dim ond un peth sy ar dy hen feddwl budur di.'

'Pam gwastraffu amser, felly?' atebodd Ronald gan ymestyn tuag ati dros y ffens. 'Chydig o sbort a sbri cyn i'r bois ddod 'nôl am eu cinio. Be chi'n weud?'

Ciliodd Nell oddi wrth y ffens am y coed rhosod. 'Rŵan, rŵan, Ronald, *hold on*… Dydan ni ddim am i bawb ga'l gwbod. Ond be 'tasat ti'n dod at y drws ffrynt mewn rhyw ddeg munud efo llyfr ti 'di'i addo i fi? Llyfr garddio, falla? Pwy ŵyr? Falla cei di ddod i'r tŷ!'

'Dere mla'n, Nell! Smo fi'n credu bo' da ti ddiddordeb mewn llyfre. Jiw, fydde'n rhwyddach 'da fi ddod dros y ffens, fel hyn – '

'Hei, dal dy ddŵr y bastad gwirion – ' Ond rhy hwyr oedd rhybudd Nell. Rhoes Ronald Parry naid athletaidd dros y ffens. Mewn hanner eiliad roedd yno yn ei gardd a'i lygaid trachwantus yn dod yn nes ac yn nes tuag ati.

'Esu, rho'r gora iddi. Be 'sa rhywun yn ein gweld ni? Be 'sa Mam – ?'

A'r eiliad honno, drwy gornel ei llygad, fe'i gwelodd. Roedd y gwrych yn ei chysgodi ryw gymaint. Ond roedd ei mam yno, doedd dim dwywaith ynghylch hynny, yno ar y fainc bren wrth ddrws cefn rhif 6. Roedd haul y gwanwyn wedi ei denu hithau allan hefyd i ddyfal blicio tatws yn ei barclod bras. Do, bu'n clustfeinio ar eu sgwrs, a

Dydd Barn a diwedd byd yn fellt yn ei llygaid.

Fferrodd Nell am ychydig. Ond pa ddiben troi'n ôl bellach? Trodd tua'r gwrych. 'Twll dy din di, Pharo!' gwaeddodd, a chododd ddeufys herfeiddiol ar ei mam. Yna, heb gywilydd yn y byd, aeth i'r afael â Ronald Parry. A chan lymbeindio'i gilydd diflannodd y ddau drwy ddrws y cefn a chau hwnnw gyda chlep fyddarol o'u hôl. Ni chlywodd Kate Williams ragor o'u sŵn. Wynebu'r ffrynt a wnâi stafell wely Ffred a Nell. Cododd, tarodd liain dros y bowlen datws, ac yn ara deg a musgrell aeth yn ôl i'r tŷ.

*   *   *

'Hel meddylie 'to, Ffred? Yffach gols, 'na fachan dwfwn wyt ti. A beth ti'n boddran dy ben oboutu fe nawr?'

Sefyll yn freuddwydiol yr olwg yng nghanol parc y dre yr oedd Ffred. Byddai'n lladd amser yn y fan yma yn aml cyn ei awr ginio, yn loetran a'i drem yn wag wrth ymyl y gwely blodau a fyddai'n blodeuo'n *Croeso i Aber Welcomes You* fwlgar ymhen ychydig wythnosau. Câi ei gydweithwyr gryn sbort wrth darfu ar ei fyfyrdodau fel hyn. Ond roedd ganddo yntau hefyd ei atebion stoc pan herid ef. 'Meddwl am y *two-thirty* yn Newmarket' neu 'Meddwl sut gêm geith Lerpwl ddydd Sadwrn.' Yna âi'n ôl at ei waith gydag ychydig bach mwy o arddeliad.

Eto, petai Ffred yn onest, ei ateb fyddai 'dim byd', oblegid nid crwydro a wnâi ei feddwl ar adegau o'r fath, ond diffodd. Nid oedd na rasys ceffylau na pheli pêl-droed yn gwibio drwy'i ben. Doedd yno ond llonyddwch mawr. Ond roedd gan Ffred hyd yn oed ddigon o grebwyll i ddallt y gwneid cyff gwawd ohono pe dywedai hynny. 'Meddwl am y *double-seven* 'na nos Sadwrn.'

Dyna'r ateb parod heddiw.

'Buest ti'n y Ship felly?' meddai'r cyd-weithiwr. 'O'n i'n credu bo' ti mas 'da'r teulu yn y Rose and Crown nos Sadwrn.'

'O'n, am chydig,' atebodd Ffred, rywfaint yn hunan-amddiffynnol. 'Ond 'swn i byth 'di gallu siomi'r tîm.'

'O'ch chi'n dathlu? O'dd pen blwydd neu rywbeth?'

'Gordon y mab. Oedd o'n chwech ar hugian,' meddai Ffred.

'Ma' fe'n chwech ar hugen! Jiawl erio'd, weden i fod Nell yn ddigon ifanc i fod yn wha'r iddo fe.'

'Ti'n meddwl?' atebodd Ffred, a balchder yn llenwi'i fron. 'Ma' hi'n cadw'i hoed yn dda, 'tydi? Ond cofia di, ifanc iawn oedd hi pan briodon ni.'

'Ifanc! 'Wy'n siŵr bo' hi'n ei chewynne! A ma' hi'n dishgwl mor bert o hyd. Bydd di'n garcus nawr, Ffred. Digon o faldod iddi. 'Na'r peth pwysig. Rhag ofan i ryw-un arall weld ei gyfle.'

Cymerodd eiliad neu ddwy i Ffred ddeall yr ergyd hon. Twt-lol, i be oedd eisiau awgrymu hen beth hyll fel'na am Nell?

'Hei, Stan, be ti'n ei awgrymu?'

Ond roedd hi'n rhy hwyr iddo godi'i lais. Roedd ei gyd-weithiwr wedi hen fynd oddi wrtho. Syllodd arno'n cerdd-ed yn dalog ar draws y parc. Yna trodd Ffred ei olygon drachefn at y gwely blodau wrth ei draed. Dechreuodd boetsian ynddo unwaith eto â'i raca, a daeth llonyddwch mawr lond ei glopa unwaith eto.

*   *   *

'Brenin y bratia! Be ti'n ei neud rŵan?' ebychodd Nell

cyn ymollwng i biffian chwerthin. ''Nes i rioed feddwl am hynna!'

'Ma' dod i'r gwely 'da fi wastad yn addysg,' atebodd Ronald Parry.

* * *

Ar ôl y profiad enbydus wrth blicio'r tatws bu Kate Williams yn stwna o gwmpas y tŷ. Petai hi'n eistedd yn ei chornel, mi wyddai'n iawn mai ei harteithio'i hun a wnâi gan adael i'r sgwrs aflan a glywsai am y gwrych â hi ei chynddeiriogi. Aeth ati yn hytrach i gwyro ychydig ar y dresel a etifeddasai gan hen Nain Nefyn. Tynnodd sbecyn o lwch hefyd oddi ar y blwch cenhadol. Tybed a oedd 848,000,000 o Baganiaid yn y byd o hyd? Gwyddai fod dau y drws nesaf iddi yr ennyd honno yn ymdrybaeddu mewn trythyllwch. Ond na. Na. Na. Âi hi ddim i boeni ynghylch Nell. Roedd Nell yn gyfrgolledig. Rhyngddi hi a'i Chreawdwr bellach. Parhaodd i gwyro am ryw bum munud bach arall. Yna penderfynodd fynd ati i baratoi cinio. Roedd ganddi ddarn o benfras yn yr oergell. Ond oedd hi am ginio mor gynnar â hyn? Na, falla ddim. A dweud y gwir, doedd fawr o chwant bwyd arni. Falla mai cymryd cinio fymryn yn hwyrach heddiw fydda orau wedi'r cwbl. I ladd amser mi eisteddai wrth fwrdd y gegin a chael sbec fach sydyn ar golofn farwolaethau'r *Daily Post*. Hwyrach y câi'r boddhad o ddarganfod ei bod wedi goroesi un arall o hen gyfeillion bore oes... Adams... Cartwright... Evans... Jones... Pember... Roberts, Hannah Mary Roberts... Ai Hannah Bach oedd hon?... Na. Yn Rhos-on-Sea roedd honno'n byw, nid Rhosesmor. Rhoddodd y papur o'r neilltu. Doedd arni ddim awydd darllen rhagor.

Cododd. Aeth i'r stafell fyw. Eisteddodd yn ei chongl arferol. Roedd hi wedi ildio. Daeth y geiriau trythyll, y chwerthin dieflig, yn genllif drwy'i phen unwaith eto. Ffred druan, meddyliodd. Y llipryn anobeithiol. Ond doedd o ddim yn haeddu'r sarhad hwn. A hynny yn ei dŷ a'i wely ei hun. Y butain goman iddi. Ymgynddeiriogodd. Cododd ar ei thraed ac estyn dwrn bygythiol tua'r pared. 'Y tacla ichi!' gwaeddodd. 'Y tacla aflan! Cosb pechod yw marwolaeth. Gwyliwch gan hynny; am na wyddoch na'r dydd na'r awr y daw Mab y dyn.'

*　　*　　*

'Y cena iti,' ebe Nell. 'Dipyn o giamstar, 'dwyt? Lot o brofiad, ddeudwn i.'

'Fi 'di paso'r test felly?' atebodd Ronald yn jarffyn i gyd. 'Ti'n moyn i fi roi gwersi i Ffred?'

Chwarddodd Nell. 'Taw â sôn. 'Sa'n well i fi fynd lawr i roi'i datws o ar y tân… A pryd gawn ni neud hyn eto?'

'Dere di'n ôl 'ma ar ôl dodi'r tato ar y tân.'

'Y twmffat,' ebe Nell gan gythru am ei gŵn nos a'i chychwyn hi am y gegin. 'Dim dyna o'n i'n ei feddwl.'

Roedd hi'n ôl ymhen llai na munud, yn closio drachefn at gorff cyhyrog Ronald Parry ac yn byseddu'i fynwes flewog. 'Meddwl o'n i y basa'n bosib i ni neud hyn yn rheolaidd.'

'Beth? Bob dydd Mawrth a dydd Gwener?' atebodd Ronald yn goeglyd. '*Service* a ffurflen MOT wedi'i stampo! Na, 'sa i'n credu. Dim 'na fy steil i.'

'Ond pam lai?' protestiodd Nell. 'Nest ti fwynhau, do?'

'Do. Ond ma' gwitho shiffte rheolaidd yn galler troi'n ddiflas.'

'Wel, ti'n blydi lwcus fod dy wraig yn gweithio shifftia rheolaidd.'

Y bastad bach anniolchgar, meddyliodd Nell. Cheith o mo 'nyffeio i fel'ma.

'A tybad be fasa hi'n ddeud 'sa hi'n ca'l gwbod?'

Roedd Nell yn iawn. Bastad oedd Ronald Parry. Bastad bach hunanol, yn casáu cael ei fygwth, yn enwedig gan ferched. Wrth iddi lefaru'r geiriau diflannodd y wên hunanfodlon oddi ar ei wep, a chaeodd ei ddwylo o gylch ei gwddw yn fygythiol dynn.

'Sneb yn bygwth Ronald. Ti'n deall? Ti'n deall 'ny, y slagen gomon?'

*   *   *

'Fedri di ddod nos Sadwrn, medri?' meddai un o'i gyd-ddisgyblion wrth Brian wrth iddynt gerdded allan o wers lethol arall a dreuliwyd yn copïo nodiadau ar Bedair Cainc y Mabinogi oddi ar y bwrdd du. 'Y disgo yn Aber-cafell. Ti'n cofio, 'twyt?'

'Disgo? Nos Sadwrn?' atebodd Brian yn ddryslyd. 'Ymm… Na. Esu, na. Ma' gin i blania erill.'

PENNOD 6

ADERYN DIEITHR

Brodor o Danzania oedd Nicholas Nyerere. O wrando ar
ei Saesneg coeth, anodd fyddai credu hynny. Er gwaethaf
ei oslefu chwithig weithiau, roedd ei afael ar y Gymraeg
hefyd yn destun cryn ryfeddod yn Aberedwy. A hithau'n
dref brifysgol, roedd Aberedwy yn hen gyfarwydd â
dysgwyr medrus; yn gyfarwydd â cheltophiliaid o berfedd-
ion Lloegr a âi adre'n Gymry rhugl ar ddiwedd eu
blwyddyn gyntaf, a ddôi'n ôl yn Llydawyr brwysg i
ddechrau'r ail, ac a gwblhâi eu gyrfa golegol yn Wydd-
elod tanbaid. Ond roedd Nicholas Nyerere'n wahanol.
Roedd o'n dywyll ei groen. Ac roedd Aberedwy yn dal i
fod yn dref ddigon bach a henffasiwn i fod yn hiliol. Nid
fod y clwy hwnnw'n hyll o amlwg ymhlith Cymry parchus
y dref. Ond dan yr wyneb, mewn gwên nawddoglyd, fe
fodolai. Digon gwir, roedd ymarweddiad nawddoglyd
rhai o Gymry parchus y dref yn brofiad byw i'r celto-
philiaid hynny o hil Hors a Hengist. Ond yn achos
Nicholas Nyerere roedd y sefyllfa'n saith gwaeth. Ef oedd
y dyn du a siaradai Gymraeg. Y gŵr o'r Affrig a ymgom-
iai yn ein hiaith 'Ni'.

Y gwir plaen, serch hynny, a anwybyddid gan bawb
ymron, oedd fod Nicholas Nyerere wedi treulio'r rhan
fwyaf o'i oes ymhell o Danzania. Ac yr oedd, yn wir, o
gefndir llawer mwy breintiedig na rhai o Gymry'r dre a
wenai mor ddiserch arno bob nos Sul yn Seion. Efallai'n

wir mai Tanzanïad ydoedd yn ôl ei basport, ond prif-
ddinasoedd Ewrop oedd ei gartref ysbrydol. Bonn, Paris,
Rhufain, Fiena, Llundain – roedd yn gyfarwydd â hwy oll
yn sgil gyrfa ei dad yng ngwasanaeth diplomyddol
Tanzania. Ynddynt hwy y treuliodd y rhan helaethaf o'i
blentyndod a'i holl ieuenctid. Ac yn Llundain y daeth yn
ymwybodol o fodolaeth Cymru am y tro cyntaf.

Blwyddyn yr Arwisgo, blwyddyn Croeso 69 oedd hi, a
gwlad fach ddinod ar gyrion Ewrop yn hawlio sylw'r byd
am ychydig. Gwelodd raglenni neis ar y teledu yn rhoi
sylw i Gymru a'i mynyddoedd hardd ac i'w hen iaith dlos.
Ond yn gymysg â hynny deuai'r sôn weithiau am brotest-
iadau, am ffrwydradau, ac am ymfyddino yn y dirgel. Yn
achos Nicholas Nyerere yr oedd ymddiddori yn y diwyll-
iant Cymraeg yn rhyw fath o wrthryfel yn erbyn ei rieni.
Anglophile diedifar oedd ei dad, a phan benderfynodd
Nicholas droi ei olygon tua Phrifysgol Cymru yn 1972, bu
hynny'n gryn ergyd iddo. Ar ôl ennill gradd dosbarth
cyntaf yn y Gymraeg yn 1976 bu'n crwydro am flynydd-
oedd hirfaith gan dreulio cyfnodau yng ngogledd
America ac Awstralia. Nid oedd yr hen frwdaniaeth wedi
troi'n llwch er hynny, ac yn 1984 dychwelodd i Aberedwy
i weithio ar draethawd Ph.D. ac iddo'r teitl 'Astudiaeth
Destunol o waith Llywelyn ap y Llwy Bren a Dafydd
Geillgam, ynghyd â Rhagymadrodd, Nodiadau a Geirfa'.

Ar ôl y nos Sadwrn anffodus honno yn y Rose and
Crown, bu Nicholas Nyerere yn troi a throsi yn ei wely
tan yr oriau mân. Nid dwli hiliol Nell a'i cadwai ar
ddi-hun. Yr oedd, yn hytrach, wedi'i ogleisio gan ei
hawgrym anghynnil ei fod yn llygadu'r weddw ifanc
Delyth Prydderch. Na, doedd o ddim yn angel. Ddim o

bell ffordd. Y gwir plaen oedd fod ensyniadau Nell yn gysur a chalondid iddo. Yr oeddynt yn cadarnhau na wyddai hi un dim am ei garwriaeth danbaid gyda Rhian Hughes. Pe gwyddai Nell, byddai ei groen ar y pared, a'i dynged fyddai ymadael ag Aberedwy mewn hers, yn gorff drylliedig a sbaddedig. Roedd o'n gwbl sicr hefyd nad oherwydd unrhyw gonsýrn mamol y cyflawnai Nell y fath erchyllwaith, ond o eiddigedd pur.

Prin yr ystyriai Nicholas y garwriaeth yn un sefydlog a hir-dymor. Trefniant bach hwylus oedd y cwbl iddo fo. Ni wyddai a fyddai'n aros yng Nghymru ai peidio wedi i'r flwyddyn academaidd ddod i ben. Byddai ei draethawd wedi ei gwblhau erbyn hynny, ac yr oedd rhyw sôn am swydd ddysgu Cymraeg yn Harvard. Beth bynnag, yr oedd wedi hen berswadio'i hun bellach na allai neb yn ei iawn bwyll fyw yn Aberedwy am fwy na thair neu bedair blynedd ar y tro. Herio ffawd oedd aros am gyfnodau hwy. Gallai'r lle'n hawdd achosi pyliau egr o fogfa seicol-egol. Roedd yno o hyd weddillion annwyl hen ragrith Fictoraidd. Ac er mor ddiniwed ydoedd, byddai'n drech na Nicholas ambell dro. Roedd ei lety, Crud yr Awen, 27 Heol y Deri, tua chanllath o gartref Nell a'i thylwyth, yn enghraifft fyw o'r peth. Er bod Mrs Creirwy Davies yn gymharol eangfrydig, ni châi Nicholas, ar unrhyw gyfrif, wahodd y rhyw deg i'w ystafell wely. Na, doedd Mrs Davies ddim yn ei hystyried ei hun yn gul a henffasiwn. Ond yr oedd arni ofn i'w chymdogion ddechrau siarad a hel straeon. Er hynny, ar nosweithiau Mercher roedd modd i Nicholas a Rhian osgoi'r anghyfleustra hwn gan y byddai Mrs Creirwy Davies yn ymroi ag aidd i godi'r hen wlad yn ei hôl yng nghangen leol Merched y Wawr.

*   *   *

Gydol y dydd Mercher bu Nicholas wrthi'n ddygn yn cywreinio a chwynnu rhyw gymaint ar nodiadau testunol ei draethawd, ac yn gwirio ei fyrfoddau. (Rhoddai ei gyfarwyddwr bwys neilltuol ar ddiwyg ei draethawd, a phwyslais ffanaticaidd ar gadw unffurfiaeth o ran byrfoddau: *ib.* bob gafael ac nid *ibid.*; *cstr.* ac nid *cystr.*; *GPC* ac nid *GeirPC*, neu gwae efô!) Ben bore yr oedd wedi picio allan, yn ôl ei arfer, i siop bapur newydd Ellis & Jones ar waelod yr allt. Braidd yn flêr oedd ei amseru, serch hynny. Llwyddodd i gael gair brysiog hefo Rhian wrth iddi hi garlamu am yr ysgol. Ond roedd hynny'n beryglus o agos at Crud yr Awen a llygaid hollbresennol ei letywraig. Ond pa ots? Gwyddai'n awr y byddai hwn yn ddydd Mercher arall o ymchwil dyrchafol yng nghwmni Llywelyn ap y Llwy Bren a Dafydd Geillgam ac o ildio melys i ddeniadau'r cnawd cyn diwedd nos.

Fel y tybiasai, yr oedd Mrs Creirwy Davies wedi sylwi ar eu cyfarfyddiad ar y stryd, ac wrth glirio'r llestri brecwast bu'n holi a stilio.

'Wyddwn i ddim eich bod chi'n gyfeillgar 'da'r Huwsiaid.'

'Eu gweld nhw weithie yn y Rose and Crown. Dyna'r cwbwl,' atebodd Nicholas yn ddidaro a heb godi'i drwyn o'i bapur newydd.

'Y Rose and Crown. Ma' pob siort yn mynd yno.'

Gwyddai Nicholas yn iawn na châi lonydd bellach i ddarllen ei bapur, ac y byddai Mrs Davies yn ffysian o'i gwmpas yn llawn ensyniadau. Plygodd ei bapur a'i roi ar y bwrdd. Holi'n blaen oedd orau. Roedd hynny o hyd yn peri i'w rhagfarnau ddod i'r wyneb.

'Beth yw'ch barn chi am yr Huwsiaid, Mrs Davies?'

'Mae'r plant yn iawn,' atebodd hithau gan roi'r hambwrdd trymlwythog yr oedd newydd ei godi yn ôl ar y bwrdd. 'Ond cofiwch chi, 'wy'n synnu at y ddau fachgen. Godde'r cwbwl fel'na.'

'A'r rhieni?'

'All neb feio Ffred Hughes. Diniwed yw e, Mr Nyerere. Ond ei wraig e? Wel, mae rhai o'r hanesion amdani yn ddigon i godi gwallt eich pen. Menyw ddrwg yw hi. Menyw ddieflig, Mr Nyerere!'

'Y'ch chi'n credu hynny?' holodd Nicholas yn ddiniwed. Wrth reswm, yn sgil yr hanesion a ddôi'n gyson o enau Rhian, mi wyddai fwy nag odid neb yn Aberedwy am gampau Nell. Gallai'n hawdd lenwi cyfrolau ac adrodd straeon amdani a fyddai'n debygol o droi llygaid Mrs Creirwy Davies yn soseri o syndod. 'Falle'ch bod chi'n iawn, Mrs Davies. Mae hi'n ymddangos yn wraig ansensitif. Braidd yn dafotrydd, falle? Fe all hi godi cywilydd ar ddyn weithie.'

'Cywilydd, wedsoch chi! Mae Awel y Môr – ein stad fach *ni*, cofiwch, Mr Nyerere – yn destun gwawd a dirmyg drwy'r dre. Ac i feddwl bod un o feirdd mawr y genedl wedi treulio'i flynydde olaf yma. Syr Gwyn! Be wede Syr Gwyn? A 'na'r ferch druan. Beth yw ei henw hi'n awr... Rhian, ontefe? 'Wy'n siŵr bod ei bywyd hi'n uffern. Odw i'n iawn, Mr Nyerere?' ac edrychodd Mrs Davies arno fel petai'n disgwyl iddo gadarnhau'r dybiaeth.

'Falle, wir,' atebodd Nicholas yn ochelgar.

Ai dychmygu pethau yr oedd? Roedd golwg gyhuddgar arni. Tybed, o tybed, a wyddai Mrs Davies am eu cyfrinach? Beth fyddai ei hymateb petai'n cyfadde'r cwbl wrthi? Ymbwyllodd. Roedd Rhian mor ifanc. Cymraes oedd Mrs Davies. Y Cymry a'u ffug-foesoldeb. Druan ohonynt!

Er mawr ryddhad iddo cododd Mrs Davies yr hambwrdd a chychwyn am y gegin. Ond cyn diflannu meddai: ''Tawn i'n lle'r ferch, madel â'r dre fydden i. Cyn gynted â phosibl. Dyw hi ddim yn dwp, yn ôl y sôn. Ond pwy yn Aberedwy fydde'n mentro rhoi swydd iddi? Ta beth, pwy ŵyr sut bydd *hithe*'n ymddwyn 'mhen chydig flynydde?'

Druan o Mrs Davies, meddyliodd Nicholas. Mrs Davies a'i Merched y Wawr a'i chapel a'i chylch llenyddol. Eto, oni chlywsai straeon digon diddorol amdani hithau hefyd gan ei diwtor yn y coleg? Er gwaetha'i pharchusrwydd, roedd ganddi orffennol lliwgar yn ôl y sôn. Yn ei hieuenctid ffôl, cwrso prifeirdd y genedl o steddfod i steddfod oedd ei diléit mawr. Llenorion a nofelwyr, ysgolheigion Cymraeg, a beirdd cadeiriol yn enwedig: roedd ganddi hen wendid i'r cyfeiriad hwnnw. Efallai mai dyna paham y parhâi i fynychu cynadleddau penwythnos yr Academi Gymreig mor selog. Ac yn achos gwraig mor fucheddol, od iawn a dweud y lleiaf oedd ei bywyd priodasol. Yn sgil chwiwiau rhesymoli ym myd addysg uwch, symudasai ei gŵr, y Dr Hubert Lloyd Davies (gwyddonydd, ysywaeth, ac nid llenor) i Goleg Caerdydd. Roedd ganddo fflat bychan yn Llandaf, a dim ond yn bythefnosol y dychwelai i Aberedwy yn ystod y tymor. Pam nad âi Mrs Davies i'w ganlyn i Gaerdydd? Doedd Nicholas erioed wedi magu digon o blwc i ofyn.

*   *   *

Nid Mrs Creirwy Davies yn unig a sylwodd ar gyfar-fyddiad Nicholas Nyerere a Rhian y bore hwnnw.

'A be oedd *o* isio?' holodd Brian wrth iddo ddal i fyny â Rhian ar waelod yr allt.

'Be? Oes isio'i anwybyddu fo, oes? Mond am ei fod o'n ddyn du?' ebe hithau'n siarp. Ac i ffwrdd â hi at ei ffrind-iau a oedd wedi ymhél ger siop Ellis & Jones. Wrth ymlwybro tua'r ysgol siaradai'r rheini am wrthrychau plorynnog eu serch yn y chweched uchaf. Ond doedd Rhian ddim am ei hiselhau ei hun drwy glebran yn y fath fodd. Mi wyddai hi'n iawn beth oedd serch a chariad. Ac nid rhywbeth i'w drafod â chyfoedion anaeddfed oedd hwnnw.

Wrth ymyl siop Ellis & Jones arferai Brian hefyd daro ar rai o'i ffrindiau. Fel y rhan fwyaf o foreau, pêl-droed oedd ar feddyliau'r rheini. Heddiw, ymadawiad Mike England, rheolwr y tîm cenedlaethol, a gâi eu sylw. Ond nid oedd gan Brian druan affliw o ddiddordeb mewn na phêl-droed na chwaraeon. Ac wrth i'r hogiau ddadlau'n frwd am ffaeleddau a rhagoriaethau'r cyn-reolwr, aeth ei feddwl ar grwydr... Rhian a Nicholas Nyerere. Nid dyma'r tro cyntaf iddo sylwi. Oedd y cyfarfyddiadau hyn yn fwy na chyfarchion cwrtais rhwng dau a oedd yn digwydd byw ar yr un stryd? Oedd yna ryw ystyr hud yma? Nac oedd, siŵr. Roedd Rhian yn rhy ifanc o lawer. Roedd o wedi clywed ei ffrindiau'n brolio am rai o'r genod yn yr ysgol; genod yr un oed â Rhian. Ond roedd Rhian yn wahanol. Roedd hi'n chwaer iddo fo... Peth gwahanol oedd dychmygu Nell yn un ar bymtheg oed. Oni chlywodd o'r ast yn ei diod yn sôn droeon am y rheolwr nos hwnnw yn ffatri Ferodo, ac am y cnychu rhyferig yn y cantîn gwag gefn drymedd nos? 'Dipyn o foi oedd hwnnw. Un o hogia dre, ylwch.' Damia hi. Damia hi. Doedd dim dianc rhag ei llais hyd yn oed ben bore fel hyn…

… Ac roedd Nell yn Tunisia mor fyw yn y cof hefyd… Mi'i cofiai hi efo'r Almaenwr hwnnw… cofiai fol cwrw toeslyd y brawd wrth iddo loetran yn eu cwmni wrth ymyl y pwll nofio. A'r haelioni di-ben-draw wrth iddo fynnu prynu diodydd i Nell, a'i wên lydan wedyn wrth iddo iro'i chorff ag olew haul pan nad oedd Ffred o fewn golwg. Ac yna, wrth iddyn nhw, blantos diniwed, blymio i'r pwll nofio, y cyfaill brwd o Dortmund yn sibrwd ffiaidd-bethau yng nghlust Nell… Nell ar y traeth. Roedd honno'n olygfa annileadwy hefyd. Haid o laslanciau hanner noeth yn melino'n swnllyd o'i chwmpas. Rheini'n hwrjio potiau pridd, hetiau haul a charpedi, a phob math o geriach i dwristiaid. Niwsans llwyr oeddynt yng ngolwg y bola-heulwyr eraill ar y traeth. Ond doent at Nell fel gwenyn at bot mêl. Hithau wrth ei bodd hefo'r fath sylw, yn syllu'n lafoeriog ar eu cyrff ifanc, ac yn estyn am ei phwrs bob hyn a hyn. Roedd marsiandïaeth Tunisia i'w weld drwy'r tŷ o hyd: ar ben y teledu, ar fyrddau coffi, ac ar y silff ben tân yn y stafell ffrynt. Dros ginio yn y gwesty wedyn roedd ei chlochdar yr un mor wrthnysig: 'Hogia bach del ydyn nhw, 'te? A neb ond fi isio siarad efo nhw. Ca'l 'y macha ar un ohonyn nhw. Dyna leciwn i. A'i sleifio fo adra yn y cesys!'… Roedd un peth arall hefyd yn mynnu aros yn y cof. Y bechgyn a dyrrodd o'i gwmpas o a Gordon pan aeth y ddau ar sgawt ar eu pennau eu hunain i Hammamet. Cofiai'r chwerthin a'r bygwth a'r gweiddi: *'Voulez-vous coucher avec ma soeur*?' ac yna…

'Dere mla'n, achan, smo ti 'di dihuno 'to? Sawl gwaith raid i mi ofyn? Wyt ti 'di cwpla 'da llyfr John Gwynfor Jones ar y Tuduriaid?'

*   *   *

Ganol bore aeth Mrs Creirwy Davies i'r dref i siopa. Ond daeth i'w rhan brofedigaeth lem yn siop y bwtsiwr. A hithau ar fin talu am ei phwys o friwgig, ei hanner pwys o gig moch a'i thri chwarter pwys o selsig, ymddangosodd Nell.

'Da iawn chi,' meddai honno'n geg i gyd. 'Ma' isio bwydo Nero. Sdim isio iddo *fo* ddechra nogio, nagoes?'

Syllodd Mrs Davies a'r cigydd ar ei gilydd am ennyd. Roedd Gwilym Davies yn hen gyfarwydd ag antics gwirion Nell. Fe'i temtiwyd sawl tro i godi'r twca gwaedlyd oddi ar y bwrdd torri cig a'i nelu am ei phen. Ond gwyddai hefyd fod Nell yn gwsmer selog. Gwyddai Mrs Creirwy Davies o'r gorau hefyd mai cadw urddas, ac anwybyddu Nell oedd y peth callaf. Ond heddiw, am ryw reswm, roedd y demtasiwn yn ormod iddi.

'All neb weud nad yw fy lojyrs i'n ca'l gwerth eu harian.'

'Mond gobeithio'i fod o'n gwbod sut i ddeud thanciw! Dyna'r cwbwl ddeuda i!' atebodd Nell gan chwerthin yn wichlyd. 'Lwcus 'dach chi, 'de. Ac w'ch chi be? Ddeuda i gyfrinach wrthach chi. Dw inna hefyd yn cymyd ffansi at y petha duon 'ma.'

Efallai mai cael ei hiselhau fel hyn yng ngwydd y cigydd a barodd i Mrs Creirwy Davies ystyfnigo. Efallai'n wir fod Nell wedi cyffwrdd â man braidd yn dyner yn nwfn ei henaid. Onid oedd Nicholas Nyerere wedi'r cwbl yn praffu fel ysgolhaig ac ar gyrion y sefydliad llenyddol

Cymraeg? Ond beth bynnag oedd y rheswm, trodd at Nell a holi'n flin: 'A be chi'n awgrymu?'

Roedd Nell, ysywaeth, yn gwbl ddifraw i'r gwrthnysedd yn llais Mrs Davies a'r dirmyg a oedd mor amlwg yn ei llygaid. 'Dowch,' meddai, gan roi winc awgrymog arni. 'Dwi'm yn eich beio chi. 'Sa Ffred yn gweithio i ffwr', 'swn inna hefyd yn cadw lojar. Dau falla! Un yn 'y ngwely. A rhag ofn i hwnnw nogio, un arall wrth gefn yn y ward-rob!'

Ffrwydrodd Mrs Creirwy Davies. 'Iawn! Iawn!… Y'ch chi moyn gwbod y gwir? Y'ch chi moyn gwbod pwy sy'n rhannu gwely 'da Nicholas Nyerere?… Holwch gartre… Iawn!… Holwch Rhian. Y'ch chi'n deall nawr?'

* * *

'Sori'ch poeni chi. Ond ga i air sydyn? Isio ymddiheuro, ylwch. Dallt fod Mam 'di bod acw… '

Roedd hi'n gyfnod o weithio shifftiau call rhwng naw a phump yn hanes Gordon. Toc ar ôl pump ar y dydd Mercher, wrth seiclo am adre drwy gaeau chwarae Dolau Gwyrddion, daeth wyneb yn wyneb â Delyth Prydderch a'i merch. Wrth ddynesu tuag atynt teimlai gywilydd. Ond yn y diwedd magodd ddigon o blwc. Daeth oddi ar ei feic a mynd ati i ymddiheuro ac i geisio gwneud pa bynnag iawn ag y medrai am y llanastr yr oedd Nell wedi'i achosi'r dydd Llun blaenorol.

'… Dim gwenwyn ydy o. Wir, rŵan. Deud petha heb feddwl ma' hi. A ma' pobol weithia'n ca'l eu brifo. Dwi'n gwbod hynny.'

Syllodd Delyth Prydderch yn ansicr arno. Roedd Gordon yn hogyn glandeg. Tua'r un taldra â'i gŵr, efallai.

Ond er gwaetha'i wên ymddangosiadol ddidwyll a'i lais ymbilgar, teimlai ei hatgasedd tuag at Nell yn ailgyniwair. 'Ddyle hi fod yn fwy carcus,' meddai. 'Ma' geirie difeddwl yn gallu gwneud lo's.'

'Wn i. Ond sgynni hi'm help. Y cwbwl ma' hi'n drio'i neud ydy helpu pobol.'

'Weithie ma'n well peidio ymyrryd,' atebodd Delyth Prydderch. Awgrymai tôn ddiamynedd ei llais y byddai'n dda ganddi weld Gordon yn mynd. 'Gadel i bobol ddatrys eu probleme'u hunen. 'Na'r peth gore,' ychwanegodd.

Ffarweliodd Gordon â hi, yr un mor gwrtais ag y'i cyfarchodd. Ond wrth ymbellhau ar ei feic, trodd y wên yn guwch. Diolch yn ffycin fowr, Nell, ebychodd. Ma'i 'di cachu arna i yn fan'na. Diolch yn ffycin fowr. A be fydda i rŵan yn ei golwg hi? Cwd pathetig. Babi mami. Ond yna sobrodd. Fe'i cysurodd ei hun. Ar hyn o bryd roedd cynnal delwedd gyhoeddus o'r fath yn bwysig. Câi ddigon o gyfle i newid barn Delyth Prydderch amdano… ar ôl cael gwared â Nell.

*   *   *

'Ti'm yn gwylltio pan fydd hi'n dy drin di fel hogyn bach? Fatha oedd hi nos Sadwrn dwytha?'

'Pam poeni am hynny rŵan? Ei hanwybyddu hi. Dyna fydda i'n ei wneud. Gadael i'w dwli ddod mewn drwy un glust, a mynd allan drwy'r llall.'

Roedd y gwely sengl yn un o lofftydd cefn Crud yr Awen yn gyfyng a gwichlyd. Ond ar nosweithiau Mercher hwn oedd nyth cysurus Rhian a Nicholas. Weithiau, er hynny, byddai'r sgwrsio defodol ar ôl caru yn fwrn ar Nicholas. Teimlai chwys oer ar ei wegil a dyheai am ddianc o'r gwely cyfyng. Ond roedd yn rhaid cadw wyneb.

'Ond pan fydd hi'n malu cachu am liw dy groen di. Yn gofyn ydy o'n staenio dillad gwyn. Wyt ti'm isio rhoi dy ddwrn yn ei gwep hi?'

Tynnodd Nicholas ei law ar hyd clun noeth Rhian, ac yna'i chodi tua golau egwan y lamp. 'Ydy dy groen gwyn di'n gadael staeniau?' holodd yn gellweirus. 'Oes 'na farciau gwyn ar 'y nwylo i nawr? Nac oes, siŵr! A diawl erioed, dwyt tithe chwaith ddim dicach ar ôl i mi siarad y fath ddwli!'

Chwarddodd Rhian. 'Ond ma' hynny'n wahanol. Dwi'n wyn. 'Sna neb yn casáu pobol wyn.'

Syllodd Nicholas yn dosturiol arni. Y fath ddiniweidrwydd. Casáu pobl wynion? Odw, weithie, meddyliodd.

'Ond pam na roi di gelpan iawn iddi, nes bydd ei phen hi'n troi?' meddai Rhian gan gyffroi drwyddi. 'O'n i'n meddwl siŵr 'sat ti 'di gneud hynny nos Sadwrn. Ryw ddiwrnod, dyna fydda i'n ei neud. Celpan iawn. Dim llai.'

'Jiw, jiw. Pwy feddyliai fod cymaint o gythraul ynot ti? Ond cofia, pwyll piau hi. Petai hi'n dod i wybod, fyddai pethau'n wahanol. Fyddai'n rhaid i ni sefyll ein tir. Dangos ein dyrnau.'

'Ia, a'i setlo hi unwaith am byth!... Ond pam? Pam 'sat ti 'di gneud hynny nos Sadwrn? Oedd gen ti ddigon o gyfiawnhad.'

'Rhian Hughes! Bobol bach, ti'n hogan beryglus. Wyddost ti hynny?' meddai Nicholas...

* * *

Y tu allan roedd hi'n dywyll, a rhywun yno'n loetran, yn gwylio. Roedd Nelly Veronica Hughes eisoes wedi cerdded ddwywaith heibio i Crud yr Awen. Nid oedd unrhyw olau i'w weld yno, ac ni chlywsai sŵn o gwbl y tu ôl i'r llenni trymion. Ac eto, os oeddynt am gyfle i gyfarfod ar y slei, pa well noson na nos Fercher? Gwyddai Nell fod Mrs Creirwy Davies yn un o bileri Merched y Wawr. A chan amlaf byddai hi ei hun yn mynd i'r bingo ar nos Fercher. Hon heb unrhyw amheuaeth oedd y noson fwyaf cyfleus i'r slwten fach. Doedd gwraig y tŷ ddim yno yn rhif 27 i gadw llygaid ar bethau. Doedd hithau, Nell, ddim o gwmpas i sylwi ar unrhyw beth amheus. Damia. Gallai Nell ei chicio'i hun am fod mor flêr, am beidio â dilyn Rhian pan ddiflannodd mor llechwraidd ar ôl te. Mae'n siŵr ei bod hi wedi galw i weld un o'i ffrindiau, ac yna, ar y ffordd yn ôl, diflannu'n slei drwy byrth rhif 27 i ledu'i choesau. Bu'n amhosibl dod yno i stelcian hyd nes iddi dywyllu. Ac ymhen dipyn, mae'n siŵr y byddai Mrs Creirwy Davies yn ôl. Os oedd Rhian yn llechu yn rhif 27 mi fyddai'n rhaid iddi adael cyn i'r ast honno ddychwelyd. Ugain munud arall. Ar ôl hynny, meddyliodd Nell, byddai'n rhoi'r ffidil yn y to.

Cyffrôdd. Gwelodd lafn o olau yng nghyntedd Crud yr Awen. Yna tywyllwch drachefn. Roedd hi'n sicr, er hynny, iddi weld amlinelliad rhywun drwy wydr lliw y drws ffrynt. Clywodd y drws yn cael ei agor, sŵn sibrwd, a chlicied y giât yn cael ei chodi, a rhywun yn ei chychwyn hi am ben arall y stryd. Daeth Nell o'i chuddfan a dilyn, ond heb fentro'n rhy agos. Fel y tybiasai, trodd y sawl a oedd yn cerdded am rif 7, heibio'r talcen ac i mewn drwy ddrws y cefn.

'Y blydi ast fach,' sibrydodd Nell dan ei gwynt. Roedd y chwarae ditectif ar ben rŵan. Brasgamodd Nell am y giât, ac i mewn â hi fel corwynt drwy ddrws y ffrynt.

'O, helô Mam – '

Clodd crafanc Nell am ei braich. Suddodd yr ewinedd porffor i'r cnawd gwyn. Fe'i llusgodd tua'r gegin a'i hyrddio fel doli glwt ar draws y bwrdd gan roi andros o glep i'r drws.

'Reit 'ta'r gotsan fach, dwi'n mynd i neud i ti ddyfaru be ti newydd fod yn ei neud ar wastad dy gefn yn rhif 27.'

PENNOD 7

DYDD IAU

Gwawriodd bore Iau. Yn y gerddi, yn y gwrychoedd, yn y coed o boptu'r heolydd ar stad Awel y Môr, telorai'r adar yn frwd. Roedd pob argoel y byddai hwn yn ddiwrnod braf; diwrnod pan synhwyrai hyd yn oed y mwyaf prudd ei galon fod y gwanwyn yn llanw di-droi'n-ôl, a gaeaf gwyw a gwael wedi hen golli'r dydd. Ar ddyddiau fel hyn byddai prologau natur Beirdd y Tywysogion yn atseinio ym mhen yr Athro Glandon, a Mrs Creirwy Davies hithau yn mentro i'r ardd gan lafarganu telynegion Eifion Wyn a chywyddau neo-Sioraidd y diweddar Syr Gwyn Lloyd-Evans. Ond i gynteddau rhif 7 ni threiddiodd gwyrth y gwanwyn na chân adar. Ar ôl rycsiwns y noson cynt distawrwydd sinistr a deyrnasai yno.

Safai Nell fel sowldiwr wrth y stof. O un i un, a golwg lywaeth arnynt, daeth Ffred, Brian a Gordon i lawr y grisiau ac eistedd fel delwau wrth y bwrdd brecwast. Beth oedd hanes Rhian? A fentrai hi o'i llofft? Ymhen hir a hwyr mi ddaeth, yn welw ei gwedd a'r cleisiau dan ei llygaid a'r wefus chwyddedig yn amlwg, amlwg. Ond er yr olwg druenus oedd arni, roedd rhyw herfeiddiwch rhyfedd yn ei threm, a rhyw awgrym na chawsai Nell y llaw uchaf wedi'r cwbl. Eisteddodd heb yngan yr un gair. Dechreuodd dorri plisgyn yr ŵy.

'Ych a fi!' ebychodd. ''Sa waeth iddo fo fod yn amrwd ddim.'

Syllodd llygaid rhybuddiol arni gan ymbil yn daer ar iddi gau ei cheg rhag ofn i'r ddraig wrth y stof ymysgwyd. Ni chyffyrddodd ymhellach â'r ŵy. Ymestynnodd am y tôst a'r marmalêd. Oherwydd y wefus chwyddedig roedd cnoi a bwyta'n fusnes poenus. Gwnâi bob math o stumiau fel petai am i bawb ddeall hynny. A dyna fel y bu pethau am bum munud dda. Nell wrth y stof fel sowldiwr; Rhian yn cnoi'n araf, araf; Ffred, Brian a Gordon ar binnau. A neb, neb yn yngan yr un gair.

Pan gododd Rhian o'r diwedd oddi wrth y bwrdd, trodd Nell ati a gorchymyn yn swta: 'Ti'm yn mynd i'r ysgol heddiw. Ddim hefo'r cleisia 'na.'

Cydsyniodd Rhian yn anfoddog a diflannu i'w llofft.

Ond ychydig funudau'n ddiweddarach fe'i clywsant yn rhuthro i lawr y grisiau, yn cipio'i chôt a'i bag ysgol oddi ar y bachyn yn y cyntedd ac yn sgrialu drwy'r drws ffrynt. Aeth Nell fel cath i gythraul ar ei hôl. Ond roedd hi'n rhy hwyr. Erbyn iddi gyrraedd y giât roedd Rhian yn diflannu i'r pellter ac wedi hen ennill y blaen arni.

'Rhian ar frys heddiw,' meddai Mrs Eifiona Price a oedd yn digwydd mynd â'i phwdl am dro. 'Ond gwyn ei byd hi. Peth braf ydy bod yn heini.'

'Gwyn ei byd hi, wir! Yr hwran fach bowld!'

Gwenodd Mrs Eifiona Price yn ansicr ac aeth ymaith ar frys gwyllt gan lusgo'i chi-rhech i'w chanlyn. Ai dychmygu pethau'r oedd hi? Doedd clywed brawddeg lysnafeddog o enau Nell ddim yn sioc. Ond ai cyfeirio at Rhian, at ei merch ei hun, yr oedd hi? Bobol bach! Yn sicr, roedd yr olwg orffwyll ar wyneb Nell yn ddigon i'w pherswadio bod rhywbeth mawr o'i le yn rhif 7.

*　　*　　*

Yn ddiweddarach y bore hwnnw, ym more coffi Cym-
deithas Undebol y Merched, cafodd Mrs Eifiona Price
gyfle i ledaenu'r hanes. Nid adrodd y fath straeon ar
goedd gerbron pawb oedd y drefn ymhlith *clientèle* Cym-
deithas Undebol y Merched. Rhyw sibrwd wrth ei gilydd
am ffaeleddau'r hil ddynol a wnaent, a chodi aeliau'n
awgrymog wedyn. Uwchben y bisgedi Nice aeth Mrs
Price, yn gyntaf oll, ati i hysbysu Miss Gloria Hudson-
Hughes am ei phrofiadau'r bore hwnnw. Bu hithau, yn ei
thro, yn sibrwd yng nghlust Mrs Anabella Morris am yr
helynt tybiedig yn rhif 7. Ymhen dim roedd Nell yn
destun sgwrs o amgylch sawl un o'r byrddau. Doedd neb
yn barod i gydymdeimlo â hi; neb am awgrymu y gallai
magu plant yn niwedd yr ugeinfed ganrif racsio nerfau y
mwyaf sad ei feddwl. Gwraig esgymun oedd Nell. A
doedd y stori ddiweddaraf hon ond prawf pellach o
hynny.

*　　*　　*

Wrth i'r bore teg hwnnw fynd rhagddo, wnaeth Nell fawr
o ymdrech chwaith i'w hanwylo'i hun yng ngolwg
gweddill ei chymdogion yn Awel y Môr. Un peth oedd ei
gweld yn awchu am ffrae, fel y byddai ar fore Llun. Roedd
gweld Nell yn llidiog a blin, yn un tempar dinistriol du, yn
fater cwbl wahanol. Roedd Rhian, am y tro, wedi llwyddo
i'w threchu. Roedd y garwriaeth â Nicholas Nyerere wedi
troi'n wrthryfel agored. Ddigwyddodd undim tebyg erioed
o'r blaen yn hanes teulu bach rhif 7, ac roedd balchder
Nell, o ganlyniad, wedi'i dolcio'n bur ddifrifol. Drwy'r

holl flynyddoedd, bu Nell yn tra-arglwyddiaethu arnynt gan gredu'n gwbl ddiysgog fod pob un o'r teulu'n ei heilunaddoli: Ffred, Gordon, Brian, a hyd yn oed Rhian yn ei ffordd ryfedd ei hun. Ond o'r diwedd roedd un ohonynt wedi strancio, a dryllio'r freuddwyd. Pwy fyddai'n codi'i lais nesaf? Oedd Brian a Gordon yn dryst? Beth am Ffred? Nell druan. Nell, brenhines hunanapwyntiedig Aberedwy, a'i theyrnas o dan warchae. Nell â'i bryd ar ddial ar bawb a phopeth am y cam a wnaed.

*   *   *

Gwenno, Mair ac Elin, a oedd yn chwarae'n llawn asbri yn yr ardd a oedd gefngefn ag un rhif 7, a ddioddefodd gyntaf. Wrth weld eu mam yn dod allan atynt, martsiodd Nell i waelod yr ardd gan gyfarth: 'Iesu o'r Sowth, rhowch daw ar y tacla swnllyd. Stad o dai ydy hon, nid seilam.'

Bum munud yn ddiweddarach aeth Nell drws nesa i arthio ar ei mam. Ymryson unochrog a gafwyd y tro hwn. Ymhen chwarter awr roedd Kate Williams yn agos at ddagrau. Hanner awr yn ddiweddarach cafodd un arall ei dal. Camgymeriad Eluned Parry, gwraig Ronald, oedd picio adre o'r ysbyty ganol bore. Wrth iddi gamu o'i Metro anelodd Nell ergyd anghynnil arall. 'Byd braf ar rei, 'dydi? Does ryfadd fod yr NHS mewn cymaint o lanast. Ond dyna ni. 'Swn inna'n cadw llygad ar Ronald hefyd.'

Syllodd Eluned Parry mewn syndod arni i ddechrau. Yna ymwrolodd.

'Ronald? Smo fi'n colli cwsg rhagor o'i achos e,' meddai a dirmyg yn ei llais.

'Be? Licio'i damad ma'r hen hogyn?'

'Ddylsech chi wbod.'

Diflannodd Eluned i'w thŷ a rhoi clep i'r drws ffrynt nes bod y gwydr ynddo'n ysgwyd.

Ar hyd Heol y Deri lledaenodd y sôn am ymddygiad Nell. Ac wrth iddi fartsio am y dre yn ddiweddarach y bore hwnnw cadwai'r doeth eu pellter neu gilio i'w tai i syllu'n chwilfrydig arni o ddiogelwch eu parlyrau. Ysyw-aeth, ni chawsai Miss Marian Harris – cyn-brifathrawes Ysgol Gymraeg Aberedwy, ac un arall o garedigion y Pethe – wybod un dim am ddicter Nell. Roedd yr hen greadures wrthi yn ei phlyg yn chwynnu'r ardd pan aeth heibio.

'Asiffeta,' sgyrnygodd Nell. ''Sa gen i din fel'na, 'swn i'm yn ei dangos hi i'r byd.'

Cymerodd ychydig eiliadau i eiriau brwnt Nell ymdreidd-io i feddwl glân a phur Miss Harris. Ymsythodd a syllu mewn sioc ac arswyd ar y gôt groen llewpart yn cilio draw. Yn siopau'r dre dioddefodd eraill yn yr un modd. Nid Nell â'i dwli arferol oedd hon, ond gwraig wedi'i meddiannu gan ryw ysbryd aflan.

*   *   *

Doedd amser cinio yn rhif 7 fawr gwell. Nid yr hen deulu bach hapus a ddaeth ynghyd y dydd Iau hwnnw. Cafodd Ffred lond pen ganddi am dorri gwynt. A Gordon, cannwyll ei llygaid, cafodd yntau hefyd ei fflangellu yr un mor ddidrugaredd am golli grefi ar y lliain bwrdd. Llowciodd o a Ffred eu bwyd ar frys gwyllt, yna'i hel hi'n ôl am y coleg a'r parc yn ddiymdroi.

A thoc daeth amser te. Daeth uchafbwynt y storm. Daeth sŵn plant yn dychwelyd o ysgolion y dre, a Brian a Rhian yn eu plith.

Daeth Rhian i'r tŷ yn gwbl ddiedifar, a'i lordio hi i'r gegin i holi am ei the.

'A be 'di'r wên wirion 'na ar dy wep di?' sgyrnygodd Nell. 'Dal i 'nyffeio i'r jadan ddigwilydd?' Ac wele Nell, am yr eildro o fewn pedair awr ar hugain, yn rhuthro amdani a'i llusgo gerfydd ei gwallt, y tro hwn i fyny'r grisiau.

'Brian!' gweddodd Rhian. 'Brian!'

Ond ni ddaeth Brian, na'r un Arthur nac Owain chwaith, i'w chipio o'i thrueni. Hyrddiwyd hi'n ddiseremoni i mewn i'w llofft. Ond ni bu colbio y tro hwn. Roedd gan Nell amgenach plania. Cythrodd am allwedd drws y llofft, rhoi clep i'r drws, a'i gloi o'r tu allan.

'Iawn, 'y mechan i,' danododd. 'Fan'na byddi di heno 'ma. A gweddill yr wsnos. A dallta hyn. Chei di'm tamad o fwyd os na' dwi'n deud.'

O'r diwedd, ar ôl diwrnod rhwystredig, llwyddasai Nell i adfer ryw gymaint ar ei hawdurdod yn rhif 7. Roedd y sefyllfa o dan reolaeth. Aeth i lawr y grisiau fymryn yn hapusach. Roedd gwaetha'r ddrycin drosodd.

Nid bod Nell wedi dod at ei choed yn llwyr. Pan gyrhaeddodd Ffred adre, dechreuodd arthio unwaith eto. 'Hwyr glas i rywun ddysgu gwers i'r gnawas,' meddai gan rythu'n fygythiol arno, fel petai o, y creadur bach, yn gyfrifol am yr holl lanastr. 'Ma' hi'n gwbod yn iawn be 'di'r sgôr. Un smic o'r llofft 'na, a fydd 'na'm cymaint â chrystyn iddi.' Taflodd yr allwedd ar y bwrdd o'i flaen. 'Gneud siŵr ei bod hi'n aros yno. Dyna dy joban di heno. A chofia, dim hepian o flaen y telefision fel ti'n arfer neud!'

'Ond os 'di drws y llofft 'di'i gloi... '

'Blydi hel, Ffred. Mond hannar cyfla, a fydd y bitsh fach

'di dringo drwy'r ffenast neu dyllu drwy'r to. A dwi'n dy warnio di. DIM BLYDI CYSGU.' Ac ymaith â Nell i hwylio swper.

Ynghanol y cythrwfl diweddaraf hwn, roedd Brian wedi cilio i'r parlwr. Bu'n eistedd ar binnau yno, ac wrth glywed Nell yn tantro unwaith eto pan ddaeth Ffred adre fe'i llethwyd gan euogrwydd. Rhian druan. Doedd yr un ohonyn nhw wedi codi bys bach i'w hamddiffyn. A'r cleis-iau o dan ei llygaid. Duw a ŵyr be oedd yr athrawon yn yr ysgol yn ei feddwl. Roedd rhywbeth arall yn ei boeni hefyd. O gofio am ddigwyddiadau'r ddeuddydd diwethaf, a oedd y Cynllwyn Mawr yn syniad mor dda â hynny wedi'r cwbl?

Roedd Ffred ar binnau hefyd. Aeth allan i'r ardd gan loetran yn ddiamcan yno. Syllodd ar y tŷ. Syllodd ar ffenestr llofft Rhian. Fyddai hi'n bosibl iddi ddringo i lawr o'r fan yna? Tybed?

Dal i bondro yn y parlwr yr oedd Brian pan ddaeth Gordon o'i waith. Clywodd Nell yn rhoi'r ddeddf i lawr gydag o yn y gegin. O leiaf doedd hi ddim yn gweiddi erbyn hyn. Ond roedd enw Rhian i'w glywed yn ddigon clir, a byrdwn ei neges hefyd. Doedd yr un ohonyn nhw i fynd ar ei chyfyl. Ddim ar unrhyw gyfrif. Ond mae'n amlwg na fennodd geiriau Nell na thynged Rhian fawr ddim ar Gordon. Pan ddaeth i'r parlwr ato roedd gwên lydan ar ei wyneb.

'Esu, ma' petha'n ddrwg yma,' cwynodd Brian. 'Be nawn ni?'

Ond chymerodd Gordon ddim sylw ohono.

'Newyddion da!' meddai'n frwdfrydig. 'Ma' 'na gyfla am

dummy arall. Ti'n nabod Paul Hughes, 'dwyt? Mae o'n cael ei barti stag heno. A gesia lle? Y Rose and Crown!' Un o gyd-borthorion Gordon yn y coleg oedd Paul Hughes. Un o hogiau hanner-pan y dre. Dim ond ei fudr adnabod o yr oedd Brian, ond clywsai gryn dipyn am ei gampau gan Gordon. 'Ddeudis i 'san ni'n dau'n mynd. Esgus da, 'de? Un *dummy* bach arall, yli, cyn nos Sadwrn.'

Doedd Brian ddim mor frwdfrydig â'i frawd.

'Dwi prin yn ei nabod o,' protestiodd. 'Dos di. Ti'n gweithio hefo fo.'

'Cwd gwirion. Fydd o'm yn *dummy* hebddat ti, na fydd?' Ac i ffwrdd â Gordon am y llofft i gael cawod a newid.

Noson arall yn y Rose and Crown. Doedd gan Brian yr un pwt o awydd mynd yno. Roedd holl helynt Rhian wedi'i fwrw'n llwyr oddi ar ei echel. A rŵan, ar ôl i Gordon fynd, sylweddolodd fod i'r helynt hwnnw oblygiadau pellgyrhaeddol. Gwawriodd y cwbl arno. Byddai'n amhosibl iddynt fwrw ymlaen â'r Cynllwyn Mawr! Y cleisiau a'r briwiau ar wyneb Rhian. Roedd yr athrawon a phawb yn yr ysgol wedi sylwi arnynt. Gwyddai'r cymdogion hefyd, mae'n siŵr. Roedd blydi pawb yn Aberedwy yn gwybod fod rhywbeth mawr o'i le yn rhif 7. Roedd cyflwyno'r Huwsiaid i'r byd fel teulu bach dedwydd a chytûn yn gwbl amhosibl bellach. Ac oni fu'r ddelwedd honno'n rhan ganolog o'r cynllwyn o'r cychwyn cyntaf? Dyna oedd amddiffyniad cryfa'r ddau rhag dod o dan amheuaeth. Ond rŵan, roedd y ddelwedd honno'n chwilfriw. O ladd Nell nos Sadwrn, gallai Rhian yn

hawdd fod yn y cach. O ladd Nell nos Sadwrn, byddai hen holi ar ran yr heddlu am achos y ffrae. Byddai'r teulu i gyd o dan y chwyddwydr… Ond falla'i fod o'n wirion o ochelgar? Oedd, roedd y cwbl wedi'i drefnu mor ofalus. Pob manylyn yn ei le… Ond pa iws oedd hynny a'r fantais fwyaf un wedi'i cholli? NA. NA. Allen nhw ddim llofruddio Nell nos Sadwrn… Ac – a feiddiai gydnabod hynny? – roedd o rywsut mor falch. Efallai mai breuddwyd gwrach oedd yr holl beth wedi'r cwbl. Lol digon diniwed. Ia, debyg. Y dasg fawr rŵan fyddai dwyn perswâd ar Gordon. Ond câi hynny aros tan amser gwely.

Erbyn swper roedd Nell wedi llwyr ymdawelu, ac awgrym gwên hyd yn oed ar ei hwyneb. Nid ei bod hi wedi anghofio am y carcharor yn y llofft. Cafodd Ffred, Gordon a Brian eu hatgoffa unwaith eto am gosb Rhian. Doedd yr un ohonynt i dorri gair â hi. A neb, ar boen ei fywyd, i roi'r un tamed i'w fwyta iddi. Ond pan fentrodd Gordon sôn am y parti stag, torrwyd yr ias. Ymatebodd Nell â rhywfaint o'i hasbri arferol.

'Dim gormod o jeri bincs, y tacla,' meddai. 'A Gordon, cadwa lygad ar Brian. Hogyn bach ydi o o hyd!'

Ar ôl golchi'r llestri, aeth Nell i ymbaratoi ar gyfer ei hail ymweliad yr wythnos honno â Min y Don. Plastrodd golur ar ei hwyneb yn fwy afradlon nag arfer hyd yn oed, a gwisgo'i rig-owt arferol. Ond wrth iddi gychwyn rhoddodd un rhybudd arall i Ffred.

'Ti'n cofio, 'dwyt? Os syrthi di i gysgu o flaen y telefision, mi blinga i di'n fyw. Dallt?'

'Ydw, Nell. Gofia i, Nell.'

*   *   *

Wrth gerdded am Min y Don teimlai Nell yn fwy na bodlon â hi ei hun. Ar ôl taro mor ddigyfeiriad drwy'r bore, yr oedd wedi gweithredu'n bwrpasol. O'r diwedd roedd hi wedi delio'n effeithiol gyda Rhian, a rhwystro'i gwrthryfel rhag mynd un cam ymhellach. Ac yn awr, gan ei bod wedi rhoi Ffred ar waith, gallai ganolbwyntio ar broblem fach arall – Ceiriog a'i grintachrwydd. Ond ryw ugain llath i lawr y lôn daeth cyfle annisgwyl iddi weithredu'n bwrpasol unwaith eto. Daeth wyneb yn wyneb â Nicholas Nyerere.

Cerddai Nicholas â'i ben yn y gwynt a'i drem tua'r machlud draw. Roedd o'n meddwl am yr englyn hwnnw y bu'n dotio gymaint ato pan ddysgodd Gymraeg gyntaf. *Awchlym yw llafn y machlud, a'r eira / gyda'r hwyr mor waedlyd...* Gwelodd Nell. Gwenodd yn gwrtais arni. Y creadur. Ni wyddai un dim am helynt y noson cynt nac am y stŵr a fu ar y stad yn ystod y dydd. Gwyddai Mrs Creirwy Davies. Ond bu i dwtsh bach o euogrwydd, rhyw deimlad bach annifyr mai hi efallai oedd yn gyfrifol, ei hatal rhag hysbysu ei lojar. Cafodd Nicholas druan gryn ysgytwad felly o weld Nell, â holl fellt y Fall yn ei llygaid, yn cythru am goler ei gôt.

'Y bastad!' sgyrnygodd. 'Paid ag edrych mor ffycin diniwad arna i. Dwi'n gwbod bob dim, yli. Y blydi sglyfath. Sut medrat ti? A hitha prin allan o'i chlytia. Ond dallta hyn, mêt. Mi 'na i'n siŵr y byddan nhw'n dy gicio di allan o'r wlad 'ma. 'Nôl i'r jyngl at dy debyg.' Ac yna i ffwrdd â hi.

Wedi i'r sioc gilio, ymateb greddfol Nicholas oedd carlamu ar ei hôl. Taro a dial yn y fan a'r lle. Ond ymbwyllodd. Taclusodd ei wallt a sythu'i dei. Yma dros dro yr oedd o. Mi wyddai'n iawn beth oedd ystyr ei bygythiad, ac ni fyddai cŵyn gan wraig mor wirion â Nell, hyd yn oed, islaw sylw'r heddlu a gweision y Swyddfa Gartref. Gwyddai am achosion dirifedi, am bobl ddu'n enwedig, a gafodd eu halltudio o'r wlad hon am gamweddau digon pitw. Yr ast iddi; mor braf fyddai dial. Ond ymbwyllo oedd orau. Beth bynnag, nid dyma'r fan na'r lle; gallai rhywun yn hawdd fod yn gwylio o'r tai cyfagos. Syllodd tua'r machlud drachefn. A beth oedd esgyll yr englyn hwnnw? A, ie; fe'i cofiai yn awr: *Hen graith ar agor o hyd, / Hen glwyf heb geulo hefyd…*

*   *   *

Ar y ffordd i'r Rose and Crown doedd dim pall ar fwrlwm Gordon. Mae'n amlwg nad oedd miri Rhian wedi mynd â'r gwynt o'i hwyliau o gwbl. Y Cynllwyn Mawr oedd bob dim. Yr amseru slic, y sleifio llechwraidd o'r dafarn, y taro yn y tywyllwch, yr *alibi* perffaith, a syml-rwydd gogoneddus yr holl gynllun. Doedd dim taw arno. Ac wrth weld y fath orawen, doedd gan ei frawd ddim calon i daflu dŵr oer dros y cyfan. Ond i Brian, yn sicr ddigon, gêm blentynnaidd oedd yr holl beth bellach; ffantasi ddiniwed. Ei frawd druan; câi fyw'r hunan-dwyll am ychydig oriau eto. Ond cyn clwydo heno byddai'n rhaid iddo'i siomi a chwalu'r freuddwyd. Ac nid drwg o beth, yn gynnil gynnil, fyddai iddo ddechrau torri'r garw rŵan.

'Ond fydd petha'n wahanol nos Sadwrn,' awgrymodd. 'Un peth 'di *dummy*. Ond ar ôl nos Sadwrn mi fydd y plismyn yn holi pawb oedd yn y Rose and Crown. Yn eu holi nhw'n dwll. Ma' pobol yn cofio'r manylion rhyfedda o dan bwysa. W'ti 'di cysidro hynny? Falla bydd dy *alibi* di'n dylla erbyn dydd Sul.'

'Blydi hel, faint o weithia ma' isio deud? Fydd dy air di'n ddigon. A be bynnag, pam ddiawl ein hama ni?'

Pan gyraeddasant y Rose and Crown, roedd Paul Hughes a'i griw yno'n barod, a'r tancio wedi hen ddechrau. Paul Hughes, ei frawd Gavin, Eddie Welsh a Bryn Bamboo a llu o ddilynwyr brwd. Roedd pob argoel y byddai hon yn noson fawr. Ddeng mlynedd yn ôl, y rhain oedd rafins y dre. Y rhain, yn eu siacedi lledr, ac ar eu motobeics, fyddai'n dwyn cyrchoedd arswydus i dafarnau sidêt cefn gwlad, a'i sgwario hi'n fygythiol yn nawnsfeydd y pier. Druan ohonynt. Agorodd rhywun y drws ar Aber Henfelen. Hasbîns rhwystredig oedd y rhan fwyaf ohonynt bellach. Ond heno, am ychydig oriau, caent flasu'r gwynfyd a fu, a dianc oddi wrth fabanod sgrechlyd a chewynnau gorlawn a ffraeo domestig.

Roedd Gordon yn ei elfen yn eu plith. Gwyddai'r caneuon amheus yr oedd disgwyl i ddyn eu canu ar achlysuron o'r fath. Roedd ganddo hefyd – gwaddol ei ddyddiau yn y fyddin – storfa ddihysbydd o jôcs priddlyd. Ond Brian druan, mor annigonol y teimlai yng nghanol y fath griw. O leiaf pan fyddai Nell yn mynd drwy'i phethau adref, roedd modd iddo ddianc at ei lyfrau. Ond doedd dim pwrpas sôn wrth y rhain am Kate Roberts a William Salesbury a'r Cardinal Wolsey. Byddai'n rhaid iddo gadw wyneb, a gwrando arnyn nhw'n ei malu hi am y dyddiau da... am y Sgowsar hwnnw oedd yn gwichian fel mochyn ar ôl i Gavin ei gicio yn ei afl... am Eddie Welsh yn taflu gwydryn gorlawn o Guinness at bared claerwyn y dafarn to gwellt honno yn Rhos-ddu... am yr hogan hefo'r goes glec o Wolverhampton… Ac yna, o beint i beint, dechreuodd y rhagfuriau rhyngddynt ddymchwel a'i dafod yntau lacio. Fe'i cafodd ei hun yn ymuno yng nghytganau'r caneuon, yn codi'i wydryn yn frwd ar yr adegau priodol, ac yn chwerthin o'i hochr hi am ben y jôcs mwyaf brwnt. Roedd o'n mwynhau'i hun. Yn mwynhau'i hun fel petai rhyw bwysau arswydus wedi'i godi oddi ar ei sgwyddau y noson honno. Hen hogiau iawn oedd Paul a Gavin ac Eddie Welsh a Bryn Bamboo wedi'r cwbl. Yna'n sydyn, cofiodd pam y cafodd ei lusgo allan. 'Y Cynllwyn Mawr'. Ond pam poeni am hwnnw rhagor? Roedd amgylchiadau anffodus wedi newid pethau. Bechod. Biti. Ond nid eu bai nhw oedd hynny. A chyn diwedd nos byddai Gordon yn dallt yn iawn… Gordon! Esu! Faint o'r gloch oedd hi? Blydi hel, nath o sleifio allan ai peidio? Nath 'na rywun sylwi? Pa mor hir fuo fo? Esu, fuo fo allan o gwbl? Doedd gan Brian yr un clem. Ond pa ots bellach? Roedd y Cynllwyn Mawr wedi'i gladdu. Fydden nhw byth yn taro. Do, cafodd Nell ddihangfa ffodus, meddyliodd Brian. Ond falla mai dyna oedd orau.

*　　*　　*

Yn rhif 7 eisteddai Ffred yn ei gadair freichiau yn gefnsyth effro. Roedd o'n benderfynol o beidio â siomi Nell. Na, nid âi i hepian heno. Fe fu'n ystyried rhoi tamad bach i'w fwyta i Rhian. Chydig o grîm cracyrs efallai. Ond ystyried yn unig a wnaeth. Roedd Nell wedi rhoi'r ddeddf i lawr. A Nell oedd yn iawn. Dechreuodd edrych ar gyfres ddrama newydd ar y teledu. Roedd wynebau rhai o'r actorion yn od o gyfarwydd. Oni ddaeth diwedd ofnadwy i ran un ohonynt ychydig ddyddiau cyn hynny ar *Pobol y Cwm*? Llond ceg o iaith y Sowth oedd gan y brawd yn y Cwm, ac yn y fan honno bu'n pedlera cyffuriau. Rŵan atgyfodasai'n weinidog cynorthwyol o Sir Fôn. Duw, dyna foi, meddyliodd Ffred. Medru newid o un iaith i'r llall fel'na. Ond ni fedrai rhyfeddodau'r sgrin fach ei gadw rhag meddwl am Rhian am hir. Ia, Nell oedd yn iawn, debyg. Roedd y peth yn gwbl anfaddeuol. Doedd y gnawas fach ddim yn haeddu'r un tamad o fwyd. Gneud fel oedd Nell 'di'i orchymyn. Dyna oedd galla... Ac yna dechreuodd y cefn a fu'n syth fel procar ymlacio ychydig. Trodd y meddyliau gwibiog yn ddiddymdra braf...

Cyffrôdd. Roedd y ddrama newydd ar ben; enwau'r cast a'r criw cynhyrchu yn prysur ddiflannu i wyll y sgrin, a phrin fod Ffred yn cofio un dim am rediad y stori. Byddai'n rhaid iddo fod yn fwy gwyliadwrus, meddyliodd. Bu ond y dim iddo fynd i drymgwsg y tro yna.

*   *   *

Erbyn deg o'r gloch roedd y Rose and Crown yn orlawn a mwg baco'n gaddug trwchus drwy'r lle. Tua naw, daethai criw swnllyd o fyfyrwyr yno, a thoc wedi hynny ymunodd mintai o aelodau Cymdeithas yr Iaith â'r miri ar ôl cyfar-fod cell yn un o'r goruwchystafelloedd. Roedd y selogion wedi hen ddod ynghyd hefyd. Yn ei gornel, traethai'r Dr Gwyn Davies yn frwd am ymweliad diweddar â Hwngari, am odidowgrwydd gwin Tokaj, ac am y tebygrwydd rhyf-eddol rhwng y Capel Mawr yn Debrecen a Chapel Tegid, y Bala. Y pen arall i'r dafarn bu bron i bethau fynd yn flêr rhwng Gavin ac un o'r myfyrwyr swnllyd (horwth o Adferwr mwstasiog o Ben Llŷn). Ond drwy drugaredd daeth un o heddychwyr y Gymdeithas i'r adwy. Llwyddodd i berswadio Gavin o ragoriaethau'r dull di-drais, a danododd i'r Adferwr mwstasiog ei fyrbwylltra yn tanseilio'r ymdrech i greu ffrynt unedig yn y dre i herio'r Torïaid. Ymhen dim, roedd yno gryn frawdgarwch yn wir, a'r myfyrwyr swnllyd, potiwrs y parti stag, a Gavin a'r Adferwr mwstasiog oll yn morio canu 'Sosban Fach'. Ond prin y dôi nodyn o enau Paul Hughes. Lledorweddai'n llipa ar un o'r meinciau, ei grys ar agor a'i drowsus claerwyn yn staeniau cwrw drosto. Aethai'r gwirodydd a dywalltwyd ar y slei i'w beintiau yn drech nag o o'r diwedd. Ei unig dynged bellach fyddai coblyn o ben mawr, mis mêl yn Acapulco, cewynnau gorlawn a gwyliau blynyddol yn Starcoast Pwllheli.

Erbyn hyn roedd Brian hefyd yn ddigon simsan. Ond roedd Gordon yn dal i siarad o'i hochr hi ymhlith y gwahanol griwiau. Gair bach yma. Jôc fan acw. Llaw ar ysgwydd hwn. Dwrn chwareus yn stumog nacw. Roedd y peth yn rhyfeddod. Roedd y diawl bach yn hollbresennol, ac eto heb fod yn benodol mewn un man nac ymhlith un criw. Mae o 'di'i weindio, meddyliodd Brian. Dydi o'm yn gall. Ac wrth weld Gordon yn ymroi mor llwyr i'w dasg dechreuodd y rhyddhad a deimlodd yn gynharach y noson honno gilio. A allai berswadio'i frawd mai hurtrwydd fyddai bwrw ymlaen â'r cynllwyn? Blydi hel, oedd hi'n rhy hwyr? Dechreuodd y cwrw gorddi yn ei stumog, a saethodd iasau bach o ofn ar hyd ei feingefn. Oedd Gordon wedi'i feddiannu i'r fath raddau fel nad oedd unrhyw droi'n ôl i fod bellach? Ond roedd 'na un cysur bach, beth bynnag. Os oedd Gordon am wneud llanast o bethau a chael ei ddal, fyddai 'na ddim tystiolaeth yn ei erbyn o. Na, nefar in Iwrop. Doedd a nelo fo gythraul o ddim â'r peth bellach... A be 'tai hi'n dod i'r gwaetha? Dim Nell, a Gordon dan glo am dragwyddoldeb. A fedra fo ymdopi â bywyd hebddyn nhw?

Erbyn hyn roedd Gordon wedi gwau'i ffordd drwy'r dorf at ei ymyl. Rhoddodd ei fraich am ei ysgwydd a sibrwd yn ei glust:

'Wel, sut a'th hi? Ddaru rhywun sylwi?'

'Sylwi?... Ymm, naddo... Dwi'm yn meddwl... Ond Gordon, ma' 'na rwbath dwi isio'i ddeud.'

'Cau hi! Dim fa'ma'r ffŵl. Ma' 'na ormod o glustia.' Ac ymaith ag o, i geisio deffro Paul Hughes o'i drymgwsg y tro hwn.

Roedd Gavin a'r Adferwr mwstasiog yn fêts mawr bellach, ac Eddie Welsh hefyd wedi gwirioni'n lân ar y gân newydd a ddysgasai gan y gŵr ifanc o Lŷn. NAIN A TAID YN RHEDEG RAS...

'Dewch mla'n. Dewch mla'n...'

Drwy ddygn anogaeth Eddie ymunodd mwy a mwy i grochlefain yr hen bennill drachefn a thrachefn. NAIN A TAID... Aethpwyd â'r gwynt o hwyliau Dr Gwyn Davies hyd yn oed... ROWND Y TŶ A ROWND Y DAS... a boddwyd ei glod dibrin i sosialaeth *goulash* János Kádár... ROWND Y TŶ... Yng nghanol y baldordd ni chlywodd Brian y ffôn yn canu y tu ôl i'r bar na gweld wyneb Elfael Jenkins yn troi'n welw wrth dderbyn y neges... NAIN YN SYRTHIO... Ond ymhen ychydig eiliadau sylwodd arno'n gwthio'i ffordd drwy ganol ei gwsmeriaid afreolus... TAID YN ENTRO... a golwg annodweddiadol ddifrifddwys arno... UNWAITH 'TO, BOIS... Fe'i gwelodd yn holi un neu ddau o'r rhai lleiaf meddw... NAIN A TAID... fe'i gwelodd yn ymwthio tuag at Gordon, ac yna'n amneidio arno yntau… ROWND Y TŶ… Amneidiodd arno unwaith eto. Roedd y cwbl mor afreal. Ymwthiodd Brian tuag ato. Ynghanol y canu aflafar prin y clywai ei lais crynedig… DROS BEN STÔL…

'Bois, 'wy newydd ga'l galwad ffôn. Y polîs. Ma'n nhw moyn i chi fynd gartre. Smo pethe'n rhy dda… Eich mam…' Y TŶ A ROWND Y DAS…

'Mam!… Ydi hi'n sâl?'

'Na. Na. Ond ma' *accident* 'di bod. Ma' fe'n seriws. Ofnadw o seriws… O'R TU ÔL… O'dd hi'n anodd clywed ar y ffôn… Ond wedodd y polîs… Wel… wedon nhw bo' hi 'di ca'l ei… lladd.'

Gweld petha roedd o. Clywad petha'n ei gwrw. Breuddwyd oedd y cwbl. Gordon â'i wyneb yn wyn fel y galchen, a sŵn fel dyn ar dagu yn dod o ben draw ei wddw. Gordon â'i bengliniau fel petaen nhw'n dechrau rhoi oddi tano… TŶ A ROWND… Yna Gordon yn ei sadio'i hun. Yn syllu i fyw llygaid Elfael Jenkins… Y DAS NAIN YN… Yn cythru am ei sgwyddau a'i ysgwyd a gweiddi fel dyn gwyllt:

'Wedi'i lladd? Wedi'i ffycin lladd ddeudsoch chi?…' BEN STÔL TAID…

Ie, breuddwyd oedd y cwbl. Gordon yn troi a dechrau gwthio fel ynfyntyn drwy'r dorf… TU ÔL NAIN A TAID… Yntau'n dilyn yn reddfol. Gordon yn gwthio, yn turio, yn sarnu diodydd. Pobl yn troi'n flin… Shit, 'yn fodca a leim fi!… Y DAS NAIN… Watsia 'niod i!… Dwi'n blydi 'lyb socian… Yna'r golau llachar o'r siop sglodion gyferbyn â'r Rose and Crown yn ei ddallu, a Gordon yn rhedeg. Yn croesi'r ffordd fawr heb edrych.

Goleuadau ceir. Sŵn brecio a chanu cyrn. Yntau'n dilyn. Yn colli'i wynt. Yn dilyn ac awel y nos yn oeri'i wyneb, yn oeri'i wyneb ac yn ei sobri.

O'r diwedd cyrhaeddodd y clip o allt a arweiniai i Awel y Môr. Roedd Gordon yn ei ddisgwyl. Roedd o yno wedi llwyr ymlâdd ac yn dyhefod yn ei ddyblau bron. Felly y bu am ychydig eiliadau. Carthodd ei sgyfaint a fflemio. Yna cododd ei ben yr araf. Roedd ei lygaid yn llaith a golau'r stryd yn adlewyrchu'n goch yn ei ddagrau.

'Ma' 'na ryw gwd 'di drysu'r cwbwl,' dolefodd. 'Oeddan ni'n barod... Oeddan ni 'di planio'r sioe i gyd... Mond dau ddwrnod arall, a fasa 'nylo i'n gwasgu'i gwddw hi, a'r gotsan yn gwingo o 'mlaen i... A rŵan, ma' 'na ryw gont 'di achub y blaen arnan ni.'

'Callia,' sibrydodd Brain. 'Esu, paid â cracio rŵan.' Estynnodd gadach poced i'w frawd. 'Sôn am ddamwain ddaru Elfael,' ychwanegodd. 'Esu, falla nad ydy hi fawr gwaeth... 'Di camddallt ma' Elfael. Fetia i di.'

Ond wedi i'r ddau ddringo'r allt, buan y gwelsant nad mwydro y bu Elfael Jenkins. Roedd rhywbeth mawr o'i le yn Awel y Môr. Roedd yno geir plismyn dirifedi ac ambiwlans, ac ar y llwybr tarw a gysylltai'r stad â Rhodfa'r Môr, oleuadau cryf a phrysurdeb o gylch pabell wen fechan. Yn nrysau rhai o'r tai roedd trigolion chwilfrydig yn gwylio'r mynd a dod, ac yng ngheg Heol y Deri, heddwas anniddig yn sefyll y tu ôl i dâp plastig gwyn a glas a ymestynnai ar draws y lôn rhwng dau bolyn lamp. Y tu allan i rif 7 roedd dau o geir llachar yr heddlu a thri neu bedwar o blismyn eraill. Gwnaethant le i Brian a Gordon fynd heibio iddynt am y tŷ.

'Ma'r bechgyn 'ma,' meddai'r sarjant.

Roedd drws rhif 7 ar agor, a Ffred yno'n eu disgwyl. Ffred eiddil, wyneb llefrith; Ffred a dagrau'n powlio i lawr ei ruddiau.

'Ma' 'na rywun 'di'i lladd hi!' ochneidiodd. 'Ma' 'na ryw fastad 'di lladd Nell ni!'

PENNOD 8

DISTAWRWYDD WEDI STOROM

Diwrnod newydd arall. Llygaid blin yn agor. Ymdeimlad od fod rhyw brysurdeb o gwmpas y tŷ. Lleisiau'n sibrwd a rhywrai'n mynd a dod.

Roedd pen Brian yn curo fel gordd, ac adflas cwrw neithiwr yn chwerw yn ei geg. Bu'n cysgu am bum awr. Yn yr oriau mân, ar ôl cwestiynau diddiwedd a chwpaneidiau o goffi cryf, cafodd ef a Gordon fynd i'w gwlâu. Ar ôl troi a throsi am hydoedd daeth cwsg o'r diwedd. Ond nid trymgwsg difraw a ddaeth i'w ran. Cafodd hunllefau. Gwelodd Nell – Nell wyneblas farw – yn crwydro o stafell i stafell yn y tŷ lle bu'n teyrnasu gyhyd; Nell â'i bryd ar ddial. Cofiai'n awr hefyd fel y bu i Gordon weiddi yn ei gwsg yn ystod y nos. Efallai fod ysbryd Nell wedi bod yn rhodianna drwy'i benglog yntau yn ogystal.

Am y pared â hwy, roedd Ffred yntau wedi rhyw lun o ddeffro. Roedd o'n troi a throsi yn ei wely, ac yn ymwybodol o'r lle gwag wrth ei ochr. Chwara teg iddi hi, meddyliodd. Wrthi'n gneud panad imi ma' hi. Yna cyffrôdd. Tynnodd ei hun ar ei eistedd. Y ffŵl gwirion iddo. Doedd hi ddim yn gneud panad. Gwelodd lafnau'r haul yn treiddio rhwng y llenni, a daeth dagrau neithiwr unwaith eto i lenwi'i lygaid.

Y drws nesaf, dal i orwedd yn ei gwely yr oedd Kate Williams hefyd. Ond roedd hi'n gwbl effro a'i meddwl yn glir erbyn hyn. Gyda threigl y blynyddoedd cysgai lai a llai. Weithiau gorweddai am oriau hirfaith yn dwys fyfyrio am ei theulu a'i chymdogion, am gwymp oddi wrth ras ac am etholedigaeth, am y bendithion a ddaeth i'w rhan yn hyn o fyd, ac am ei phrofedigaethau hefyd. Ond ers i'r heddwas plorynnog hwnnw ei deffro a thorri'r garw, dim ond un peth fu ar ei meddwl gydol y nos: bywyd a marwolaeth ei merch, Nelly Veronica Hughes. Yn nhrym-der nos gwelodd hithau wyneb Nell hefyd. Ei weld â llygaid y dychymyg yn ddulas hagr ar ôl ymdrech ei heiliadau olaf. Ac ni allai lai na chydnabod bod rhywbeth enbyd o briodol ynghylch y cwbl. Bu bywyd Nell yn un bryntni hyll, a'i marwolaeth yr un modd. Efallai fod hyn wedi'i ragarfaethu. Dichon y gwyddai O, a hynny o'r cychwyn cyntaf, mai i hyn y dôi hi yn hanes Nell.

Gwyddai Kate Williams hefyd nad oedd y gwaethaf drosodd eto. Roedd treialon mawr eto o'i blaen, a gweddïodd am nerth i'w hwynebu. Byddai'r plismyn yn siŵr o alw eto. Byddai ganddynt lu o gwestiynau. A doedd hynny ond i'w ddisgwyl. Roedd gan y plismyn druan eu dyletswyddau. Ond roedd hi eisoes yn dawel ffyddiog na fyddent yn dod o hyd i'r llofrudd, ac wedi'i pherswadio'i hun hefyd nad troseddwr cyffredin mo hwn, ond rhyw anfonedig Nef a ddaeth i Aberedwy i weinyddu barn a chyfiawnder ar ran y Goruchaf.

*   *   *

Toc wedi naw eisteddai Ffred, Brian, Gordon a Rhian yn y parlwr. Roedd golwg y bedd ar y pedwar ohonynt, a'r cleisiau o dan lygaid Rhian yn dipyn amlycach na'r noson cynt. Ac mi wyddai'n iawn fod un o'r plismyn wedi sylwi – yr un a gyrhaeddodd y bore hwnnw o Gaeremrys i arwain yr ymchwiliad; yr un oedd yn sefyll o'u blaenau y funud hon.

Syllai'r pedwar arno. Doedd o ddim yno yn uffern ddryslyd y noson cynt, yn un o'r criw mewn lifrai a fu'n eu holi a'u cysuro am yn ail tan yr oriau mân. Yn ei siwt Eidalaidd las golau a'i grys polo hufennog doedd dim golwg ditectif arno chwaith. Gallai'n hawdd fod yn gynhyrchydd teledu neu'n ŵr a oedd newydd gerdded oddi ar dudalennau catalog i'w plith. Mae o'n eitha pishyn, meddyliodd Rhian. Roedd yntau hefyd, a'r llyfiad o *gel* yn ei wallt tywyll, a'r farf â phob blewyn yn ei le, braidd yn orymwybodol o hynny.

Boi abal 'di hwn, meddyliodd Ffred. Cododd ac aeth ati i ysgwyd llaw ag o.

'Y bastad nath hyn,' meddai'n gryg, 'mi newch chi'i ddal o, gnewch?'

Amneidiodd y ditectif arno. Roedd y mymryn lleiaf o draha yn ei drem. Dal y llofrudd? Wrth gwrs ei fod o'n mynd i'w ddal o. Pam yn enw popeth roedd o'n arwain yr ymchwiliad? Pam ei fod o'n bennaeth CID Heddlu Gorllewin Cymru ers tri mis, ac yn sefyll yr ennyd honno yn y tŷ bach pîg hwn? Dal y llofrudd? Doedd dim dwywaith ynghylch hynny.

Pesychodd. Syllodd arnynt.

'F'enw i ydi Llywelyn,' meddai. 'Yr Uwch Arolygydd Eifion Llywelyn. Fi sy'n arwen yr ymchwiliad. A dwi am i chi ga'l gwbod be 'di'r sefyllfa ddiweddara.'

'Ia. Iawn. *Fire away*,' atebodd Ffred fymryn yn gynhyrfus. (Ffred druan, roedd o'n awyddus i wneud argraff; yn awyddus i atgoffa pawb mai y fo oedd y penteulu bellach.)

'Fel y gwyddoch chi, mi gafodd Mrs Hughes ei thagu ar y llwybr sy'n arwen o Heol y Deri i Rodfa'r Môr – '

'Llwybr cachu ci. Dyna 'dan ni'n ei alw fo,' meddai Ffred.

'Ym… felly wir… diddorol,' atebodd Llywelyn â mwy fyth o draha yn ei drem erbyn hyn. 'Ma'r ffens goed rhwng gwaelod gardd gefn rhif 20 a'r llwybr wedi hen bydru. Fan'ne buo fo'n disgwl amdani. Ac mi'i lladdwyd hi rhwng tua hanner awr wedi wyth a deg munud wedi deg, pan gafwyd hyd i'r corff.'

'Blydi hel!' ebychodd Ffred. 'Fedrwch chi'm bod yn fwy pendant? Hannar awr 'di wyth a deg o'r gloch! Esu, mi allsa pawb yn dre 'ma fod yn gyfrifol.'

'Ma'n ddrwg gen i. Ddim ar hyn o bryd. Ond mwya'n byd o wybodeth a thystioleth gawn ni, hawsa'n byd fydd hi wedyn.'

Bodlonwyd Ffred. Roedd rhywbeth ynglŷn â thôn llais Llywelyn; rhyw rythmau pwysfawr a drôi hyd yn oed y sylwadau mwyaf difeddwl a ddôi o'i enau yn dalpiau o bwyll, rheswm a doethineb.

'Ma' 'ne un mater bach arall hefyd,' ychwanegodd. 'Mi gafwyd hyd i fag llaw Mrs Hughes yn y gwrych. Doedd 'ne'r un geiniog ynddo fo. Fydde hi'n arfer cario lot o bres?'

'Duw mawr, na,' atebodd Ffred. 'Pobol gyffredin ydan ni.'

Digon blydi gwir, meddyliodd Brian. Rhai diniwed o dlawd wedi gweld pres prin yn diflannu yn sgil chwiwiau gwirion Nell… A be ddiawl sy haru Ffred, meddyliodd ymhellach, yn ateb yr holl gwestiyna 'ma? Na! Nefar! Dydi marwolaeth Nell rioed wedi mynd i'w ben o!

Mae'n amlwg fod Gordon hefyd wedi dechrau laru ar ymddygiad gorhyderus Ffred. Rhoddodd ei big i mewn fel petai'n benderfynol o roi taw ar ei dad.

''Sa gynni hi'm lot o bres. Ddim ar nos Iau,' meddai. 'Ond ar nos Wenar falla. Ar ôl ca'l cyflog 'nhad a 'mhres inna at 'y nghadw.'

'Neud ichi feddwl, 'dydi?' ebychodd Ffred unwaith eto.

Roedd Llywelyn mewn rhywfaint o ddryswch erbyn hyn. Doedd y darnau ddim cweit yn disgyn i'w lle. Dyma fo yn y stad fach drwyadl ddosbarth canol hon, ac eto yng nghwmni'r rhain oedd mor amrwd o werinaidd yn ei olwg.

'Wel, does 'ne'r un geiniog ar ôl, beth bynnag. A mi fydd raid i un o'ch plith ddod i'r stesion i edrych ar weddill y cynnwys. Falle fod 'ne fwy o bethe ar goll.'

'Pa fath o betha?' holodd Ffred.

'Wel… wyddoch chi… geme ac ati. Clustdlyse, falle.'

Ysgydwodd Ffred ei ben mewn dryswch llwyr.

'Dwi 'di deud yn barod, ylwch. Pobol gyffredin ydan ni.'

Iechydwriaeth, meddyliodd Brian. Rho'r gora iddi'r twat gwirion. Mae o'n dallt erbyn hyn, siŵr Dduw. Yn gwbod yn iawn ma' rhei o'r wêr ydan ni – y werin ffycin gyffredin ffraeth. Jest i neud siŵr, be am i ni i gyd ddechra slerpian te'n swnllyd oddi ar sosar. Be am i ti ga'l tsioe o faco yng nghornel dy geg, Ffred?

Ond doedd dim taw ar Ffred.

'Efo be nath o'i thagu hi?' holodd yn awchus.

Doedd Llywelyn ddim yn orawyddus i ateb. Roedd y fath fanylu'n amhriodol yn ei olwg, yn enwedig mor fuan â hyn ar ôl y digwyddiad, a hynny o flaen Rhian hefyd. Ond roedd Ffred, yn amlwg, yn dyheu am ateb.

'Darn o weiren,' meddai ymhen ychydig. 'Un weddol drwchus. A falle bod 'ne ryw fath o handlen bob pen iddi hi. Mi fase wedi ca'l gwell gafel felly.'

Teimlai Brian yn swp sâl a gwelodd fod Gordon hefyd wedi anesmwytho yn ei gadair. O'r diwedd aethpwyd â'r gwynt o hwyliau Ffred druan yn ogystal. Dyna sut y bu pethau felly. Dyna'r modd y terfynwyd einioes Nell. Syllodd y tri yn ansicr ar y carped.

'Does 'ne fawr o ddim byd arall i'w ddweud,' ychwanegodd Llywelyn. 'Ond mi fydd raid i mi ga'l gair pellach efo chi i gyd yn eich tro. I lawr yn y stesion, ma'n debyg. A dwi'n addo un peth i chi. Pwy bynnag ddaru hyn, fydd o ddim â'i draed yn rhydd yn hir. Dwi'n rhoi 'ngair i chi.'

'Yr angladd. Fydd hi'n bosib ei gynnal o'n fuan?' holodd Rhian.

Am ennyd fach taflwyd Llywelyn oddi ar ei echel ganddi. Roedd ei chwestiwn yn un digon rhesymol, ond roedd rhywbeth annisgwyl o ddiemosiwn ynghylch tôn ei llais, fel petai hi'n holi am amser y bys nesaf i Gaeremrys.

'Mi fydd raid cynnal y cwest i ddechre. Unweth y cawn ni hwnnw drosodd mi fydd bob dim yn iawn wedyn.'

'Uffar o beth ydy o,' dolefodd Ffred wrth i ddagrau gronni yn ei lygaid. 'Meddwl amdani'n gorff yn yr hen sbyty 'na.' Trodd at Rhian a rhoi'i fraich am ei hysgwydd. 'Dyna sy'n dy boeni di, 'te?'

Amneidiodd Rhian arno. Oedd, roedd meddwl am gorff Nell yn y marwdy yn Ysbyty Gyffredinol Aberedwy yn peri cryn anesmwythyd iddi. Efallai fod Nell yn farw. Ond yn y marwdy, yn ei hamdo wen, roedd iddi ryw lun o bresenoldeb yn y byd hwn o hyd. Roedd Rhian am weld pridd du'n rhaeadru dros ei harch, neu am weld ei llwch yn cael ei wasgaru i'r pedwar gwynt. Wedyn gallai ymlacio. Wedyn byddai'n gwybod i sicrwydd nad oedd Nell yn bod mwy.

'Drefna i i chi ddod lawr i'r stesion felly,' meddai Llywelyn. 'Ond yn y cyfamser triwch feddwl. Yr wythnose dwetha 'ma. Ddigwyddodd unrhyw beth anghyffredin i'ch mam? Mân bethe digon dibwys yr olwg falle. Ond unrhyw beth oedd fymryn yn anghyffredin.' Syllodd ar yr Huwsiaid. Syllodd yn fanylach ar eu parlwr. Y fath chwaeth, meddyliodd! Y soffa binc. Yr ornaments path-etig o Lytham St Annes, Benidorm, Tunisia a'r cyfryw fannau. Ac yn goron ar y cwbl, y tad truenus o ddi-glem. Ymsythodd, ac ymadael â'r ystafell mor drahaus ei drem ag y cyrhaeddodd.

*   *   *

Roedd cael eu gadael ar eu pennau'u hunain fel hyn yn sioc iddynt i gychwyn. Dim plismyn yn holi a stilio fel y bu tan yr oriau mân. Dim ond distawrwydd, a hwy ill pedwar yn syllu'n ansicr ar ei gilydd. Ymhen ychydig mentrodd Ffred dorri'r ias.

'Wel, be am damad o frecwast?' awgrymodd. 'Mi ga i gychwyn wedyn am y parc.'

'Blydi hel, Ffred!' ebychodd Gordon. 'Mynd i dy waith! Y bora ar ôl i dy wraig ga'l ei mwrdro!'

Ffred druan. Tân shafings oedd yr ymddygiad gor-hyderus gerbron Llywelyn. Edrychai mewn dryswch llwyr. Dydd Gwener oedd hi heddiw. Be ar wyneb daear oedd disgwyl iddo'i wneud os nad âi i'w waith?

'Wel, ma' 'na ddigon i' neud o gwmpas y tŷ 'ma, debyg,' meddai'n ffwndrus.

*　*　*

A oeddynt am gael llonydd cyn bo hir i siarad? Roedd y ddau ar binnau, a chymaint, cymaint i'w drafod. Ond dros y mymryn brecwast a baratowyd gan Rhian, dim ond ciledrych yn anesmwyth ar ei gilydd y medrai Brian a Gordon ei wneud; ciledrych a gwrando ar Ffred yn llempian ei de, ac ar fynd a dod y plismyn. Roedd rhyw drampio rhyfedda i fyny ac i lawr y grisiau yn awr, a sŵn chwilio a chwalu yn llofft Ffred a Nell. Teimlai'r ddau dan warchae, fel petai'r parwydydd i gyd yn llawn dyfeisiadau clustfeinio, a rhywrai'n gwylio pob symudiad o'u heiddo. Doedd yr un cilfach ddiogel yn y tŷ, a phrin y medrent fynd am dro heb i'r plismyn sylwi. Beth am yr ardd? meddyliodd Brian. Mynd allan am chydig o wynt. A fyddai hynny hefyd yn taro'n od? Ond beth petai Ronald Parry, y bastad mul drws nesa, yn dod allan ac yn eu gweld yn cerdded i fyny ac i lawr y llwybr gan sibrwd yn daer wrth ei gilydd?

Corddi fu hanes y ddau tan tua un ar ddeg. Erbyn hynny roedd presenoldeb y plismyn wedi llacio ryw gymaint, a'r chwilota yn llofft Ffred a Nell wedi dod i ben. Gordon aeth gynta i fyny'r grisiau. Mi wyddai Brian fod disgwyl iddo ddilyn. Ryw bum munud wedyn sleifiodd yntau ar ei ôl.

*　*　*

'Nath rhywun sylwi?' holodd Gordon.

'Naddo. Ond well peidio aros yn hir. Diawlad busneslyd. Falla mai fa'ma y dôn' nhw nesa.'

'Na. Ma'r gwaetha drosodd,' atebodd Gordon yn hunanfeddiannol.

'Sut ti'n gwbod? Ma' PC Plod yn dal i sefyll fel sowldiwr wrth y drws ffrynt.'

'Yr un tindrwm 'na? Os daw o i fyny gawn ni ddigon o rybudd, yli. Fydd styllod y grisia'n gwichian dan ei bwysa fo.'

'Ond dydan ni ddim am iddyn nhw ddechra ama,' meddai Brian ychydig yn bryderus. 'A dechra meddwl ein bod ni'n cynllwynio. Ac yn trefnu efo'n gilydd be i ddeud wrthyn nhw.'

Eisteddodd Gordon yn y gadair freichiau fechan a oedd rhwng y ddau wely. Roedd panic ei frawd yn ei anniddigo.

'Blydi hel, Brian! Be sy haru ti? Dim *ni* nath ei mwrdro hi. Pam ddiawl ddylsan ni dsiecio efo'n gilydd be 'dan ni'n mynd i' ddeud? Deud y gwir. Deud be ddigwyddodd neithiwr. Dyna s'isio i ni'i neud.'

'Ond pa blydi gwir?' holodd Brian gan bwyso'i gefn yn erbyn y wardrob MFI simsan. Roedd golwg ymbilgar 'Be wna i?' arno, a phelydrau'r haul ar ei wyneb yn gwneud iddo edrych yn iau na'i oedran. 'Mi *ddaru* ni gynllwynio,' protestiodd. 'Oeddan ni'n bwriadu'i lladd hi. Be 'san nhw'n dod i ddallt hynny?'

'Iawn. OK. 'Dan ni'm am i neb wbod hynny. Ein cyfrinach *ni* ydi hi.'

'Ond dyna dwi'n drio'i ddeud. Ma' gynnon ni rwbath i'w guddiad. Rhwbath i deimlo'n euog yn ei gylch. Nest ti gloi dy hun yn y toilet neithiwr?'

'Be? Ddaru ti'm sylwi?'

'Na. Sori.'

'Asiffeta!' ebychodd Gordon. 'Y llo cors… Deuddag munud, washi. O'n i'n y ciwbicyl drewllyd 'na am ddeuddag munud. Ond cofia, dim gair am hynny wrth neb.'

'Iawn. Iawn. Ond dyna 'di'r drwg. Dyna pam dwi'n *teimlo*'n euog. Dim ni lladdodd hi. Grêt. Ond mi ddaru ni gynllwynio… Cynllwynio i'w mwrdro hi. A mi fasa hynny'n ddigon i'n gyrru ni i'r clinc am weddill ein dyddia!'

'Be? Ni'n dau'n malu cachu'n fa'ma cyn mynd i gysgu? Am ddiawl o gynllwyn! Mi fasa'r rheithgor yn rowlio chwerthin. Anghofio'r cwbwl. Dyna s'isio i ti'i neud. A phan fydd y plismyn yn dy holi di, dim cachu'n dy drowsus. Dim gweiddi fel babi "Dim ni lladdodd hi, Mr Llywelyn. Ond Mr Llywelyn, mi neuthon ni gynllwynio i'w lladd hi. Ond dim ni nath, chwaith, Mr Llywelyn." Neuthon ni ddiawl o ddim byd. Dallt, brawd bach? Neuthon ni bygyr *all*.'

'Ond nath rhywun ei lladd hi. W'ti'm isio gwbod pwy nath?'

'Falla. Ryw ddwrnod. Ond y peth pwysig rŵan ydi wynebu'r dyddia nesa 'ma. Gneud siŵr bod ni'n actio fel hogia bach sy 'di torri'u clonna ar ôl Nell. Ond rwbryd, falla leciwn i ga'l gwbod. Ti'n meddwl ma' rhyw gwd ar ddrygs oedd o? Y bastad. Drysu'r cwbwl fel'na. Ei ddyrnu o s'isio. Dyrnu'r cwd yn racs.'

'Ond be am Rhian neu Ffred?'

Dechreuodd Gordon chwerthin yn aflywodraethus. Yna ymbwyllodd. Cofiodd ei fod mewn tŷ galar.

'Ffred! Ti rioed o ddifri?' sibrydodd. 'Fedrith o'm torri pry genwar yn ei hannar efo rhaw heb neud llanast iawn o betha.'

'Ond be am Rhian? Oedd hi'n ei chasáu hi. Dipyn mwy na ni'n dau, ddeudwn i.'

'Anghyfrifol bora 'ma felly, 'doedd? Holi am yr angladd a ballu.'

'Ond un fel'na ydy hi. Rioed 'di dysgu pryd i gau'i cheg.'

'Wel, ma'n bryd iddi neud os ma' mwrdro pobol ydi'i hobi ddiweddara hi.'

'A be amdanan ni, Gordon? Ydan ni am gau'n cega hefyd? Neu am ddeud y gwir am Nell?'

'Deud y gwir? Deud ein bod ni'n casáu'r ast? Paid â malu. Ti'n meddwl fod pobol yn troi fatha angylion pan fydd 'na fwrdwr? Pawb yn martsio i swyddfa'r plismyn a deud yn onest: "Oeddan ni'n ei chasáu hi efo cas per-ffaith. 'Dan ni'n cyfadda hynny. Ond dalltwch hyn, dim ni nath ei lladd hi." Ei hogia ffyddlon hi ydan ni. Ei chywion annwl hi. Ma' pawb yn credu hynny. A 'dan ni 'di'n hysgwyd a'n sigo fatha Ffred. A fatha Ffred 'dan ni am iddyn nhw ddal y bastad lladdodd hi.'

'Iawn. Ond mi fydd hynny'n dwyll. Dyna dwi'n ei ddeud.'

'Twyll? Wrth gwrs ei fod o. Ond be 'di bwys? Be arall fuo'n bywyda ni efo Nell?'

'Ma' Rhian yn gwbod bo' ni'n ei chasáu hi.'

'*Ama*, falla. Ond fedrith hi'm profi dim byd. A pham deud wrth y plismyn? Esu, mi fasa Rhian yn rhoi medal i bwy bynnag laddodd hi.'

'Ella ma' hi nath.'

'Dwn i'm. Annhebygol. Ond rhyngddi hi a'i photas. Ma' gynnon ni ddigon i boeni amdano fo.'

'Aha! "Digon i boeni amdano fo"! Ti'n gweld? W't titha'n dechra siarad fel rhywun euog rŵan.'

Rhythodd Gordon yn flin ar ei frawd. Cododd, ac aeth o'r ystafell gan roi clep i'r drws. Aeth i lawr y grisiau yn ei hyll. Roedd PC Tindrwm yn stwna erbyn hyn yn y cyntedd.

Wrth weld Gordon yn dod i lawr y grisiau syllodd arno fel petai rhywbeth wedi goglais ei feddwl.

*　　*　　*

Teimlai Eifion Llywelyn yn fodlon iawn ag ef ei hun. Cawsai fore buddiol: ymweld â'r teulu; cael golwg ar y fan lle cyflawnwyd y drosedd; trafod gyda phatholegydd y Swyddfa Gartref; ac yna, yn goron ar y cwbl, cael ei gyfweld ar gyfer rhaglenni newyddion BBC Wales a HTV Wales. Erbyn cinio yr oedd yn ei ôl yn swyddfa'r heddlu yn Aberedwy ac yn paratoi i drafod y datblygiadau diweddaraf gyda phennaeth lleol y CID. Fel pob llwyddiant a ddaeth i'w ran erioed, roedd ei ddyrchafu'n bennaeth CID Heddlu Gorllewin Cymru wedi mynd wel, fymryn i ben yr hen Eifion druan. Roedd yn hyderus braf yn ei siwt newydd, ac roedd y steil gwallt newydd yn plesio. Pan gerddodd i mewn i'r swyddfa drwy ganol y ploncars bach lleol, teimlai fel paun lliwgar yn lledu'i blu. Y creaduriaid di-raen! Gallai eu gweld yr ennyd hon drwy'r partisiwn gwydr yn stwffio brechdanau ham i'w cegau gorlawn. Plismona cyrion byd oedd eu rhan, ac roedd stamp hynny arnynt. Ar wahân i lofruddiaeth fel hyn unwaith yn y pedwar amser, eu tynged oedd rhwystro ffermwyr ifanc a stiwdants rhag colbio'i gilydd ar nos Sadwrn a datrys achosion o ddwyn defaid.

Doedd yr ystafell a neilltuwyd ar ei gyfer ddim yn berffaith. Roedd gormod o sŵn yn cario drwy'r partisiwn a rhyw hen arogl stêl ynddi. Ond o leiaf câi lonydd yma rhag gorfod dal pen rheswm â'r plismyn lleol dros eu cinio. Ac roedd yr olygfa hefyd dros y bae yn un werth chweil.

'Dewch i mewn, Williams. Ydi Hughes yn dod hefyd?'

'Na.'

Gŵr cydnerth, brith ei gorun, tua'r hanner cant oed oedd yr Arolygydd Gruffudd Williams, ac ers deng mlynedd dda, ei batshyn ef fu Aberedwy a'r cyffiniau. Prin oedd ei brofiad o arwain ymchwiliadau i lofruddiaethau, a phan godai achosion mwy difrifol na'i gilydd, ei duedd oedd ildio'r awenau i bennaeth y CID yng Nghaeremrys. Nid ei fod yn dditectif di-glem. Gyda dyfalbarhad rhyfeddol, yr oedd, ychydig flynyddoedd ynghynt, wedi llwyddo i rwydo criw o gynghorwyr a swyddogion llwgr a weithiai i'r Cyngor lleol. Trylwyredd ei ymchwiliadau oedd ei nod amgen. Ond byddai hynny'n fynych yn ennyn gwg ei benaethiaid, yn enwedig pan lusgai achosion ymlaen yn rhy hir ac yntau'n amharod i ddwyn cyhuddiadau yn niffyg tystiolaeth ddibynadwy. Gyda mwy o ryfyg, ac ychydig yn llai o egwyddorion, gallai Williams fod wedi cyrraedd yr uchelfannau.

'Shwt argraff nath y teulu arnoch chi?' holodd.

'Teulu bach digon cyffredin, ddwedwn i,' atebodd Llywelyn braidd yn ddifeddwl. 'Wrth gwrs, roedden nhw dan deimlad. Yn deud pethe braidd yn wirion. Ond felly bydd pobol mewn sioc.'

'Ma' fe'r mab ienga yn fachan clefer. Am fynd i'r Brifysgol, ma'n debyg,' meddai Williams. Ond ni chymerodd Llywelyn fawr o sylw ohono. Trodd at y ffenestr a syllu i lawr ar y mymryn gardd y byddai plismyn Aberedwy yn ei thrin yn eu hamser sbâr.

'Chi ddim yn credu taw domestig sy 'da ni, felly?' holodd Williams unwaith eto.

Trodd Llywelyn oddi wrth y ffenestr.

'Na. Ddim heb dystioleth bendant,' meddai'n llawn

hyder. 'Mi ddeudsoch bore 'ma eu bod nhw'n deulu clòs. Pam eu hame nhw felly?'

'Chi'n iawn. Sdim rheswm amlwg,' atebodd Williams fymryn yn ansicr. 'Ond o'dd 'da'r fam dipyn o enw. O'dd neb â llawer o barch tuag ati.'

'Diddorol. A be oedd y rheswm am hynny?'

'Sbleden gomon o'dd hi. Weden ni bod y rhan fwya o'i chymdogion yn ei chasáu hi.'

'Comon? Anodd coelio hynny o weld y teulu.'

'Ac o'dd hi'n dipyn o slwten hefyd yn ôl y sôn.'

Casâi Llywelyn gael ei oleuo fel hyn gan Williams, a gweld ei ragdybiaethau craff ynghylch yr Huwsiaid yn cael eu chwalu.

'Wel, ma'n werth cadw bob dim mewn co',' meddai, fymryn yn amddiffynnol. 'Falle mai joban ddomestig ydi hi. Neu ladrad falle, ond bod y cwbwl 'di mynd dros ben llestri. Rhyw iob 'di sylweddoli'n sydyn fod lladd yn rhoi mwy o gic iddo. Ond fel 'dech chi'n deud, mi oedd ganddi hi ei gelynion.'

'Cannoedd, weden ni. O'dd hi'n cyffwrdd rhyw nerf. Yn hala'r pych ar bobol.'

'Wn i am y teip. Ond mi gawn ni help y teulu, debyg. Mi fedran nhw ddeud pwy'n union oedd ei gelynion hi.'

''Wy'n ame'n fawr,' atebodd Williams. 'Nhw fydde'r rhai dwetha i wbod. 'Sa i'n siŵr o'dd hi'n deall ei hunan. O'dd croen fel eliffant 'da hi. Ffaelu gweld y lo's o'dd hi'n ei achosi. 'Na'r drwg 'da hi.'

'Ond does bosib nad oedd y teulu'n gwbod,' meddai Llywelyn gyda hyder diwyro. 'Plant yn yr ysgol ac ati. Mi wyddoch sut maen nhw'n tynnu ar ei gilydd. A be am gyd-weithwyr Ffred Hughes a Gordon? Dduw mawr, 'sgen i'm amheueth. Dwi'n siŵr y cawn ni domen o wybodeth ganddyn nhw.'

Daeth cnoc ar y drws. PC Tindrwm oedd yno wedi mentro i ffau'r CID ar ôl cael ei wala a'i weddill o frechdanau ham. Roedd y tindrwm yn awyddus i wneud ychydig o argraff ar bennaeth y CID.

'Syr,' meddai'n eiddgar. 'Y ddau grwt. O'dd y cleber rhyfedda rhyngtyn nhw yn y llofft. Ac o'dd wherthin yno hefyd, 'wy'n eitha sicr o 'ny. O'dd un ohonyn nhw'n wherthin.'

Trodd Eifion Llywelyn tuag ato. Syllodd am ennyd ar y brawd. Y creadur truenus, meddyliodd. Yn dal mewn iwnifform, ac wedi'i dynghedu i fod ynddi am weddill ei yrfa.

'Dwi'n synnu,' meddai'n bwysfawr. 'A chithe hefo faint? Ugain? Pymtheg mlynedd o brofiad yn y ffôrs? Dwi'n synnu nad ydech chi wedi sylwi cyn hyn. Ma' pobol yn ymddwyn yn od o dan straen profedigaeth. Dweud pethe difeddwl. Hyrddie o siarad gwirion. Mae o'n beth cyffredin iawn.'

Doedd y tindrwm ddim am gael ei sarhau ymhellach. Aeth o'r ystafell a'i gynffon rhwng ei goesau. Roedd golwg anesmwyth ar Gruffudd Williams hefyd, a bu ennyd annifyr o ddistawrwydd cyn iddo geisio lleddfu'r tyndra.

'Smo chi'n credu mai un o'r Huwsiaid sy'n gyfrifol, felly?'

'Dwn i'm. Ond rhowch y peth fel'ma, Williams. Yn 'y mhrofiad i, ma' pob llofrudd gwerth ei halen yn meddu ar ddau beth: dichell sy'n ymylu ar glyfrwch; a waeth cyfadde ddim – asgwrn cefn. Ydi'r ddau gan unrhyw un o'r Huwsiaid? Dwi'n ame.'

PENNOD 9

FFRED DRUAN

Wrth ymlafnio gyda'i gyfflincs, barnai Ffred fod cael ei alw'n ffurfiol fel hyn i'w holi yn swyddfa'r heddlu yn gryn fraint. Oedd, roedd yr holl fusnes yn un hunlle erchyll. Er hynny, tystiai'r cynnwrf yn ei ymysgaroedd nid yn gymaint i ofn, ond i'r ffaith ei fod, mewn gwirionedd, wedi gwirioni'n bot ar gael bod yn ganolbwynt drama go-iawn. Rhoddodd gôt ei siwt lwyd amdano a sbecian drwy'r ffenestr. Roedd y car heddlu yno'n ei ddisgwyl. Syllodd arno'i hun yn nrych y wardrob. Cafodd sioc. Roedd awgrym gwên ar ei wyneb. Diar mi, meddai wrtho'i hun. Rhoddodd gynnig arall arni. Dyna welliant. Doedd dim byd gwell na chydig o ddigniti. Nell druan, meddyliodd ymhellach. Mi fyddai hi wedi bod wrth ei bodd hefo'r holl ffys 'ma.

Ni bu yng nghlopa Ffred erioed fyfyrdodau dwys a mawr. Roedd yno synwyriadau a dyheadau annelwig braidd, oll yn troelli blith draphlith drwy'i gilydd. Ond ym mwrllwch ei ymennydd ni fyddai'r meddyliau gwibiog hyn byth yn ymffurfio'n gyfanbeth, yn syniad tryloyw a phendant y medrai draethu'n daer a huawdl yn ei gylch. Rhyw weld aneglur, fel yn nrych pŵl yr Apostol Paul, fu hi erioed yn hanes Ffred. Y pnawn hwn, serch hynny, daethai rhyw sylwgarwch anghyffredin i'w ran, ac yn sgil y disgwyl eiddgar am ei awr fawr gyda Llywelyn, roedd yn rhyfeddol effro i'r byd mawr o'i amgylch. Gwelai fod y cwnstabl ifanc wedi dod allan o'r car erbyn hyn, ac yn pwyso'n ddi-hid yn erbyn y bonet gan syllu tua'r tŷ. Maen nhw'n disgwyl amdana i, meddyliodd. Sythodd ei dei a hel mymryn o lwch oddi ar ei lawes. Aeth heibio'r gwely dwbl ac allan o'r ystafell y bu ef a Nell yn ei rhannu am gynifer o flynyddoedd.

Yn y car bu Ffred yn gwbl dawedog. Am be tybed yr oedd gŵr fel fo, a'i wraig newydd gael ei llofruddio, i fod i sgwrsio? Wrth gychwyn o'r stad roedd wedi mentro rhyw 'debyg i law, 'dydi?' Ond ni chafodd fawr o ymateb gan y cwnstabl. Ni ddaeth gair arall o'i ben, ond gydol y siwrnai fer teimlai drachefn y cynyrfiadau bach rhyfedd yn ei ymysgaroedd. Ia, y fo bellach oedd y penteulu. Y fo o ganlyniad oedd y *cyntaf* i gael ei alw gerbron y plisman clyfar oedd yn ymchwilio i lofruddiaeth ei annwyl wraig. Oedd, wir; ym marn Ffred roedd rhywbeth hyfryd o beryglus ynghylch yr holl brofiad.

Er hynny, bu ond y dim i brysurdeb yr ystafell ymchwilio fynd â'r gwynt o'i hwyliau. Y lleng plismyn yn llewys eu crysau; sgriniau llachar y cyfrifiaduron; sŵn allbrintiau'n ymdywallt o'u perfeddion: roedd y peth yn ddychryn braidd. O ganlyniad, rhyw lusgo'i hun yn drwstan flêr o flaen Llywelyn a wnaeth. Pan gaewyd y drws o'i ôl, safodd am ennyd gan syllu ar y leino brown o dan ei draed. Roedd y mwrllwch arferol yn araf ddychwelyd i'w ben. Ond cofiodd mai hon oedd ei awr fawr. Synhwyrodd mai peth gwirion oedd syllu ar y leino brown. Sadiodd o weld Llywelyn yn estyn llaw tuag ato dros y ddesg eithafol drefnus. Y Prif Arolygydd Eifion Llywelyn. Roedd ei weld o unwaith eto yn ddigon i gadarnhau argraffiadau'r bore ym meddwl Ffred. Boi solat oedd hwn, meddyliodd.

Boi wedi'i wisgo'n dda, ac un oedd yn medru cyflawni pethau. Bu gan Ffred barch erioed tuag at wŷr o'r fath. Iddynt hwy – y Ceidwadwyr – y byddai'n pleidleisio'n ddiffael ym mhob etholiad. O gallai, mi allai drystio'r brawd hwn. Byddai'n barod i ymddiried ei fywyd iddo petai raid.

''Dach chi rywfaint nes at ddal y bastad?' holodd yn eiddgar. 'Drygs. Dyna 'di'r drwg. Be sy'n digwydd i'r wlad 'ma, deudwch? Drygs, *terrorists* a'r blydi IRA. A rŵan hyn.'

Er na fynnai Llywelyn osod llofruddiaeth Nell yn yr un cyd-destun dramatig â Ffred, mi wyddai fod hedyn o wirionedd yn ei sylwadau. Efallai'n wir mai un o wehilion cymdeithas oedd ei llofrudd. Y flwyddyn cynt, yng Nghaeremrys, cafwyd cyfres o ymosodiadau rhywiol treisgar ar ddynion. Mi ddaliwyd y troseddwr yn ddigon buan wedi iddo ymosod ar bencampwr jiwdo angylaidd yr olwg. Dim ond ar gyrion yr achos hwnnw y bu Llywelyn, ond bu'r holl fater yn sbardun iddo wir amgyffred ysictod tywyll cymdeithas. Ac arwydd enbyd arall o bechadurusrwydd yr oes hon yn ei olwg oedd llindagu Nelly Veronica Hughes. Wrth gwrs, mi geisiai ei atgoffa ei hun fod ganddo o hyd feddwl cwbl agored ynglŷn â'r achos diweddaraf hwn.

'Byd rhyfedd ac ofnadwy ydi hwn, Mr Hughes. Ond neith yr heddlu byth ildio. Drychwch drwy'r gwydr 'na. Pob un ohonyn nhw wrthi o'i hochor hi. Mi fyddan nhw yma tan berfeddion heno. Mi fyddan nhw'n ôl ben bore fory. Ond cofiwch, awn ni i nunlle heb eich help chi. Ca'l gwbod hynny fedrwn ni am eich gwraig. Dyna'r drefn o hyd ar ddechre ymchwiliad fel hwn. 'Dach chi'n dallt hynny, 'dydech?'

'Ydw,' atebodd Ffred.

Cododd Llywelyn a mynd i nôl dau gwdyn plastig allan o honglad o gwpwrdd ffeilio a safai wrth y ffenestr. Fe'u sodrodd ar y ddesg o dan drwyn Ffred. Yn y naill roedd y bag llaw sgleiniog hwnnw a brynwyd gan Nell yn Brighton am ei fod yn matsio lliw ei gwallt. Yn y llall roedd y nialwch a oedd ynddo pan laddwyd hi: blwch mascara, minlliw, drych plastig bychan, crib, cadach poced, hen docynnau raffl a derbynebau dirifedi. Wrth weld y bag llaw daeth dagrau i lygaid Ffred. Ceisiodd eu sychu'n ffrwcslyd â hances boced ddi-raen yr olwg.

'Sori,' meddai. 'Yr handbag 'na. Ew, oedd hi'n meddwl y byd ohono fo.'

'Dallt yn iawn,' atebodd Llywelyn, cyn mynd ati i dynnu'r bag llaw allan o'r cwdyn plastig, ac yna tywallt ei gynnwys allan o'r cwdyn arall ar y ddesg o'u blaenau.

'Oes 'ne unrhyw beth ar goll?' holodd yn obeithiol.

'Na, dwi'm yn meddwl,' atebodd Ffred yn ansicr. 'Ond wn i ddim yn iawn. Fues i rioed yn busnesu'n ei phetha hi.'

'Na, wrth gwrs,' meddai Llywelyn. 'Ond mi fasech yn gwbod os oedd 'ne bethe gwrioneddol werthfawr ynddo fo?'

'Petha gwerthfawr? Ddowt gen i. Dwi 'di deuthach chi'n barod. Pobol gyffredin ydan ni. Ond falla fod y fodrwy ddyweddïo'n werth swm reit ddel.' Ffred druan; gallai gofio'r union swm a roddodd amdani petai raid. Deugain swllt. A gallai adrodd hanes y diwrnod y prynwyd hi yn Llandudno. Diwrnod a hannar oedd hwnnw! Bys naw o'r maes. Tsips, ffish a phys i ginio hefo bara sleis 'di'i dorri'n driongla. A wedyn prynu'r fodrwy. Ni sylwodd Ffred ar grechwen Llywelyn. Roedd yntau hefyd wedi gweld y fodrwy.

'Ma'r fodrwy'n ddiogel. O'dd hi ar ei bys hi pan gawson nhw hyd i'r corff. Prin fod dim byd arall o werth, felly? Mi ddeudodd eich mab, yndo, na fydde hi'n debygol o fod yn cario llawer o bres.'

'Gordon? Dwn i'm be ma' *hwnnw*'n ei wbod,' grwgnachodd Ffred. Damia Gordon, meddyliodd. Ei awr fawr *o* oedd hon. *Fo* oedd y penteulu rŵan. *Fo* oedd yn gwbod bob dim am Nell. Gofyn am ei weld *o* gynta ddaru Llywelyn. 'Falla'i bod hi 'di ca'l pres o rwla arall,' ychwanegodd ychydig yn ddifeddwl.

Pwysodd Llywelyn ymlaen yn erbyn y ddesg. Gwnaeth awgrym Ffred iddo foeli ei glustiau.

'Diddorol,' meddai. ''Dech chi'n awgrymu'i bod hi'n ca'l pres o rwle heb yn wbod i chi?'

'Na. 'Dach chi'm yn dallt. Do'n i byth yn cyboli hefo'i phres hi. Rhoi'r rhan fwya o 'nghyflog iddi, a dyna ni. Dyna be o'n i'n ei neud.'

'Ond mi oeddech chi'n awgrymu ei bod hi'n llwyddo i ga'l pres o ryw ffynhonnell arall.'

'Wel, ma' hynny'n bosib.'

'Ac o ble oedd hi'n ca'l y pres ychwanegol 'ma?'

'Dwn i'm. Dwi 'di deud, do? Do'n i byth yn holi am betha felly.'

'Ond gyda phob parch, Mr Hughes, chi awgrymodd y peth.'

'Dim dyna ddeudis i. Deud dwi fod Nell yn dipyn o giamstar. Thorrodd hi rioed gnau gweigion.'

Roedd Llywelyn mewn ychydig o benbleth erbyn hyn. Pa mor ofalus y dylai droedio? Ai creadur syml ei feddwl na pheidiodd erioed â dotio ar ei wraig oedd Ffred Hughes? Ynteu gŵr priod anghyfrifol o oddefgar? Efallai y câi weld wrth gynnig abwyd arall iddo.

'Mi oedd Mrs Hughes 'di bod yn gweld ffrindie, yn-doedd?… Wedi bod yn nhŷ'r Athro Ceiriog Pritchard.'

Ymlaciodd Ffred. Diolchodd i'r drefn fod Llywelyn o'r diwedd wedi rhoi'r gorau i'r holi gwirion am bres.

'Oedd, Tad,' meddai'n frwd. ''Di picio draw i weld Elena Pritchard. Peth uffernol ydi o, w'ch chi, bod yn infalîd fel'na. Ond chydig o hwyl efo Nell. Be well i godi calon yr hen gryduras?'

Cododd Llywelyn ei aeliau. Y llipryn hygoelus, meddyl-iodd. Cawsai gip sydyn ar gorff Nell yn yr ysbyty; digon i'w sicrhau nad hon oedd Mam Teresa Aberedwy.

'Fydde 'ne unrhyw reswm dros i'r Athro Pritchard roi rhywfaint o bres i'ch gwraig neithiwr?' holodd yn ofalus.

Syllodd Ffred arno'n ffwndrus. Dyma fo'n ôl efo busnas y pres, meddyliodd. Roedd Ffred ar goll.

'Dew, dwn i'm. Ond un parod ei gymwynas ydi o. Mi nath ei ora i helpu Gordon i ga'l y joban 'na'n y coleg. Ond i be fasa fo'n rhoi pres i Nell?'

'Wel, nid pres o angenrheidrwydd. Anrheg fechan. Geme, falle. Ydi hynny'n bosib?'

O'r diwedd fe wawriodd ar Ffred beth yn union yr oedd Llywelyn yn ceisio'i awgrymu. Torsythodd yn ei gadair.

'Hei, *hold on*. Be 'dach chi'n ei awgrymu?' holodd yn flin. 'Yr uffar digwilydd. Chewch chi'm deud petha hyll fel'na am Nell.'

'Mr Hughes bach, rydech chi'n 'y nghamddeall i,' meddai Llywelyn yn bwyllog. Gwenodd yn nawddoglyd ar Ffred yn y gobaith y lliniarai'r mymryn tempar. 'Awgrymu o'n i ei fod o 'di rhoi rhywbeth iddi fel arwydd o ddiolch-garwch… am ei charedigrwydd tuag at Mrs Pritchard.

124

Clustdlws neu freichled o'dd yn perthyn i Mrs Pritchard, falle. Wedi'r cwbwl, mi fuo Mrs Hughes yn rhyfeddol o deyrngar iddi hi.'

Suddodd Ffred yn ôl i'w gadair. Roedd yr awgrym hwn o eiddo Llywelyn yn gwneud sens yn ei olwg, ac yn bosibilrwydd.

'Be? Rwbath i ddeud thanciw wrthi? Ydi, ma' hynny'n bosib. Ond cofiwch, ddaru o rioed roi dim byd iddi yn y gorffennol.'

'Mr Hughes, ydech chi'n cuddio unrhyw beth?' holodd Llywelyn gyda mwy o fin yn ei lais y tro hwn. 'Pam ymateb mor chwyrn gynne? Soniwch wrtha i am berthynas eich gwraig hefo dynion er'ill. Oedd hi'n gyfeillgar hefo dynion er'ill?'

A Ffred eisoes wedi ffrwydro unwaith, rhyw losgi'n araf a wnaeth y ffiws y tro hwn.

'Rêl cymêr oedd Nell. Oedd pawb yn dre 'ma'n ei nabod hi. Mi ddath â chydig o fywyd i'r lle. Gofynnwch yn y Rose and Crown. Ew, oedd hi ar delera da hefo pawb yn fan'no.'

'A'r dynion yn enwedig?'

'Dynion a merchaid. Stiwdants. Pawb. Oedd hi'n ffrindia hefo nhw i gyd. Ond ma' 'na dacla dan-din yn y dre 'ma. A fuon nhw'n deud hen straeon hyll amdani hi. Ond clwydda oedd y cwbwl. Doedd Nell ddim mo'r teip. Oedd hi'n licio mynd allan a cha'l hwyl. Oedd. Ond yn y bôn, adra hefo'r teulu oedd hi'n licio bod. Dew, fuo hi'n fam ardderchog i'r plant 'cw.'

Daeth Rhian Hughes a'i llygad du i feddwl Llywelyn. Gwyrodd ymlaen a gwneud nodyn brysiog ar ei bàd ysgrifennu.

'Mi ga' i gyfle i siarad hefo'r plant eto,' meddai. 'Ond be am yr holl ffrindie 'ma? Pwy fasech chi'n deud oedd ei ffrindie gore hi?'

Llaciodd Ffred fymryn ar ei dei a llyncu'i boer.

'Wel... ym... Mrs Parry, drws nesa... Ond 'swn i'm yn deud bod hi'n un o ffrindia gora Nell, chwaith. A mi oedd Mrs Pritchard. A... wel... dwn i'm, a deud y gwir.'

'Wela i,' atebodd Llywelyn. 'Ofynna i i Rhian. Falle bydd hi'n gallu 'ngoleuo i?'

Wrth glywed enw Rhian yn cael ei grybwyll, dechreuodd Ffred anesmwytho. Gwyrodd ymlaen yn ei gadair a mwmblan braidd yn aneglur.

'Na. Ddowt gen i fasa hi'n gwbod, a hitha'n yr ysgol drw'r dydd.'

Yna caeodd ei geg yn glep fel petai'n synhwyro fod pob sill a ddôi o'i enau mewn perthynas â Rhian yn debygol o wneud ei bicil yn waeth.

'Ond mi wyddoch fel ma' merched, Mr Hughes? Rhannu cyfrinache hefo'i gilydd ac ati. Ond falle fod y bechgyn yn nes at Mrs Hughes?'

'Dim byd sicrach,' sbowtiodd Ffred a'i ryddhad yn amlwg. 'Esu, syniad da. Gofynnwch iddyn nhw. Oeddan nhw'n hannar ei haddoli hi.'

'Mr Hughes, ma' 'ne un peth dwi dan ddyletswydd i'w ofyn i chi,' meddai Llywelyn gan wyro drachefn tuag at y ddesg. 'Lle oeddech chi a gweddill y teulu neithiwr?'

'Lle oeddan ni? Esu, peidiwch â bod ofn holi. O'n i a Rhian adra, a mi oedd Brian a Gordon yn y Rose and Crown.'

'Iawn. Felly mi fedrwch chi a Rhian dystio ar ran eich gilydd?'

'Medrwn, Tad. Oedd hi i fyny grisia. A finna o flaen y bocs.'

'Welsoch chi'ch gilydd yn ystod y nos? Ddaru Rhian ddod lawr i neud paned? Aethoch chi â phaned iddi hi, falle?'

'Ymm... Na... Ddaru hi'm dod i lawr o gwbwl.'

'Ddim unweth?'

'Na – ond dwi'n gwbod mai yno buo hi...' Ymbwyllodd Ffred. Brathodd ei dafod. Bu bron â datgelu pam y gwyddai i sicrwydd mai yn ei llofft y bu Rhian. Roedd yr holi diarbed hwn yn prysur fynd yn drech nag o, ac yntau, wrth geisio osgoi datgelu un dim am y cleisiau, yn crafangu am wellt. ''Sa hi 'di dod lawr grisia, neu 'di mynd allan, 'swn i 'di clywad.'

'Ond falle'ch bod chi wedi hepian?'

'Ew, na. Oedd Nell...' Unwaith eto bu ond y dim iddo roi ei droed ynddi. Ffred druan, doedd dim digon o ddichell ynddo i fod yn gelwyddgi slic. '... Doedd Nell ddim yn licio 'ngweld i'n hepian yn 'y nghadar. Oedd hynny'n beryg, medda hi. 'Nenwedig os oedd y letric ffeiar ymlaen. Têsh i ddim i gysgu. Blydi hel na. Llaw ar y Beibl rŵan.'

'Iawn. Ond oes 'na rywun fedre gadarnhau'ch stori chi? Ddaru unrhyw un alw?'

'Naddo... Dim imi gofio... Ond w'chi be? Ma' neithiwr yn un cawdal mawr blêr yn 'y mhen i. Ar ôl ca'l clywad am Nell mi a'th bob dim fatha niwl. Bob man yn troi... Ond be 'di'r iws anobeithio? Ma' raid i'r sioe fynd yn ei blaen, 'toes? A be am yr hen deulu? Rhaid i rywun edrych ar eu hola nhw. Dyna dwi'n ei ddeud.' Yn sydyn, sylweddolodd Ffred ei fod yn mwydro ac yn traethu'n ddigyswllt am bethau nad oedd a wnelont ddim oll â chwestiynau Llywelyn. 'Oes 'na rwbath arall?' holodd yn ddof.

'Na, ddim ar hyn o bryd, Mr Hughes. Ond os bydd 'na rywbeth, mi gysylltwn ni.'

'Iawn,' meddai Ffred. 'Ond dalltwch hyn. 'Dan ni isio'ch helpu chi i ddal y bastad. Pob un ohonan ni. Rhian, fi, Brian a Gordon.'

Cododd Ffred ar ei draed, a rhyw hercian am y drws. Yna trodd.

'Ond mi ddylsach dsiecio'ch ffeithia tro nesa. Nell yn hel dynion. Clwydda noeth 'di peth fel'na.'

'Doeddwn i ddim yn awgrymu hynny o gwbwl,' protestiodd Llywelyn.

'Wel, mi ddylsach wbod yn well. Fuo bron i mi roi uffar o swadan i chi.'

Wedi i Ffred fynd o'r ystafell, cilwenodd Llywelyn. Swadan gan Ffred Hughes! Y creadur eiddil. Tybiai, er hynny, i'r awr yn ei gwmni fod yn un fuddiol a dadlennol. Ni thybiai fod deunydd llofrudd yn Ffred Hughes. Ac os mai un truenus fel yma oedd y penteulu, doedd hi ddim yn debygol chwaith fod gan unrhyw un o'r plant waed ar ei ddwylo. Ond edrychai ymlaen, serch hynny, at chwilio pac y rheini. Dôi hynny hefyd, mae'n siŵr, â chryn ddifyrrwch i'w ran.

* * *

Mab i weinidog Wesla, a gŵr diwreiddiau o ganlyniad, oedd yr Uwch Arolygydd Eifion Llywelyn. Dinbych, Aberhonddu, Rhuthun a'r Rhyl: gwyddai am oerni tywyll y mans ymhob un o'r trefi hyn, ac erbyn ei ddeunaw oed roedd yr oerni hwnnw wedi ymdreiddio drwy'i wythiennau gan glaearu ei waed a'i droi'n hogyn syber a chyfrifol. Ni chiciodd erioed yn erbyn y tresi fel yr oedd disgwyl i feibion y mans ei wneud. Ac yn ei ieuenctid bu'n ymatalgar ddoeth gyda golwg ar bleserau cnawd a byd. Roedd ei dad, y Parchedig Robert McDonald Llywelyn, yn fugail cydwybodol a doeth. Nid aeth erioed i orawen yn ei bulpud, ac yn ystod ei yrfa hirfaith ni thynnodd na blaenor cranclyd na chrinc o godwr canu erioed i'w ben. Dyn da iawn na fyddai byth yn cynhyrfu oedd y Parchedig Robert McDonald Llywelyn. Roedd Maisie Llywelyn hithau yn batrwm o wraig gweinidog ac yn gefn eithriadol i'w gŵr. Hwfrai'r bore a llywyddai'r prynhawn yn amryfal gymdeithasau'r merched. Ac wrth borthi plant bach ym mhartïon Dolig yr ysgol Sul, ni fyddai byth, yng nghanol stêm a strach y festri, y smotyn lleiaf o chwys i'w weld o dan ei cheseiliau.

Hogyn difai oedd Eifion. Yn yr ysgol uwchradd disgleiriodd ar y maes chwarae ac ymrôdd hefyd â deg ewin i'w astudiaethau. Ond roedd rhyw bellter oeraidd rhyngddo a'i gyd-ddisgyblion. Cyfoedion oeddynt iddo ac nid ffrindiau. Ni fu erioed yn boblogaidd yn eu plith, ac yn y chweched dosbarth, canlyn bechgyn plorynnog llai golygus nag o a wnâi'r genod. Ond doedd Eifion ddim yn poeni. Roedd Eifion am gael mynd i Rydychen. Wel, fe fu bron â chael mynd yno. Ond wnaeth Eifion ddim cweit digon o argraff ar y panel cyfweld. Eifion druan, ar ôl y fath fethiant byddai mynd i un o golegau Prifysgol Cymru wedi bod yn dolc pellach i'w falchder. Doedd dim amdani felly ond dilyn trywydd trawiadol wahanol – ymuno â'r heddlu.

O'r cychwyn cyntaf roedd Eifion yn gwbl ffyddiog y câi ei gyneddfau dadansoddol miniog eu cydnabod ac y dôi dyrchafiadau buan i'w ran. Fe ddaeth dyrchafiadau, ond yn arafach na'r disgwyl. Ar ddechrau'r wythdegau, serch hynny, roedd lwc o'i blaid. Cafodd secondiad am flwyddyn gydag 'un o adrannau'r llywodraeth' yn Llundain. Roedd hi'n gyfnod pan ddrwgdybid fod cysylltiad rhwng carfanau eithafol yng Nghymru a'r IRA. Roedd Llundain eisiau rhywun a oedd yn deall y 'Welsh scene', rhywun a fedrai roi enwau ar fyrder i wynebau mewn protestiadau, rhywun a allai drawsysgrifio a chyfieithu galwadau ffôn a oedd wedi'u tapio, a thyrchu drwy domennydd o ddogfennau a llythyrau a oedd wedi eu llungopïo ar y slei. Gwnaeth Eifion argraff, ac ar ôl y flwyddyn honno ni bu pall ar ei gynnydd. Bellach, ers ychydig fisoedd, ef oedd pennaeth CID Heddlu Gorllewin Cymru. Ac o wneud enw iddo'i hun yn y swydd honno, gwyddai'n iawn nad oedd y pinacl uchaf un, bod yn Brif Gwnstabl, y tu hwnt i'w gyrraedd.

Daeth cysur teuluol i'w ran hefyd. Roedd ganddo wraig neis a ffyddlon a oedd yn ei eilunaddoli, dau o blant bach del, a thŷ chwaethus ar gyrion Caeremrys. Ar ôl dechrau'r daith yn y mans a'i brinderau, mi wyddai Eifion beth oedd llwyddiant, a dyheai am ragor.

*   *   *

Ar ôl i Ffred fynd, aeth Llywelyn allan i'r ystafell ymchwilio. Roedd rhai o'r cwnstabliaid lleol a bois y CID o Gaeremrys wrthi fel lladd nadroedd; yn rhuthro o ddesg i ddesg; yn trin allweddellau'r cyfrifiaduron; yn ateb galwadau ffôn. Roedd Williams yno hefyd yn llewys ei grys, ac yn chwilota drwy bentwr o ffeiliau oedd ar y ddesg o'i flaen. Aeth Llywelyn ato a tharfu ar ei brysurdeb.

'Gyrrwch rywun i nôl Gordon Hughes,' meddai'n awdurdodol.

Williams druan, yr oedd o leia ddeng mlynedd yn hŷn na Llywelyn. Ond aeth ati'n ufudd a diymdroi i wneud y trefniadau priodol. Arhosodd Llywelyn yn yr ystafell gan graffu'n fusneslyd dros ysgwyddau'r plismyn ac ar sgriniau llachar eu cyfrifiaduron.

'Chawsoch chi ddim llawer mas o Ffred Hughes, felly,' ebe Williams ar ôl iddo ddychwelyd.

'Dim byd syfrdanol,' atebodd Llywelyn. 'Boi bach syml ei feddwl. Ac nid y cryfa o ran corff, chwaith. Anodd ei ddychmygu o'n llindagu neb.'

'O, weden ni 'mo 'ny,' atebodd Williams. 'Ma' rhai'n dishgwl yn wan, ond yn galed fel harn.'

'Hmm. Oes, debyg.'

'Ac o'dd e gartre neithiwr?'

'Oedd, medde fo. Y fo a'r ferch.'

'Wel, oe'n nhw yno pan gyrhaeddodd ein bois ni. Ond o'dd un peth od.'

'Oedd 'na?' holodd Llywelyn gan grychu'i dalcen.

'O'dd. Jones – PC Gwyn Jones – o'dd y cynta 'no. Gaiff e weud ei hun,' meddai Williams. 'Dere 'ma, Jones!' gwaeddodd ar blisman ifanc ym mhen pella'r stafell a golwg arno fel petai prin wedi dechrau siafio. Daeth hwnnw atynt ar unwaith.

'Gwed wrth yr Uwch Arolygydd yn gwmws be ddigwyddodd neithiwr,' meddai Williams wrtho.

'Wel, dorres i'r newyddion iddo fe,' ebe'r plisman yn frwd, 'ac o'dd e mewn uffach o stad. Ond be ddigwyddodd wedi 'ny o'dd yn od. A'th e lan stâr at y groten, a 'wy'n siŵr 'i fod e 'di rhoi allwedd yn nrws ei bedrwm hi, a'i ddatgloi e.'

'Diddorol,' ebe Llywelyn. 'Mi rydech chi'n hogyn sylwgar, Jones.' Ond awgrymai tôn nawddoglyd ei lais nad oedd ganddo, mewn gwirionedd, fawr o ddiddordeb yng nghanfyddiad PC Jones.

PENNOD 10

HANNER Y GWIR

Cyrhaeddodd Ffred adre yn ansicr iawn ei feddwl. Ni wyddai a fu'r orig yng nghwmni'r Uwch Arolygydd Llywelyn yn llwyddiant ai peidio. Ac yntau'n ŵr i'r wraig gyntaf mewn chwarter canrif i gael ei llofruddio yn Aberedwy, yr oedd yn gwbl ffyddiog ei fod bellach yn rhywun o bwys yn y dref fechan hon. Ond a lwyddodd i gyfleu hynny o flaen Llywelyn? Roedd y ffin yn un denau. Falla'i fod o wedi taro Llywelyn fel ffŵl hanner pan, meddyliodd. Ac, wrth gwrs, pan grybwyllwyd enw Rhian, wnaeth o ddim disgleirio rywsut. Petai Nell ond wedi bod yno i ddeud wrtho'n union sut i ymateb.

Pan gerddodd i mewn i'r stafell ffrynt synhwyrodd yn syth bìn fod rhywbeth od o wahanol yn ei chylch. Eisteddai Brian ar y gadair esmwyth wrth y ffenestr a'i drwyn mewn llyfr. Safai Gordon o flaen y lle tân gan smocio o'i hochr hi. Ond roedd rhywbeth gwahanol ynglŷn â'r ystafell. Roedd o'n sicr o hynny.

'Sut a'th petha?' holodd Gordon. 'Sut un ydi'r Llywelyn 'na? Be ofynnodd o i chi?'

'Hei, sbïwch yma,' meddai Ffred gan godi'i lais ychydig. 'Be sy 'di digwydd? Ma'r lle 'ma'n wahanol… Lle gythral ma' ornaments Nell?'

Blydi hel, mi *oedd* y stafell yn wahanol. Y tacla iddyn nhw, meddyliodd Ffred. Gwelodd yn glir yn awr fod cyfran dda o'r ornaments y bu Nell yn eu dyfal gasglu dros y blynyddoedd wedi diflannu. Pa le'r trugareddau pres, y gloch a'r gwch hwylio fechan a'r ddwy ganhwyllbren o Sbaen, a arferai wincio fel sêr ar y silff ben tân? Pa le'r stand ddal blodau ar lun Fenws orweiddiog a fu ar ben y set deledu? Pa le'r swfanîrs o Blackpool a Torquay, a'r jygiau o Tunisia a werthwyd iddi gan yr hogiau hanner noeth ar y traeth? O wythnos i wythnos arferai Nell daro dwster drostynt gyda balchder, a phe digwyddai i rywun ofyn, gallai draethu'n huawdl am y fan a'r lle y prynwyd pob un ohonynt. Droeon yr oedd Ffred wedi ei chlywed yn adrodd y stori am yr hen Saesnes drwynsur honno yn Torquay a geisiodd godi crocbris am y pâr bach del o sgidiau tsieni, hyd nes i Nell fygwth cyfraith arni. Dew, un dda oedd y stori honno, meddyliodd Ffred. Ond roedd rhywun wedi bod yma'n mela. Llai na hanner ei hornaments oedd ar ôl bellach. Hebddyn nhw, nid hon oedd stafell Nell, ac roedd hynny'n loes calon i Ffred.

'Be 'dach chi 'di'i neud hefo nhw?' holodd unwaith eto.

Ni chymerodd Gordon fawr o sylw ohono. Dim ond dal ati i smocio yn ddiamynedd yr olwg.

''Dan ni 'di rhoi trefn arnyn nhw,' atebodd Brian.

'Rhoi trefn arnyn nhw! Be ti'n feddwl?'

''Dan ni 'di 'u cadw nhw. Fasa 'na ormod o waith dystio arnyn nhw.'

'Ond Nell pia nhw. Be ddeuda hi? Ca'l gwarad â'i phetha hi a hitha heb ei chladdu.'

'Doedd gynnon ni'm dewis,' meddai Gordon gan roi'i big i mewn. 'Oeddan nhw'n codi hiraeth arnan ni. Oedd edrych arnyn nhw mor… mor ddirdynnol.'

Edrychodd Ffred arno. Dirdynnol! Lle goblyn gafodd Gordon hyd i air ffansi fel'na? Ond roedd y modd yr ynganodd y gair wedi styrbio Ffred hefyd. Y dôn oeraidd a di-hid. Roedd Ffred mewn dryswch. Ben bore roedd rhywbeth annifyr o ddidaro am y ffordd yr oedd Rhian wedi holi am yr angladd. A rŵan Gordon. Doedd o ddim yn eu dallt nhw, wir.

'Ond be fasa pobol yn feddwl? Chwalu'i phetha hi fel'ma. A be am Nell? Mi fasa o'i cho… Rhowch nhw'n ôl, neno'r Tad. Bob un wan jac ohonyn nhw.'

Eisteddodd Ffred. Roedd wedi cael deud ei ddeud. Haeddai smôc yn awr a chydig o lonydd i gael dod ato'i hun. Tynnodd ei dun baco o'i boced a dechrau rowlio. Ond doedd fawr o siâp ar y sigarét. Crynai ei ddwylo fel deilen. Roedd holl straen y brofedigaeth yn amlwg yn dechrau dweud ar ei nerfau.

'Wel, sut a'th hi?' holodd Gordon unwaith eto, a cherydd pathetig Ffred yn amlwg heb fennu dim arno. 'Be ddeudsoch chi wrtho fo?'

'Bob dim, siŵr Dduw,' atebodd Ffred braidd yn bigog. 'Helpu nhw cymaint ag y medran ni. Dyna'r peth lleia fedrwn ni'i neud.'

'Neuthoch chi sôn am Mam a Rhian?' holodd Brian yn daer.

'Naddo, siŵr. Ein busnas ni ydi hynny. A chofiwch chitha hynny hefyd.'

'"Deud bob dim" ddeudsoch chi? Neuthoch chi mo hynny felly, naddo?' meddai Brian yn goeglyd.

'Wel, ddeudis i'r cwbwl oedd angan ei ddeud. Dydi'r ffaith fod Mam a Rhian 'di ffraeo unwaith ddim yn…'

Ffraeo unwaith! Un ffrae fach! Rhoddodd Brian ei lyfr o'r neilltu a syllu ar Ffred mewn syfrdandod. Sôn am dwpdra! A oedd o wedi colli arni'n llwyr? Neu ai dim ond anhygoel o ddiniwed oedd o? Ffraeo unwaith! Mi fu Nell a Rhian yng ngyddfau'i gilydd ar hyd y blynyddoedd. Onid oedd y twpsyn yn cofio'r brecwast trychinebus hwnnw yng ngwesty Tony ac Aloma yn Blackpool? Dyna pryd y gwthiodd Nell ben Rhian i ganol y bowlen gorn-fflêcs am fod mor uchel ei chloch. Onid oedd ysgarmesoedd o'r fath wedi bod yn nodwedd ar fywyd yn rhif 7 fyth ers hynny? Oni falwyd minlliw cyntaf Rhian yn shwrwd o dan sodlau Nell yn y gwely rhosod? Oni chafodd hi ei llusgo droeon i fyny'r grisiau gerfydd ei gwallt? Ac yna'n goron ar y cwbl, y ffrae fawr nos Fercher, a'r cleisiau damniol a gafodd eu gweld gan ffrindiau Rhian yn yr ysgol a'r rhan fwyaf o'r athrawon hefyd.

Roedd Gordon hefyd fel petai'n ymwybodol o'r hyn oedd yn poeni ei frawd; yn ymwybodol o ddiniweidrwydd anghyfrifol Ffred. Trodd ato.

'Dim ni'n dau 'di'r broblem,' meddai'n flin. ''Dan ni siŵr Dduw o gau'n cega. Ond be am Rhian? Toes 'na'm byd tu hwnt iddi hi. Golchi dillad budur yn gyhoeddus hyd yn oed.'

'Fasa hi byth. Tydi hi ddim mor wirion,' atebodd Ffred heb y gronyn lleiaf o argyhoeddiad yn ei lais. 'Pam gneud hynny?'

'I ga'l sylw. Ma' hi mewn oed blydi gwirion.'

'Be? A gneud i'r plismyn ddechra ama ma' hi nath?'

'Na. Fel arall, siŵr. Ma' gynni hi'r *alibi* perffaith. Mond iddi hi ddeud wrth y plismyn fod y drws 'di'i gloi, a bo' chitha'n cadw golwg, a mi ddalltan yn syth fod hynny'n amhosib.'

'Ond… ond ella 'mod i 'di pendwmpian,' meddai Ffred. Ffred druan. Plygodd ei ben mewn cywilydd. Roedd y dicter ynglŷn â'r ornaments wedi hen ddiflannu. 'Ella. Dwi'm yn deud 'mod i, cofiwch.'

'Ond mi oedd y drws 'di'i gloi. A fetia i na ddeudsoch chi hynny wrth Llywelyn!'

'Sut fedrwn i, a finna heb sôn am y ffrae?'

Erbyn hyn roedd pen Ffred yn troi fel olwyn trol. Ni fedrai ddal ei dir na rhesymu mwy, ychwaith, dim ond stwnsian ac ebychu. Mi wyddai fod Brian wedi ei gornelu, ac ymhen dim roedd cystal â chyfadde hynny.

'Be am i un ohonach chi ga'l gair hefo hi?' meddai. 'Trio'i cha'l hi i weld sens. Dydan ni ddim am i bobol ddechra hel straeon amdanan ni.'

Ffred bathetig yn poeni rhag ofn i'r gwir am Rhian a'i mam droi teulu bach rhif 7 yn destun siarad ymhlith trigolion y stad. Fel petai dim digon o sôn amdanynt yn barod yn eu plith, a Nell newydd gael ei llofruddio. Ond yr awgrym mai joban iddo fo neu Gordon oedd cael gair â Rhian a hoeliodd sylw Brian.

'Pam na siaradwch chi hefo hi?' awgrymodd.

'Y fi?' atebodd Ffred yn anesmwyth. 'Ond 'dach chi'ch dau tua'r un oed â hi. Falla gwrandawith hi arnach chi.'

Cilwenodd Gordon a Brian ar ei gilydd. Ffred y penteulu! Mor ddoniol oedd ei ymdrech. Roedd y creadur yn prysur ildio hynny o awdurdod oedd ganddo… Yna'n sydyn canodd cloch y drws ffrynt. Y plismyn oedd yno. Daeth tro Gordon i gael ei holi gan Llywelyn. Na, doedd dim amser i'w golli. Doedd dim angen iddo newid. Roedd y car y tu allan, a Llywelyn yn ei ddisgwyl yn y stesion.

'Wel, mond ti sy 'na i siarad hefo hi rŵan,' meddai Ffred wrth Brian ar ôl i Gordon fynd. A heb Gordon ar y cyfyl, rhoddodd gynnig bach arall ar ymddwyn fel pen-teulu. Cododd i fynd i'r tŷ bach. Ond cyn diflannu drwy'r drws ceisiodd roi'r ddeddf i lawr.

'A cofia, rho'r ornaments 'na 'nôl yn union lle cest ti nhw.'

*   *   *

'Oedd hi'n fam a hannar. Dwn i'm be gythral 'na'n ni rŵan.'

Yn yr ystafell lle bu Ffred yn ceisio creu argraff ar Llywelyn ryw hanner awr ynghynt, eisteddai Gordon yn awr dan gryn deimlad. Eistedd a'i benelinoedd ar y bwrdd a'i ben yn ei ddwylo. Wrth fynd drwy'i sbîl, sylwodd yntau ar y leino brown o dan ei draed hefyd. 'Mi neith 'y nhad ei ora,' meddai. 'Creadur… Ond hi oedd yn cynnal y sioe. Oedd hi'r hyn oedd mam i fod.' Cododd ei ben yn araf. Ymsythodd yn ei gadair. Llyncodd ei boer. 'Nefoedd, fydd y tŷ 'cw'n lle rhyfadd hebddi hi.' Roedd o erbyn hyn yn agos iawn at ddagrau.

(Blydi hel, meddyliodd, ydw i'n goractio? Dagra a chwbwl! O lle ffwc ddoth rheina! Beryg i'r cwd ddechra ama. Ond pam ddylsa fo? Fi *oedd* cannwyll ei llygad hi. Mae o 'di dallt hynny erbyn hyn, gobeithio.)

'Sori. Gneud ffŵl ohona fi'n hun fel'ma. Ond ma'r cwbwl 'di digwydd mor sydyn. Dwn i'm 'ta mynd 'ta dod ydw i.'

Ynganodd Llywelyn air neu ddau o gydymdeimlad. Ond dim mwy. Yn ei olwg o, nid lle Uwch Arolygydd oedd cysuro rhai mewn galar.

'Ymlaciwch, Gordon,' meddai. 'A soniwch wrtha i am neithiwr. Dwi'n dallt bo' chi a Brian yn y Rose and Crown.

Yno clywsoch chi'r newydd?'

'Ia. Uffar o le i ga'l gwbod. Ac oedd hi'n barti stag yno hefyd. Canu mawr. Pawb 'di'i dal hi. A finna'n eu canol nhw. Wedyn dyma Elfael yn dod ata i. Esu, ma'r peth fatha breuddwyd.'

'A mi fuoch chi yno drwy'r nos?'

'Do. Neuthon ni gyrradd am wyth, ac yno buon ni.'

'Fydd 'ne ddigon o dystion, felly. Ond aethoch chi allan o'r bar o gwbwl? Allan am chydig o wynt, falle?'

'Naddo, mond i biso ryw ddwywaith ne' dair. Ond hefo'r hogia o'n i fel arall.'

'Rŵan Gordon, dwi am i chi feddwl. Y deuddydd, tridie dwetha 'ma. Ddigwyddodd unrhyw beth anghyffredin? W'ch chi yn hanes y teulu, neu'n hanes eich mam. Ffrae, falle?'

Anadlodd Gordon yn ddwfn, a rhoi'r argraff ei fod wrthi o ddifri'n ceisio cofio, ac yn ymdrechu i'r eithaf i roi ei fys ar unrhyw beth a allai fod o gymorth i Llywelyn.

'Toes 'na'm byd amlwg,' meddai ymhen ychydig. 'Mond be oedd hi'n arfar ei neud. Oedd 'na batrwm i'w hwsnos hi. Bingo nos Ferchar. Y Rose and Crown nos Sadwrn. Mrs Pritchard ar nos Lun a nos Iau.'

(Damia nhw, meddyliodd Gordon. Mi fedrai ddych-mygu'r olygfa. Y ddau ohonyn nhw wrthi ar y soffa. Yr ewach bach diflas 'na'n glafoerio drosti. Cnawd yn rhwbio yn erbyn cnawd. Ymwthio. Tuchan. Hithau a'i choesau ar led yn hawlio rhyw dâl bach i brynu set deledu newydd neu gar ail-law neu beiriant fideo. Damia nhw. Mi oedd y peth yn codi cyfog arno fo.)

'Wrth gwrs – Mrs Pritchard! Fydd raid i mi ga'l gair hefo hi. O'dd y ddwy'n agos, dwi'n dallt. A mi fuo'ch mam yn andros o dda hefo hi, yndo?'

(Cachu. Cachu. Cachu. Be oedd ar ei ben o'n crybwyll Elena Pritchard? Mi oedd o yn y cach go-iawn rŵan. Mi fydda Llywelyn yn bownd o ddod i wybod am yr affêr. Doedd 'na'm byd sicrach na hynny. Oedd 'na bwynt iddo fo raffu mwy? Falla ma' deud y gwir oedd ora. Ia, deud y gwir, ac ennill tryst Llywelyn yr un pryd. Pam lai?)

'Wel, do, ar un ystyr. Ond ma' hyn yn anodd. Dwn i'm sut ma' deud y peth... Ond oedd Mam yn ffrindia hefo Ceiriog Pritchard hefyd. W'ch chi fel ma' petha. Ei wraig o 'di bod yn sâl am y ffasiwn amsar. Doedd 'na'm drwg yn y peth. Hwyl diniwad oedd y cwbwl. A twt, ma'r oes 'di newid, 'tydi?'

Edrychodd ar Llywelyn a chilwenu, fel petai'n ceisio awgrymu fod pob dyn yn y bôn yn dallt y math yma o beth.

'Esu, ma'r peth mor gyffredin,' ychwanegodd. 'Pawb licio ryw damad bach dros ben weithia.'

'Ie, pawb at y peth y bo,' ebe Llywelyn ac awgrym gwên ar ei wep. 'Pawb â'i ddiléit, debyg.' Yna ymddifrifolodd. Plygodd ymlaen yn ei gadair a phwyso'i benelinoedd ar y bwrdd.

'Mi fuoch yn ddoeth, Gordon,' meddai'n ddwys, 'yn siarad mor agored am y peth. A be am eich tad? Ydi o'n gwbod?'

'Ffred? Esu, na! Rhy ddiniwad o'r hannar i ddallt. Byw ormod yn ei fyd bach ei hun, ylwch.'

Ymlaciodd Gordon. Roedd fel petai Llywelyn wedi cynhesu'n sydyn tuag ato. Synhwyrodd mai strôc athryl-ithgar ar ei ran fu crybwyll Ceiriog Pritchard.

'Ond peidiwch â 'ngham-ddallt i,' ychwanegodd. 'Rhyw fflyrtian diniwad o'dd yr holl beth. Toedd hi ddim yn garwriaeth go-iawn.'

'Wela i,' atebodd Llywelyn. 'Peth cnawdol yn unig.'

'Cnawdol? Ia, debyg. Ffling bach ar y slei. Dim byd mwy. A ma'n hawdd dallt y peth, 'dydi? I be awn ni i smalio? Ma' 'nhad ar ei hen sodla. Ond oedd Mam mor ifanc, rwsut. Ym mloda'i dyddia o hyd.'

(Y bastad clwyddog imi, meddyliodd. Nell ym mloda'i dyddia? O dan yr holl golur 'na? Ond falla'i bod hi i ryw gwd rhwystredig fatha Pritchard. A sut olwg sy arni hi rŵan? meddyliodd ymhellach. Oes 'na golur ar ei gwynab hi o hyd? Na, gwyn fatha cŵyr ydi o rŵan. Fatha gwynab Atkins yn Derry. Fatha pwti. Fatha Atkins druan.)

''Dech chi'n bendant, felly. Nid jest cysuro'r claf oedd eich mam yn ei neud ym Min y Don,' meddai Llywelyn gan gilwenu unwaith eto.

'Bendant. A fedra i mo'i feio fo. Sâl ne' beidio, hen ast groes ydi Elena Pritchard. Ma' pawb yn gwbod hynny. Esu, mae o 'di bod drwyddi, y cradur. A mi nath ei ora drosta i pan o'n i'n trio am joban yn y coleg.'

'A Pritchard oedd yr unig un? Fuo 'ne rywun arall erioed?'

'Falla. Ond dwn i'm yn iawn, a finna 'di bod o'ma. Yn Werddon a ballu. Ond oedd 'na ddigon 'di mopio'u penna hefo hi.'

'Dydi hynny ond naturiol,' atebodd Llywelyn, gan wenu'n awgrymog unwaith eto. 'Ond fedrwch chi roi'ch bys ar unrhyw beth arall? Unrhyw beth anarferol ddigwyddodd? Adre, ar yr aelwyd, falle?'

(Be wna i? Sôn am Nell a Rhian i'r diawl? Ca'l seran aur arall gynno fo? Esu, na! Ma' Ffred 'di cau'i geg am y peth yn barod.)

'Na. Dim byd. Cythral o ddim. Ma' bob dim 'di bod mor dawal. Wsnosa'n dilyn ei gilydd, a dim byd i'n styrbio ni. Ffred yn mynd i'r parc. Brian a Rhian yn dygnu arni yn 'rysgol. Finna wrthi gora medra i yn y coleg. Euthon ni i gyd allan am beintyn bach nos Sadwrn. Ond ma' bob dim 'di bod mor dawal.'

'Ond be am y dyddie dwetha 'ma? Fuo 'ne ffraeo o gwbwl? Unrhyw densiwn acw, neu annifyrrwch?'

'Na,' atebodd Gordon yn bendant. 'Tydan ni mo'r teip. Oedd Mam yn gwbod yn iawn sut i gadw'r ddysgl yn wastad rhyngddan ni. Ac os oedd rwbath yn pwyso arni hi, ni oedd y cynta i ga'l gwbod.'

(Y cwdyn bach slei. Dallt dy gêm di rŵan, meddyliodd. Gwenu'n rêl boi arna i. Finna'n ymlacio. Gwenu eto. Finna'n meddwl ein bod ni'n dallt ein gilydd. Gwenu eto... a finna bron â rhoi 'nhroed ynddi hi. Mond gobeithio rŵan na neith Rhian adal y gath allan o'r cwd.)

''Dech chi'n deulu clòs, felly,' meddai Llywelyn yn bwyllog. 'Ond deudwch fwy wrtha i am eich mam. Sut fyddech *chi*'n ei disgrifio hi? Be oedd mor arbennig yn ei chylch hi?'

''Dach chi'n iawn. Oedd 'na rwbath arbennig, rwbath sbesial amdani hi. Debyg 'sa pawb yn deud hynny am ei fam. Ond oedd hi *yn* sbesial. Yn llawn bywyd. Mond i chi gerddad drwy drws ffrynt ac oeddach chi'n gwbod bod hi'n tŷ. Oedd y peth fatha letrig. Dwn i'm be 'sach chi'n ei alw fo. Ond oedd y peth byw 'na gynni hi. A rŵan, mae o 'di mynd... Y cwbwl lot 'di mynd.'

(Dyna ddigon. Dim gormod o grap iddo fo rŵan, rhag ofn iddo fo ddechra ama. 'Llawn bywyd', myn uffar i! Oedd, ar wastad ei chefn.)

Ni pharhaodd y cyfweliad fawr hirach, ac wrth godi ni wyddai Gordon a fodlonwyd Llywelyn gan ei atebion ai peidio. Roedd y wên awgrymog wedi hen ddiflannu oddi ar ei wep. Yr hen drahauster hwnnw a welodd ben bore oedd amlycaf erbyn hyn. Ond o leiaf fe ddiolchodd iddo gyda'r hyn oedd yn ymylu ar ddiffuantrwydd. Ei wobr, mae'n siŵr, am fod mor agored wrtho ynghylch Pritchard a Nell.

Yn y swyddfa allanol hysbysodd Gordon y plisman a'i certiodd yno mai gwell fyddai ganddo gerdded am adref. Dyheai am ychydig o wynt y môr i'w ddeffro. Cerddodd yn frysiog ar hyd y prom heb edrych i'r aswy na'r dde, ond â'i lygaid wedi'u hoelio ar y palmant o'i flaen. Aeth drwy'r cwestiynau a ofynnwyd iddo gan Llywelyn. Ceisiai gofio ei atebion mor fanwl ag y medrai. Ac wrth bwyso a mesur fel hyn dechreuodd deimlo'n falch o'i berfformiad. Yr oedd wedi llwyddo heb unrhyw amheuaeth i daflunio'r delweddau priodol gerbron Llywelyn. Roedd wedi rhoi'r argraff mai llipryn diniwed oedd Ffred, a bod Brian, Rhian ac yntau yn hanner addoli Nell. Ac os oedd yr heddlu'n amau mai rhywun o blith cydnabod Nell oedd yn gyfrifol, wel o leiaf roedd o wedi gwneud yn siŵr y byddai'n rhaid iddyn nhw chwilio pac Ceiriog Pritchard a'i wraig yn o fanwl. A pha raid iddo fo boeni amdanyn nhw? Yr unig gwmwl du ar y gorwel oedd Rhian. Os oedd hi am agor ei cheg ynghylch y ffrae, mi fyddai'n rhaid iddi wynebu'r canlyniadau. Eto, a oedden nhw'n poeni gormod ar ei chownt hi? Pa bennaeth CID yn ei iawn bwyll fyddai'n dechrau amau merch un ar bymtheg oed o lindagu'i mam ar lwybr tywyll?

Gyda chalon drom aeth Brian ati i dynnu ornaments Nell allan o'r seidbord a'u rhoi'n ôl yn eu priod lefydd. Melin fach bres ffiaidd. Ar y silff ben tân yr oedd honno i fod. Yr hwyaden dsieni o Borth-cawl. Ar y bwrdd coffi ger y teledu y swatiai honno wrth ochr y model pridd o fwthyn Anne Hathaway. Ac wrth gwrs, y potiau a'r platiau a brynwyd yn Tunisia. Roedd y rheini fel rhyw frech ar hyd yr ystafell i gyd. Ac mor orlawn o atgofion oeddynt – yr haul crasboeth; y gerddi deiliog o amgylch y gwesty; traeth a ymestynnai i ben draw'r byd; Nell yn bloryn coch yng nghanol tywod melyn a hwrjiwrs y potiau pridd a'r rygiau yn tyrru o'i hamgylch; y cyplau blonegog o'r Almaen; Nell ar wastad ei chefn yn dal potyn neu blât at yr haul ac yn cyhoeddi'n groyw pa un o'r gwerthwyr yr oedd hi'n ei ffansïo… Edrychodd Brian o amgylch yr ystafell. Roedd pob dim yn ôl yn ei le rŵan, a phresenol-deb Nell yn drwm hyd y silffoedd ac ar y byrddau coffi unwaith eto. Chwarddodd Brian, a meddwl yn chwerw y gallai'n hawdd fod yn guradur amgueddfa – Amgueddfa Goffa Nelly Veronica Hughes. Er mwyn gyrru meddyliau mor wrthun o'i ben aeth i fyny'r grisiau i geisio dal pen rheswm hefo Rhian.

Yn ei llofft y bu Rhian oddi ar ymweliad Llywelyn ben bore, ac ni fentrodd neb ati i gynnig gair o gysur. Roedd yr encilio hwn yn beth digon naturiol ar un olwg; efallai mai ar ei phen ei hun y medrai ymgodymu orau ag ysgyt-wad mawr y noson cynt. Ond problem bum munud iddi fu dod i delerau â llofruddiaeth Nell. Nid galar a'i cadwodd yn ei chell. Ofn gorfod rhagrithio yr oedd hi.

Ofn gorfod cymryd arni, i lawr y grisiau o flaen y teulu, ac o flaen y plismyn, fod torcalon yn ei dirdynnu. Roedd rhywun wedi llindagu Nell. Roedd hithau wedi hen dderbyn hynny. I be, felly, yr âi hi ati i rincian dannedd o gwmpas y lle a ffugio galar? Dim hiraeth. Dim rhagrith. Roedd Nell wedi'i lladd, a hithau wedi hen dderbyn hynny. Dyna pam y gorweddai ar ei gwely mor ddidaro'r olwg yn darllen nofel ddiweddaraf Robin Morgan.

'Wel?' Rhoddodd Brian ei ben heibio'r drws.

'Wel be?' atebodd Rhian heb godi'i thrwyn o'i llyfr. Disgynnai ei gwallt brown yn donnau blêr hyd at ei hysgwyddau. Ryw ddiwrnod byddai hon yn hardd, meddyliodd Brian. Yn dwyn torcalon pa le bynnag yr elai. Trodd dudalen arall, a dal i syllu ar y llyfr o'i blaen. Ond gwyddai Brian yn iawn nad oedd hi'n darllen yr un sillaf.

'Meddwl 'sa'n well i ni ga'l gair. Am y plisman 'na.'

Cododd Rhian ei phen.

'Dipyn o bishyn, 'toedd?' meddai'n goeglyd.

'Ac yn dwpsyn hefyd,' atebodd Brian.

'Twpsyn? Ia, falla'i fod o.'

'Gwranda. Pan fydd o'n dy holi di, oeddan ni'n meddwl…'

'Ew, am lwcus dwi! 'Dach chi 'di bod yn poeni amdana i lawr grisia!'

'…Y ffrae fach efo Mam. Oeddan ni'n meddwl ma' deud dim fasa ora.'

'Y ffrae *fach*!' ebychodd Rhian yn flin. 'Blydi hel, Brian, mi nath hi hannar 'yn lladd i.'

'Dyna pam ma' isio i ni gau'n cega.'

'Ond pam yr holl ffys? Os na neith o ofyn fydd 'na'm problem.'

'Ond be os neith o?'

'Wel, deud y gwir. Sgin i'm byd i'w guddiad.'

'Mi fasa hynny'n beth gwirion. Ma' pawb yn gwbod ma' rhyw wallgofddyn nath hyn. Dyna 'di barn Llywelyn, fetia i di. Ond be os clywith o am y miri fuo yma? Falla y basa fo'n dechra'n hama ni. W'ti am i hynny ddigwydd?'

'Pam lai? Dydi o rioed yn ddigon hurt i feddwl bo' ni i gyd yn ei charu hi? Wel, do'n *i* ddim.'

'Rhian, paid â malu!'

'Ac oeddat *ti*, Brian? Oeddat *ti*'n ei charu hi?'

Llyncodd Brian ei boer.

'Wrth gwrs 'mod i,' meddai heb ronyn o argyhoeddiad yn ei lais. 'Oeddan ni i gyd yn ei charu hi. Y cwbwl 'dan ni'i isio ydi iddyn nhw'i ddal o. Mi fasa sôn am y ffrae yn eu camarwain nhw.'

'Camarwain? Ti'n un da i siarad. Hau'r syniad fod pob un wan jac ohonan ni'n meddwl y byd ohoni. Esu, os ydyn nhw'n ddigon gwirion i lyncu rwtsh fel'na, chân nhw byth bythoedd hyd iddo fo. A falla ma' dyna w'ti isio. Ond dallta hyn, tydw i ddim yn gêm. Os gofynnith o, mi geith o wbod y cwbwl. Dallt?'

'Fyddi di'n difaru.'

'Be? Ma'n nhw'n mynd i f'ama i, ydyn nhw? A finna 'di 'nghloi yn fa'ma, a Ffred yn gwatsiad lawr grisia. Clyfar iawn, Brian!'

Aeth Brian at y ffenestr, a chraffu am ychydig tua'r ardd.

'Mi fasa'n bosib dringo allan,' meddai.

'Dringo? Drwy ganol y rhosod? Mi fasa 'nwylo fi'n rhubana. Drycha. Weli di sgryffiniad arnyn nhw?'

Estynnodd ei dwylo tuag ato gan syllu'n heriol arno.

'Nid 'mod i heb feddwl am y peth,' ychwanegodd. 'Ond

ma' 'na broblem, 'toes? Sut 'swn i 'di dod 'nôl i fyny? Dringo fatha blydi mwnci? Mi fydda 'na ddiawl o olwg ar y rhosod wedyn. Drycha dy hun. Agora'r blydi ffenast. Tsiecia'n iawn.'

Ufuddhaodd Brian. Codai rhosod dringo Ffred mor raenus yr olwg ag erioed gydag ochr y tŷ. Doedd neb, mae'n amlwg, wedi ymyrryd â hwy. Caeodd y ffenestr a throi'n siomedig oddi wrthi. Ond wrth i'w lygaid daro ar y drws cafodd weledigaeth arall.

'Ond be am y goriad?'

'Pa oriad?' atebodd Rhian mewn penbleth. ''Di 'nghloi *mewn* o'n i, y twpsyn.'

Aeth Brian allan i ben y grisiau a thynnu'r allwedd allan o ddrws ystafell wely Ffred a Nell.

'Cowbois gododd y tŷ 'ma,' meddai. 'Ma'n ddigon hawdd agor pob un o'r cloeon. Neith unrhyw hen oriad y tro. Fetia i di.'

Gwthiodd yr allwedd i dwll clo ystafell Rhian a'i droi. Dim lwc. Ymdrechodd yr eildro, ac yna, o'r diwedd, ildiodd y clo.

'Be ddeudis i?' meddai gyda balchder.

'Y pen bach,' sgyrnygodd Rhian. 'Be ma' hynna'n ei brofi? O'n i 'di 'nghloi fa'ma. Ond, os ti'n deud, mi gerddis i fatha ysbryd drw'r drws. Bachu'r goriad o ddrws Nel. Dod 'nôl ac agor y drws. 'Tydw i'n uffernol o glyfar!'

'Ond falla fod gin ti oriad sbâr. Fasa neb ddim callach. 'Dan ni byth yn cloi drysa'r llofftydd. Faint sy 'na ers iddi dy gloi di i fewn ddwytha? Dwy flynadd? Bachu un o'i photeli sent hi nest ti'r adag honno. Ond erbyn neithiwr oeddat ti'n barod, 'doeddat? Oeddat ti 'di bachu goriada un o'r llofftydd erill a'i guddiad o yn dy lofft.'

'Profa hynny.'

'Fasa'r plismyn fawr o dro'n gneud. Mond studio'r clo'n fanwl. Sylwi ar y crafiada gwahanol ma' pob goriad yn ei adal.'

'Be? Ti am awgrymu hynny wrthyn nhw? Ond cofia hyn. Ma' 'na esboniad syml pam fod goriad stafell Nell wedi'i iwsio i agor 'y nrws i. W'ti newydd neud hynny rŵan.'

Syllodd Brian yn siomedig ar yr allwedd yn ei law cyn i Rhian achub y cyfle i roi halen ar y briw.

'Ti mor pathetig. Ti'n dallt hynny? Rŵan, ga i lonydd? Plîs?'

'Ond Rhian,' apeliodd Brian unwaith eto gan ddod ati ac eistedd ar erchwyn y gwely. 'Pam rhoi rheswm iddyn nhw dy ama di? Ydi deud y gwir amdanat ti a Mam werth y fath draffarth? Fyddi di'n gneud fawr o gymwynas hefo ninna, chwaith… nac hefo Nicholas Nyerere, a deud y gwir.'

Anesmwythodd Rhian. Mae'n amlwg nad oedd hi wedi meddwl o gwbl am ran Nicholas Nyerere yn hyn oll. Ystyriodd bethau am ychydig eiliadau. 'Wel, ella na ddeuda i ddim byd,' meddai ar hyd ei thin ymhen ychydig. 'Ond dydw i ddim am ddechra byw'ch celwydd chi.'

'Pa gelwydd?'

'Ein bod ni i gyd yn ei charu hi. Ein bod ni i gyd yn hapus, a hitha fatha rhyw chwaer fawr joli'n ein canol ni. Fetia i fod Gordon wrthi'r funud 'ma hefo Llywelyn yn malu'r un hen gachu. Ond peidiwch â gofyn i fi neud hynny hefyd.'

'Deud dim am y ffraeo nos Ferchar, dyna'r peth pwysig. A dim awgrym chwaith bo' chi'm yn cyd-dynnu weithia.'

'"Ddim yn cyd-dynnu." Neis iawn! Ond oedd hi'n codi

cyfog arna i, Brian. O'n i'n casáu ei gwep hi. A mi oeddat titha hefyd, a Gordon, 'toeddach?'

Cododd Brian oddi ar y gwely a'i nelu hi am y drws. Ond cyn iddo fedru ffoi cafodd ei herio'r eildro gan Rhian.

'Oeddat ti'n ei chasáu hi? Deuda'r gwir, Brian.'

Chafodd hi'r un ateb i'w chwestiwn. Ond sylwodd fod Brian wedi ymadael â'i hystafell yn llawer mwy gwelw nag y cyrhaeddodd. Chwarddodd. Rhoddodd ei llyfr o'r neilltu. Gorweddodd ar ei hyd ar y gwely er mwyn meddwl yn ofalus am yr holl fater.

PENNOD 11

BRIAN A RHIAN

Brian a Rhian oedd y rhai mwyaf deallus o blith yr
Huwsiaid. Daethai hynny'n gwbl amlwg i'r Uwch Arolyg-
ydd Eifion Llywelyn yn ystod eu cyfarfyddiad ben bore.
Yr oedd wedi sylwi ar y peth droeon o'r blaen. Doedd
arian na llwyddiant bydol yn gwneud fawr o wahaniaeth i'r
hen werin. Addysg oedd y drwg o hyd. Creai llwyddiant
addysgol raniadau a dieithrwch oddi mewn i deuluoedd;
ac yn ôl eu hosgo a'u hymarweddiad, roedd hi'n amlwg i
Llywelyn nad llathen o'r un brethyn yn union â gweddill y
teulu oedd Brian a Rhian bellach. Wrth gwrs, doedd
deallusrwydd ddim yn gyfystyr â chraffter, ac wrth bondro
am y llofruddiaeth, 'craffter' oedd y gair mawr ym meddwl
Llywelyn.

Efallai mai ar hap y lladdwyd Nelly Veronica Hughes.
Os felly, byddai dal y dihiryn yn hawlio amynedd, ac yn
fater o fwrw rhwyd yn ofalus i gefnfor eang. Ond roedd
hi'r un mor ddichonadwy fod y drosedd wedi'i chyn-
llunio'n ofalus, fod Nell wedi ei dewis o fwriad i ddioddef
ar law'r llofrudd, a bod rhywun wedi mynd ati o'r diwedd
i unioni hen gam. Ond ni waeth pa drywydd y byddai'n ei
ddilyn, yr un gynneddf oedd ei hangen arno: craffter. Ac
roedd Llywelyn, yn ei dyb ei hun, wedi ei gynysgaeddu â
dogn helaeth o graffter. Yn wir, daethai hefyd i'r casgliad
nad oedd y troseddwr diwyneb yr oedd yn ei ymlid yn
gwbl amddifad o'r cyfryw gynneddf, chwaith. Ie, craffter.

Nid un a fodlonai ar rwydo adar creim cyffredin oedd Llywelyn. Câi'r ploncars mewn iwnifform wneud gwaith diflas felly. Roedd wedi ei gyfareddu gan y syniad nad *chwilio* am lofrudd yn unig yr oedd, ond ymaflyd codwm yn ymenyddol ag ef. Ac ar ôl pwyso a mesur yn ofalus, prin, yn ei farn ef, fod gan unrhyw un o blith yr Huwsiaid y craffter angenrheidiol i'w herio yn y modd hwnnw.

Ie, Brian a Rhian oedd â'r mwyaf rhwng eu dwy glust. Doedd dim dwywaith ynghylch hynny. Ond roedd hi'n gystadleuaeth enbydus o wael. Digon gwir, ni allai wadu nad oedd rhywbeth ym mhen Brian, ond amheuai a oedd deunydd sgolor o'r iawn ryw ynddo. Cynnyrch diddrwg-didda addysg uwchradd yr oes hon oedd o, wedi'r cwbl. Ac roedd yn rhaid cydnabod hefyd mai tipyn o lipryn ydoedd. Edrychai'n iau na'i oedran, ac wrth sgrafellu o dan haen denau'i hunanhyder roedd hi'n amlwg ei fod o'n nerfau i gyd, yn gyw bach gwachul nad oedd erioed wedi mentro y tu hwnt i fuarth gwarchodol rhif 7. A oedd deunydd llofrudd yn y blewyn bach eiddil hwn a eisteddai mor ofnus yr olwg o'i flaen? Na. Roedd Llywelyn yn gwbl bendant ynghylch hynny. Mi fedrai bellach dynnu o leiaf un enw oddi ar restr y rhai a ddrwgdybid o ladd Nelly Veronica Hughes.

Wrth roi cyfrif o'i symudiadau y noson cynt, aeth Brian ati i ategu'r hyn yr oedd ei frawd eisoes wedi ei ddweud wrth Llywelyn.

'O'n i'n reit chwil. Heb arfar efo nosweithia fel'na. Ond dwi'n cofio, o'n i'n meddwl ei bod hi'n amsar mynd adra, a dyma Elfael...' Llyncodd ei boer yn galed, a cheisio cadw ei ddagrau'n ôl. 'A mi oedd Gordon yn mwynhau o'i hochor hi – '

'Ac yn y Rose and Crown y buo fo drwy'r adeg?' holodd Llywelyn.

'Esu, ia. Oedd o 'nghanol ei fêts. Finna ar goll braidd i ddechra. Debyg fod o 'di picio i'r tŷ bach. Ond yn y bar buo fo drw'r nos. Gofynnwch i'r criw.'

'A chithe?'

'Es inna ddim o'no chwaith. I'r tŷ bach, falla. Ond yn y bar o'n inna hefyd. Ma' 'na ddigon o dystion.'

Fel ei frawd, gwadodd Brian yn llwyr fod unrhyw annifyr-rwch neu ffraeo wedi bod yn rhif 7 yn ystod y dyddiau cyn y llofruddiaeth. Ond yr oedd yntau hefyd, fel Gordon, yn barod i sôn am fflyrtian ysbeidiol Nell. Doedd ei siarad agored am y pwnc ddim yn annisgwyl. Cyn iddo gael ei alw i'r stesion yr oedd Gordon wedi cael cyfle i sôn yn fanwl wrtho am ei brofiadau yng nghwmni Llywelyn. Er hynny, ar seiliau ychydig yn wahanol yr aeth Brian ati i gyfiawn-hau ymddygiad ei fam.

'Ma'r byd 'di newid, 'tydi?' meddai gyda holl bendant-rwydd hogyn deunaw oed. 'Ma' peth fel'na'n gyffredin erbyn hyn, a hen ragrith yr oes o'r blaen 'di mynd.'

Yr hen ragrith wedi cilio'n llwyr? Yn Aberedwy? Prin, meddai Llywelyn rhyngddo a'i hunan. Efallai fod hen werin y graith a gwlad y menig gwynion wedi hen ddarfod amdanynt, ond roedd rhywbeth gwydn ynglŷn â'u rhagrith. Llechai o hyd, fel yr hen Feiblau a'r treseli, yn stadau preifat rhai o'r mân drefi. A ph'run bynnag, beth wyddai'r llipryn ymhongar hwn am na chnawd na rhagrith nac oes o'r blaen?

Nid aeth Brian ati i delynegu mor frwd â'i frawd ynghylch Nell, nac i greu darlun rhy wyngalchog ohoni. Cytunasai'r ddau y byddai clod eithafol yn debygol o godi amheuon.

Ond clodforus oedd y cywair, serch hynny.

'W'chi, chafodd hi rioed lawar o addysg,' meddai gyda chynildeb syfrdanol. 'Fydda hi byth yn darllan ac ati. Un o genod y werin oedd hi. Ella y basa rhei'n ei galw hi'n goman.' (Roedd hwn yn sylw cyrhaeddgar. A sidetrwydd y mans yn ei waed o hyd, wrth gwrs y byddai Llywelyn yn ei hystyried yn gomon.) 'Ond halan y ddaear oedd hi'n y bôn. Oedd hi'n dallt pobol i'r dim. A fydda neb byth hefo'i ben yn ei blu yn ei chwmni hi.' Yna chwiliodd am un frawddeg arall i gyfleu arwyddocâd bywyd ei ddiweddar annwyl fam. 'Oedd hi'r math o fam sy'n dylanwadu ar eich holl fywyd chi. Fydd hi'n rhan ohona i am byth.'

Gwir y gair.

*   *   *

Buan y darganfu Llywelyn fod Rhian Hughes yn un wahanol iawn i'w brawd. Oedd, ar lawer cyfrif, roedd hi'n fwy anaeddfed nag ef. Ac eto roedd rhywbeth rhyfeddol o wydn a hunanfeddiannol yn ei chylch. Dim ond rhyw unwaith neu ddwy y llwyddodd Llywelyn i'w hanesmwytho. Anodd drybeilig oedd ymglywed â'i galar, ac ni chaed unrhyw awgrym o ddagrau fel y bu yn achos Gordon a Brian. Gyda sobrwydd digon sychlyd yr atebodd gwestiynau Llywelyn.

'Sut un oedd hi? Wel… ym… doedd hi'm yn swil. Oedd hi'n hwyliog. Yn uchal ei chloch weithia. Dim byd yn soffistigedig yn ei chylch. Oedd hi'n wahanol. Oedd. Yn wahanol i lot o famau.'

'Ac oeddech chi'ch dwy'n cyd-dynnu?'

'Oeddan, cystal â'r disgwl. 'Blaw am yr un hen broblem. 'Dach chi'n gwbod fel ma' mamau.'

'Yr un hen broblem?'

'Ia. Y busnas tyfu 'ma. Eu genod bach nhw'n sydyn yn genod mawr. Gormod o fêcyp. Dillad rhy fentrus. Oedd hi'n cega o hyd am betha felly. Hen beth cas ydi o iddyn nhw. Gweld 'u hunan yn mynd yn hen a ballu.'

'A fuo 'ne stormydd gwaeth?'

'Na. Mond dillad a mêcyp. 'Run hen diwn gron.'

'Ac mi oedd edrych yn ifanc yn bwysig iddi hi? Oedd hi am i ddynion… gymryd ffansi ati?'

'Oedd, debyg. Ma' pawb 'run fath. 'Dach chi'n licio gweld genod yn syllu arnach chi?'

'Am eich mam o'n i'n sôn.'

'Ond fasach *chi*'n licio i genod feddwl ma' hasbîn ydach chi? – '

Y jolpen fach ddigywilydd, meddyliodd Llywelyn. Bydd-ai'n dda ganddo fod wedi rhoi clusten iawn iddi. Plant yr oes hon. Dyn annwyl, beth fyddai hanes cymdeithas pan fyddai'r rhain yn dod i oed?

' – A mi oedd hi'n gwbod sut i'w bachu nhw hefyd. Nid bod hynny 'di gneud drwg i neb. Fuo 'nhad ddigon hapus drw'r cwbwl.'

'Oedd o'n gwbod?'

'Na. Sylwodd o rioed.'

'Ond mi oedd y peth yn amlwg i bawb arall.'

'Oedd. Ond doedd o ddim ar dudalenna blaen y *Sun* a'r *Star*, chwaith. Cofiwch, ma'n syndod na fasa fo 'di holi mwy. Am Ceiriog Pritchard, a'r boi drws nesa. Sglyfath ydi hwnnw. Ei ll'gada fo'n bob man.'

'Ond mi rydech chi'n bendant nad oedd eich tad yn ame dim.'

Oedodd Rhian cyn ateb. Pam y dylai hi, meddyliodd,

ateb y cwestiwn hwn ar ei ben, a rhoi rheswm i Llywelyn gredu bod Ffred yn gwbl ddieuog? Pam y dylai hi achub cam unrhyw un o'r teulu? Doedd Ffred, Gordon na Brian erioed wedi codi bys bach i'w hamddiffyn hi.

'Nath o rioed gymryd arno ei fod o'n gwbod,' oedd ei hateb gochelgar. 'Dyna dwi'n ei ddeud.'

Ond roedd Llywelyn, erbyn hyn, wedi colli pob diddordeb yn Ffred. Roedd Ffred hefyd yn ddieuog yn ei olwg. Roedd Ffred yn rhy dwp i fod yn llofrudd. Nid bod Rhian am gael mynd. Na, roedd ganddo un neu ddau o gwestiynau bach diddorol i'w gofyn iddi hi o hyd.

'Dwi'n gweld fod 'ne glais bach o dan eich llyged chwith chi.'

'Oes 'na?' atebodd Rhian yn ddifater gan ei gyffwrdd â'i llaw.

'Fuo 'ne... ffraeo o gwbwl?'

'Argol fawr, na! Be sy'n gneud i chi feddwl hynny? O'n i'n y bathrwm yn estyn am y past dannadd. Godis i 'mhen yn rhy sydyn. Wac! Yn erbyn y cwpwr molchi! Esu, o'n i'n gweld sêr.' Chwarddodd Rhian cyn ychwanegu, 'Ddeudis i wrthyn nhw'n 'rysgol 'mod i 'di bod yn cwffio hefo Mam! Uffar o un dda, yntê?'

Teimlai Llywelyn y rhwystredigaeth yn glymau yn ei stumog. Mi wyddai mai taflu llwch i'w lygad yr oedd. Yr hulpen fach benstiff, meddyliodd. Châi hi ddim ymadael â'r stafell hon heb iddo fo gael cyfle i dorri'i chrib yn gyntaf.

'Rŵan, pan gafodd eich tad y newyddion ofnadwy neithiwr, dwi'n dallt eich bod chi'n eich llofft. Fuoch chi yno gydol y min nos?'

'Do. Oedd gen i waith cartra. Traethawd Cymraeg.'

'Ac mi gymrodd hynny noson gyfan? Aethoch chi ddim i lawr am baned neu damed i' fyta? Oedd 'ne rwbeth ar y teledu? Be am y gyfres ddrama newydd ar S4C?'

'Teledu!' ebychodd Rhian yn llawn sbeit. 'Hen bobol sy'n gwatsiad S4C.'

'Ac mi ddaeth eich tad i fyny i dorri'r newydd. Pam na fase fo 'di galw arnoch chi o waelod y grisie? Ma' hynny braidd yn od, 'tydi?'

'Yn od? Pam? Doedd o ddim am i mi ga'l clywad o flaen yr holl blismyn 'na, siŵr Dduw. Dydi o'm yn gwbwl dwp, w'chi.'

Er holi a stilio am rai munudau ymhellach, ni chafodd Eifion Llywelyn yn y diwedd y boddhad o dorri crib Rhian. Parhâi'r hyn a achosodd y clais yn ddirgelwch o hyd iddo. Ond ar ôl iddi fynd, daliai i geisio'i berswadio'i hun mai merch braidd yn anaeddfed heb ronyn o wir graffter oedd Rhian Auronwy Hughes. Llywelyn druan. Doedd o erioed, rywsut, wedi medru ymgodymu â merched a oedd yn barod i droi tu min tuag ato.

* * *

Ar gyrion Caeremrys, ymysg llawfeddygon a chyfreithwyr tagellog, y trigai'r Uwch Arolygydd Eifion Llywelyn. Pan brynodd y tŷ i ddechrau bu cryn godi aeliau ymhlith ei gyd-weithwyr, ond gwyddai Eifion y deuai dyrchafiadau i'w ran yn y man, ynghyd â chyflog mwy cymesur â'i forgais. Aeth i gryn draul hefyd wrth atgyweirio'r honglad tŷ, a threuliodd Sadyrnau a Suliau dirifedi'n ceisio cael trefn ar y gerddi. Erbyn hyn roedd y lawntiau'n Diwtonaidd o drefnus, yn orlas gan wrtaith, a tharmac du dreif lydan yn nadreddu'n loyw drwy eu canol. Gofalodd Eurgain, ei wraig, fod graen cyffelyb y tu mewn i'r tŷ. Eifion a ddewisodd y carpedi, ond ei dewis hi oedd y soffâu (o Leekes), y llenni Laura Ashley a'r unedau cegin Elizabeth Ann. Do, bu Eifion yn eithriadol ffodus. Cafodd wraig dda (ys dywedir). Unig nod Eurgain mewn bywyd oedd bod yn ddrych i'w ogoniant, bod yn ffynhonnell cysur a diddanwch iddo, golchi a smwddio'i grysau a'i ddillad isa, hwfro, dystio, magu'r plant (Guto a Lleucu), paratoi ei frechdanau ben bore, a phan awgrymai Eifion hynny, paratoi chwip o bryd bwyd ar gyfer gwesteion dethol (*Pollo Alla Valdostana* fyddai'r *pièce de résistance* fynychaf, a thros y blynyddoedd llwyddodd ei 'phwdin bara mam-gu' i dynnu dŵr o ddannedd sawl un o wyrda dylanwadol y sir).

Pan gyrhaeddodd Eifion adref y noson honno roedd hi'n tynnu am wyth. Y peth cyntaf a wnaeth oedd mynd i fyny'r grisiau a rhoi cusan i'r plant. Yna cafodd gaserol blasus, a tharten afal gyda mymryn o hufen iâ cartref yn bwdin. Erbyn naw roedd wedi encilio i'r lolfa a thywallt gwydryn o frandi iddo'i hunan. Gwyddai, wrth gwrs, na fyddai llofruddiaeth yng nghyrrau eithaf Cymru yn debygol o gael sylw ar y newyddion cenedlaethol am naw, ond fe gafodd y pleser amheuthun o weld ei wep ei hun ar y bwletin o Gymru a'i dilynodd. Roedd y cyfweliad a wnaethai yn ystod y bore wedi'i olygu'n llym, ond teimlai'n eithaf bodlon, serch hynny. Roedd ei ystum a'r ychydig frawddegau o'i eiddo a oedd wedi'u cadw, yn llwyddo i gyfleu i'r dim y ddelwedd soffistigedig y bu'n ei meithrin gyhyd. Ac roedd graen ar ei Saesneg hefyd. Meddyliodd am ei fam druan. O, byddai Maisie Llywelyn yn falch iawn iawn o'i Saesneg caboledig. Ar ôl rhoi'r llestri swper yn y peiriant golchi, a tharo cadach persawrus dros y stof, y bwrdd a'r unedau cegin, daeth Eurgain ato, a swatio'n braf wrth ei ochr ar y soffa chesterfield.

'Siwd a'th pethe yn Aberedwy?' holodd.

'Dim byd syfrdanol. Ond achos digon dadlennol. Gwraig ganol oed. Dipyn o hen geg. Un o Sir Gaernarfon yn wreiddiol, ac un braidd yn... wel... braidd yn dinboeth.'

Gwenodd Llywelyn yn ymddiheurol. Gwyddai'n iawn fod Eurgain yn casáu clywed siarad bras ar yr aelwyd. Ond ar ôl y straeon a glywsai o enau ei phlant ei hun, sut arall y gallai ddisgrifio Nelly Veronica Hughes?

'A'r cymhelliad?' holodd Eurgain ymhellach.

'Dialedd personol, neu fwrdwr yn sgil lladrad.'

'O'dd arian wedi'i ddwgyd?'

'Wyddon ni ddim. Ond mi oedd hi'n hoff o dorri cyt. Falle fod hynny 'di rhoi'r syniad ym mhen ryw ffŵl y bydde'n werth dwyn oddi arni.'

'A'i llofruddio?'

'Wel, ma' rhai o'r llafne ifinc 'ma mor wallgo. Mi ddechreuan' guro rhywun, a jyst dal ati.'

'A dyna ddigwyddodd?'

'Falle. Falle wir. A ma' hynny'n rhwystredig. Y cwbwl fedrwn ni'i neud ydi disgwl iddo fo daro eto.'

Anadlodd Llywelyn yn ddwfn. Gafaelodd yn y gwydryn oedd o'i flaen ar y bwrdd coffi. Troellodd y brandi ynddo am ychydig eiliadau cyn sipian yn gynnil ohono.

'Wrth gwrs,' ychwanegodd yn ymddangosiadol ddoeth, 'ma' 'ne bob math o bosibiliade. 'Taet ti 'di gweld y corff! Dipyn o fadam, ddeudwn i. Gwallt 'di'i lifo. Ei gwyneb hi'n golur trwchus. A'r farnish ar ewinedd y bysedd a'r traed yn ddigon i ddallu rhywun. Ac mi wydde sut i ddenu'r dynion. Wyddon ni am un yn bendant. A falle bod mwy.'

'O, 'na haden,' ebychodd Eurgain yn anesmwyth i gyd.

'A synnwn i ddim nad oedd rhai o'r cymdogion am ei gwaed hi. Oedd hyd yn oed ei merch yn cyfadde'i bod hi'n uchel ei chloch.'

'A'r teulu; siwd deip y'n nhw?'

'Y tad yn arddwr ym mharc y dre. Dipyn o lo cors. Y mab hyna'n borthor yn y coleg a'r ddau arall yn yr ysgol. A bob un ohonyn nhw o dan ei bawd hi.'

'Smo ti'n 'u hame nhw felly?'

Un dda oedd Eurgain am ddilyn trywydd ei feddwl, a dweud, yn reddfol bron, yr hyn yr oedd Llywelyn am ei glywed. Un dda oedd Eurgain am gadarnhau ei ddamcaniaethau a dod yn ddieithriad i'r un casgliadau ag ef. Fyddai hi byth yn tynnu'n groes. Byth yn anghytuno. Yn wir, wrth borthi'n ddiniwed fel hyn bu'n gyfrannog yn y llond dwrn o gyhuddiadau ar gam yr oedd Llywelyn eisoes wedi bod yn gysylltiedig â hwy yn ystod ei yrfa.

'Na. Dwn i'm yn iawn be ydi o, ond ma' 'ngreddf i'n deud "Na". Ma'n nhw i gyd mor ddi-glem rywsut. Anodd dychmygu'r un ohonyn nhw'n llofruddio neb. Ac ar ben hynny ma' 'na *alibi* o fath gynnyn nhw i gyd.'

Wrth grybwyll y gair *alibi*, cofiodd Llywelyn yn sydyn am un peth nad oedd wedi'i ofyn i Ffred. Y rhaglenni teledu yr honnodd yr oedd wedi eu gwylio rhwng hanner awr wedi wyth a deg – mi ddylai fod wedi'i holi'n fanwl yn eu cylch cyn i'r ewach bach gael cyfle i siarad â gweddill y teulu. Ond pa waeth am hynny bellach? Doedd Ffred Hughes byth bythoedd yn llofrudd.

'Wel,' ebe Eurgain. 'Wedwn i'i fod e'n achos digon atgas.'

'Ydi, mae o,' atebodd Llywelyn. 'A mae o'n gychwyn. Y mwrdwr go-iawn cynta i fod yn llwyr dan 'y ngofal i. Plesio'r Chief. Dod â'r cwbwl i fwcwl yn sydyn. Dyna'r gamp rŵan.'

Trodd Eurgain tuag ato. Syllodd yn gariadus i fyw ei lygaid a mwytho'i farf. Roedd rhywbeth ynglŷn â'i drem hyderus a oedd yn ddieithriad yn gwneud iddi deimlo'n gynnes braf. Eurgain druan. Y Chief druan. Ni sylwasant erioed fod yna hefyd rywfaint o ddiglemdod o dan yr hyder.

PENNOD 12

FFRINDIAU A CHYMDOGION

Druan o'r rhai hynny a lofruddir. Ni chânt yn eu harch barch. Daw'r heddlu i holi hen gwestiynau cas am eu gor-ffennol ac i dyrchu hyd at berfeddion tywyllaf eu bod. Druan o'u teuluoedd. Bydd chwilio dyfal i'w pac hwythau hefyd. A druan o gydnabod a chymdogion. Dipyn o niwsans yw llofruddiaeth. Yn ei sgil daw craciau a orchuddiwyd ers hir flynyddoedd i'r golwg. Bydd matiau'n cael eu codi gan ddatguddio hen hen lwch y ceisiwyd anghofio amdano.

Y tu ôl i lenni trymion y tai, ar yr heolydd coediog, dros wrych ambell ardd gefn, ymateb cyntaf trigolion Awel y Môr i lofruddiaeth Nell oedd arswyd ac anghrediniaeth.

''Na ofnadw!' – 'Anodd credu'r peth!'– 'Dduw mawr, ar stepen ein drws fel hyn!'

Roedd y sioc a fynegwyd i'w ddisgwyl. Dyw pobl byth yn disgwyl mwrdwr yn eu hardal fach hwy, oni bai fod honno'n un o faestrefi De Affrica neu'n rhodfa i bedlerwyr cyffuriau Lerpwl. 'Ofnadw, ofnadw' – brithai'r ansoddair hwnnw bob sgwrs. Ond roedd rhywbeth rhyfeddol ynghylch goslef pawb wrth ei ynganu. Gellid ymglywed â'u syfrdan-dod a'u sioc, ond prin oedd y dicter a'r tosturi a gyfleid gan y gair. Ar ôl derbyn y gwir creulon fod rhywun wedi'i lofruddio ar eu stad fach hwy, doedd cael ar ddeall mai Nell a laddwyd ddim yn gwbl annisgwyl rywsut.

Ar ôl i'r newyddion ledaenu bu'n rhaid i'r trigolion geisio ymgodymu ag un o oblygiadau'r llofruddiaeth. Sut, bellach, y dylent ymagweddu tuag at deulu rhif 7? Yn fwy pwysig fyth, beth ddywedai rhywun wrthynt pe digwyddai iddo ddod wyneb yn wyneb â hwy ar y stryd? ''Na brofiad iddyn *nhw*.' Adleisiwyd y farn honno mewn sawl sgwrs fel petai'r llindagu erchyll heb achosi fawr o boen i Nell ei hun. Eto, doedd cydymdeimlad pobl â'r Huwsiaid ddim fel petai'n ffrydio o'r galon, a dim ond yn gyhoeddus mewn gwirionedd yr arddelid yr esboniad mai lladrad oedd cymhelliad y llofrudd. Y tu ôl i ddrysau caeedig roedd hi'n hawdd iawn hel meddyliau. Os nad lleidr a lindagodd Nell, pwy felly oedd yn gyfrifol?

Daliwyd rhai o'r trigolion, ac wrth ddod wyneb yn wyneb â'r Huwsiaid, mwmial ychydig eiriau o gyd-ymdeimlad yn frysiog a sefyll hyd braich oddi wrthynt oedd y dacteg yn ddi-ffael; mwmial cyn rhuthro i ffwrdd. Roedd y nerfusrwydd hwnnw'n amlycach byth ar ôl i'r Uwch Arolygydd Eifion Llywelyn a'i dîm lanio fel locustiaid yn Awel y Môr a dechrau holi o ddifri yn eu plith. Be wyddoch chi am Nelly Veronica Hughes? Fuoch chi rioed yn ymwneud â hi mewn unrhyw fodd? Be wyddoch chi am yr Huwsiaid? Roedd y sioe gwestiynau hon, wrth symud o dŷ i dŷ, yn creu cyffro diamheuol, a phawb ar binnau yn disgwyl yn eiddgar am y gnoc ar eu drws. Ond eto, doedd sylw o'r fath ddim yn gweddu i stad dawel fel Awel y Môr, a cheisiai'r rhan fwyaf gymryd arnynt fod y profiad o gael eu holi'n drwyadl fel hyn yn stwmp annifyr ar eu stumogau. O dipyn i beth dechreuodd agweddau galedu. Onid dieithriaid anghydryw oedd yr Huwsiaid yn eu plith? Oni ddywedwyd o'r cychwyn cyntaf fod rhyw-beth rhyfedd ynghylch y teulu?

*　　*　　*

Fore Sadwrn aeth Gordon Hughes allan am ychydig o
awyr iach. Ar stryd fawr Aberedwy daeth wyneb yn
wyneb â Delyth Prydderch. Roedd hynny cyn i'r cydym-
deimlad greddfol cyntaf hwnnw â'r teulu lwyr gilio. Wrth
gwrs, doedd dim disgwyl i Delyth Prydderch ymateb fel
cloc tywydd i deimladau cyffredinol ei chymdogion. Enaid
ar wahân oedd hi; un a oedd, yn feunyddiol, yn dal i
geisio ymgodymu â'i phrofedigaeth chwerw ei hun. Eto, o
weld Gordon, ni wyddai hithau'n iawn sut i ymateb, a
doedd dim amdani ond llechu y tu ôl i hen ystrydebau.

'O'dd yn ddrwg 'da fi glywed,' meddai. 'O'dd e'n sioc,
ma'n siŵr.'

'Oedd. Uffernol,' atebodd Gordon. (Am ragrith! medd-
yliodd. Am gelwydd!) 'Mam o bawb. Ac yn Aberedwy o
bob man. Uffar o beth ydi o.'

'Ie,' meddai Delyth Prydderch. (Am ragrith! Am gel-
wydd! meddyliodd hithau hefyd.)

'Wn i fod 'na ffrae fach 'di bod rhyngthach chi – '

'O, dim byd o bwys. Dŵr dan y bont yw 'ny nawr.'

' – Oedd hi'n gwylltio amball un. Dwi'n gwbod hynny.
Ond am ei bod hi mor llawn bywyd oedd hynny. Doedd
na'm stop arni. A rŵan ma'r cwbwl 'di mynd.'

Yng nghwmni Delyth Prydderch roedd Gordon yn
benderfynol o beidio â rhoi'r argraff ei fod yn edmygu'i
fam yn gibddall o ddiniwed. I'r diawl â Llywelyn a'i
ymchwiliad. I'r diawl â'r ddelwedd ohono'i hun y
llwyddodd i'w chyfleu o flaen y cwd hwnnw. Doedd o
ddim am iddi *hi* o bawb ystyried mai llipryn di-asgwrn-
cefn a fu'n eilunaddoli Nell ar hyd ei oes ydoedd. I'r

diawl â'r teulu bach clòs cytûn!

Ond doedd gan Delyth, mae'n amlwg, ddim diddordeb.

'A ma' fe gymaint gwaeth i *chi*,' ychwanegodd. 'Chithe'n deulu mor agos.'

Damia hi! Damia hi! meddyliodd Gordon. Doedd dim amdani ond rhoi cynnig cynnil arall ar bylu'r ddelwedd.

'Dwn i'm,' meddai. 'Ma' pob teulu 'run fath yn y bôn. Oeddan ni'n ffraeo fel pawb arall. Fel cŵn a chathod weithia. Ond ddeuda i hyn. Doedd hi byth yn busnesu gormod yn ein petha ni.'

'O?' meddai Delyth Prydderch fel petai hi'n dechrau gwrando o'r diwedd ar yr hyn yr oedd yn ei ddweud.

'W'chi, petha personol. Cariadon ac ati – '

Crychodd Delyth Prydderch ei thalcen, gan awgrymu fod yn anodd ganddi gredu hynny. Roedd yn amlwg fod y ffrae rhyngddi a Nell yn gleisiau byw yn ei chof o hyd. Gwenodd Gordon arni. Petai hi ond yn gwybod y gwir, meddyliodd. Petai ond yn gallu dweud yn blaen wrthi mor rhyfeddol o debyg oedd barn y ddau ohonynt am ei fam. Ond ystrydeb a lithrodd oddi ar ei dafod.

' – Nefoedd, fydd Awel y Môr yn lle rhyfadd hebddi.'

'Bydd,' atebodd Delyth yn bendant. Roedd hynny'n sicr yn rhywbeth y gallai gytuno'n frwd ag o. Beth bynnag oedd barn rhywun am Nell, doedd dim dwywaith na fyddai Awel y Môr yn lle sobr o wahanol hebddi.

'A be newch chi nawr?' holodd Delyth.

'Ei neud?'

'Ie, be newch chi ar ôl hyn i gyd? Madel â'r lle 'ma?'

Roedd cwestiwn Delyth yn un annisgwyl. Sylweddolodd Gordon nad oedd eto wedi meddwl o gwbl am faterion o'r fath. Nid diwedd pennod yn ei hanes yn unig oedd marwolaeth Nell, ond dechrau un newydd hefyd. Ac wrth i Delyth Prydderch ei orfodi i ddechrau ymgodymu â'r ffaith honno aeth yn anesmwyth drwyddo.

'Madal?... Na,' meddai'n betrus. 'Na,' meddai drachefn gyda llawer mwy o bendantrwydd. 'Mi ddaliwn ati, ora medrwn ni. Ond mi gymrith amsar.'

'Amser, wedsoch chi? O, fydd e'n cymryd amser... hyd dragwyddoldeb.'

Nid ar y nodyn chwithig hwn yr oedd Gordon wedi gobeithio y deuai ei ymgom â Delyth Prydderch i ben. Roedd ei gweld yn uniaethu ei brofedigaeth ef â'i cholled enbyd hi yn ddigon i godi pwys arno. Y llipryn diniwed na welodd erioed y craciau hagr yng nghymeriad Nell. Mab annwyl ei fam yn galaru beunydd beunos ar ei hôl. Ai cymeriad pathetig felly fyddai o am byth yng ngolwg Delyth Prydderch?

*   *   *

Ar stad Awel y Môr cafodd Miss Marian Harris – y wreigdda y bu ei phedreiniau urddasol yn destun y fath wawd creulon i Nell rai dyddiau ynghynt – gyfle i dalu'r pwyth yn ôl. Nid digon ganddi oedd ateb cwestiynau'r Uwch Arolygydd Llywelyn ar garreg y drws; fe'i tywysodd i'r tŷ 'i gael gwydryn bach o sieri'. Ynghanol sidetrwydd y parlwr, o flaen hen luniau ohoni ei hun yng ngwersylloedd yr Urdd cyn y rhyfel, ac yng nghwmni Syr Ifan ab Owen Edwards ar fordeithiau'r tridegau, aeth ati'n ddiymdroi i fanylu am yr Huwsiaid. Eisteddai Llywelyn gyferbyn â hi, a hithau'n ffys a stumiau i gyd wrth i'r manylion lifo'n ddigymell oddi ar ei thafod. Weithiau, byddai'n gwyro tuag ato ac yn sibrwd, fel petaent yn rhannu cyfrinachau mawr. Nid gweddus i brifathrawes wedi riteirio draethu'n rhy uchel am rai agweddau ar fywyd Nell.

'Druan o Ffred Hughes,' meddai. 'Ond bachan gwan o'dd e. Chwerthinllyd o wan. Sneb yn parchu'r siort 'na. Smo chi'n cytuno?'

Amneidiodd Llywelyn arni.

'A 'na'r dirgelwch mawr,' ychwanegodd.

'O?'

'Wel, y fath newid! Ma' fe fel dyn gwahanol ar ôl iddi farw. Wedi dod mas o'i gragen. Chi'n credu fod e'n teimlo rhyddhad?'

'Effaith y sioc ydi o, Miss Harris,' atebodd Llywelyn. 'Peth eitha cyffredin. Ond pharith o ddim yn hir.'

'Eitha gwir. Fydd e ofan ei gysgod eto whap. A ma'r teip 'na wastad 'run peth – moyn rhywun cryf i lywio'u bywyde nhw. Jiw, falle mai ailbriodi fydd ei hanes e. Un arall yn gwmws fel y *gynta*. Pŵr dab. Ond nage fe o'dd yr unig ddyn yn ei bywyd hi.'

'Wrth gwrs – '

'O! Chi'n gwbod ishiws. Shwt? Y teulu? Y bechgyn? Gordon wedodd, ife? Sylweddoli y bydde'r stori'n siŵr o ddod mas. Wel, weda i hyn ta beth. Ma' golwg yr ange arno fe Pritchard. A ma' sôn ei fod e am ymddeol yn gynnar a phrynu tŷ yn Colwyn Bay. Ond chi 'di siarad 'da fe ishiws, ma'n siŵr.'

'Do, ar y ffôn. Ond mi ga' i gyfle i gael gair pellach hefo fo.'

'Wel, holwch e am y teledu lliw a'r peiriant fideo yn rhif 7. Halodd e arian mowr arni hi. Wedodd rhywun bo' nhw am ga'l car. A nage Ffred Hughes o'dd yn mynd i dalu amdano fe, coeliwch chi fi. Halon *nhw* 'u harian ar brynu Gordon mas o'r fyddin.'

'Oedd 'ne ddynion erill, Miss Harris?'

''Sa i'n rhy siŵr. Ond synnen i ddim. 'Na i chi Ronald Parry, y bachan drws nesa. Symudodd e 'ma o Gaeremrys obeutu blwyddyn 'nôl. Ma' straeon rhyfedda amdano fe. A Nicholas Nyerere. O'dd e'n ei chwmni hi'n aml yn y Rose and Crown. Trueni am 'ny.'

'Nicholas Ny– ?'

'Ie, Nicholas Nyerere. Bachan o Tanzania.' Ac wrth i Miss Harris ddechrau traethu amdano, sgubodd ton o sentimentaleiddiwch Urddaidd drosti a daeth rhyw sŵn nawddoglyd i'w llais. 'O, mae e'n fachan rhyfeddol. Sgolor *first-rate*. Ac wedi gwneud siwd ymdrech i ddysgu Cymraeg. Ma'r peth yn wyrthiol – bachan o Tanzania'n arbenigo ar yr hen farddoniaeth. Meddyliwch am y peth! Ond trueni fod e'n hala siwd gymaint o amser yn y Rose and Crown. Ma' pob siort yn mynd 'no.'

'Diddorol! Ronald Parry a Nicholas Nyerere,' meddai Llywelyn yn werthfawrogol cyn sgriblo'r ddau enw yn ei lyfr nodiadau. 'Dene'r cariadon. Ond be am elynion? Oedd 'ne rywun yn Awel y Môr â rheswm i'w chasáu hi?'

'Wel, doedd hi ddim yn boblogaidd. Sdim dowt am 'ny.' Ac yna dechreuodd Miss Harris anesmwytho drwyddi wrth gofio am y modd creulon y'i gwatwarwyd gan Nell. 'A phan o'dd hi'n grac, wel, o'dd pawb yn diengyd o'i ffordd hi. 'Wy'n gwbod bo' hi 'di cweryla 'da Mrs Creirwy Davies chydig ddyddie'n ôl.'

'Be? Ffrae go iawn?'

'Ie. Wedodd Mrs Davies ei hunan wrtho' i. Ond o'dd hi'n pallu dweud pam.'

167

'Oedd 'ne fwy o elynion?'

Oedodd Miss Harris cyn ateb. Roedd y peth wedi bod ar ei meddwl er pan glywodd gyntaf am y llofruddiaeth. Oedd hi am fentro? Oedd, debyg iawn. 'Wel, beth am y teulu?' awgrymodd yn gynnil. Ond ni lyncodd Llywelyn ei habwyd. Mi wyddai hen ddigon am yr Huwsiaid yn barod, ac yr oedd ganddo hefyd ei farn bendant amdanynt.

'Dwi 'di gweld y teulu'n barod,' meddai. 'Ond deudwch fwy am y cymdogion.'

Ail-lanwodd Miss Harris ei wydryn. Aeth ati wedyn i roi llinyn mesur ar bob un o'i chymdogion gan draethu â manylder cyfewin am droeon diddorol bywyd yn Awel y Môr. Yr oedd un peth bach, serch hynny, wedi mynd â'r mymryn lleiaf o wynt o'i hwyliau. 'Na drueni, meddyliai wrth draethu, na chawsai glywed gan Llywelyn beth oedd barn yr heddlu am yr Huwsiaid. Ond wnâi hi ddim gadael i hynny adael blas drwg yn ei cheg. Cawsai fore wrth fodd ei chalon. Roedd gweld Llywelyn o'i blaen, yn gwrando'n astud arni ac yn cofnodi ambell bwt, yn gyrru iasau o bleser i lawr ei meingefn. A'r ffaith ei fod o wedi derbyn ail wydryn o sieri! Wel, roedd hynny'n goron ar y cyfan. Doedd Llywelyn chwaith ddim yn difaru iddo dreulio cymaint o amser yn ei chwmni hithau. Ni fyddai wedi cael darlun manylach o drigolion Awel y Môr hyd yn oed petai ei gyd-weithwyr yn Llundain gynt wedi sleifio'n llechwraidd drwy'r tai gan adael gêr clustfeinio ymhob twll a chornel.

*   *   *

Yn rhif 6 roedd Ronald Parry mewn cyfyng-gyngor, a golwg lwyd a churedig arno. Heddiw eto doedd ganddo fawr o awydd cinio, ac i lawr y sinc y twalltwyd y rhan fwyaf o'r cawl tomato a fu'n araf oeri yn y bowlen o'i flaen. Roedd hi'n anodd magu plwc. Yn haws o lawer stwnsian o gwmpas y tŷ yn meddwl am y peth. Ond byddai'n rhaid iddo fynd draw i egluro cyn iddi fod yn rhy hwyr. Nawr neu ddim! meddyliodd. Cododd ac estyn ei siaced ledr. Ie, nawr neu ddim! Ymwrolodd. Aeth allan drwy'r drws ffrynt a cherdded yr ychydig lathenni tuag yno.

Safodd a syllu am eiliad neu ddwy ar y drws cefn. Yna fe'i curodd yn ysgafn. Doedd o ddim yn edrych ymlaen o gwbl at weld ei hen wep surbwch hi. Agorwyd y drws. Safai Kate Williams fel delw o'i flaen.

'Ia?'

'Ie. Ymm… Helô. Siwd y'ch chi? Ymm… Mrs Williams, ife? 'Sa i'n credu bo' ni 'di cwrdd. Ronald Parry odw i.'

'Wn i,' atebodd Kate Williams yn oeraidd.

'Wel, 'wy moyn gair. Odi 'ny'n bosib? Ma' rhywbeth 'da fi i drafod.'

'A be 'di hwnnw?'

'Fydde modd i ni siarad yn y tŷ?'

'A be sy o'i le ar fa'ma?'

'Ie… wel… Bydde'n well 'da fi ddod mewn.'

Syllodd Kate Williams yn chwyrn arno. (Ei threm eryr – doedd dim modd peidio â sylwi arno heddiw.) Yna safodd i'r naill ochr, a sgrialodd Ronald Parry heibio iddi i'r tŷ. Yn y gegin gefn, eisteddodd Ronald wrth y bwrdd. Edrychai'n union fel rhyw labwst o hogyn ysgol a oedd wedi dod yno i roi cyfrif am ei gamweddau. A phan ddechreuodd siarad, wele'r brawd yn baglu'n druenus dros ei eiriau fel petai'n disgwyl am y gwaethaf.

''Wy moyn esbonio… Chi'n gwbod… Be welsoch chi'r dydd o'r bla'n… Dydd Mawrth.'

Unwaith, flynyddoedd maith yn ôl, ac yntau'n hogyn ysgol, bu Ronald mewn picil cyffelyb. Y tro hwnnw mynnai ei brifathro gael gwybod beth yn union y bu'n ei wneud yng nghwmni Sally Foster yn nhai bach y bechgyn. Fel ei brifathro gynt, llwyddai Kate Williams yn awr i'w arswydo â'i mudandod.

'Yr hyn welsoch chi, hwyl diniwed o'dd e. Dim byd seriws o gwbwl. Chi'n deall? Felly 'sa i moyn i chi ddweud wrth y polîs.'

'O?'

'Alle nhw gamddeall. Gwneud môr a mynydd o'r peth. 'Wy'n briod. 'Wy'n caru 'ngwraig. 'Sa i moyn iddi hi ga'l lo's… Diawl erio'd, 'sa i'n gwbod be nele hi.'

Anadlodd Mrs Williams yn ddwfn, a chrechwenu arno. Un garwriaeth fach arall. A fyddai hynny'n sioc farwol i Eluned Parry? Amheuai'n fawr.

'A'ch merch? Chi ddim moyn i'w henw hi ga'l ei bardd-uo?'

'Mi ofalodd neud hynny ei hun,' meddai Kate Williams yn ddirdynnol araf fel rhyw broffwyd gwae o'r Hen Destament.

'Ond chi ddim moyn mwy o lepen amdani hi? Siwd fath o fam y'ch chi?'

'Ma'r Brenin Mawr yn gwbod bob dim, Mr Parry.'

''Sa i'n gofyn i chi'i dwyllo *Fe*,' atebodd Ronald gan godi'i lais. 'Gweud dim wrth y polîs. 'Na'r cwbwl. Chi'n deall?' Nid yr hogyn ysgol edifeiriol a siaradai'n awr. Roedd hen anian y bwli wedi dychwelyd. 'Ni i gyd yn gwbod beth ddigwyddodd. Bachan ar gyffurie. Jynci o'dd yn gyfrifol. Ond smo 'ny'n mynd i rwystro'r polîs. Bydd hen gwestiyne cas 'da nhw… obeutu'i bywyd personol hi. Obeutu'r teulu i gyd. A chi ddim moyn i bawb weld 'u dillad brwnt nhw, y'ch chi?'

'Be 'dach chi'n ei awgrymu?'

'Wel, ma' 'da *chi* gyfrinach. A ma' 'da *finne* gyfrinach. Ma' 'da fi sawl un, a gweud y gwir. Am eich teulu chi.' Erbyn hyn siaradai Ronald yn bwyllog hunanfeddiannol. Ond roedd rhywbeth ffiaidd o fygythiol ynghylch tôn ei lais. 'Nawr, os y'ch chi moyn gweud wrth y polîs, weda inne hefyd. Y blydi lot.'

Hyd at hynny bu Kate Williams yn sefyll yn gwbl ddi-ildio'r olwg a'i chefn at y drws. Ond ymddangosai'n awr fel petai hi'n dechrau anniddigo a simsanu braidd. Synhwyrodd Ronald hynny ac ergydiodd drachefn.

'Nawr, beth am Rhian… a beth yw ei enw e'n awr?… Ie, Nyerere. 'Na stori fach ddiddorol. Ac y'ch chi moyn ifi weud wrth y polîs am 'ny?'

Crychodd Kate Williams ei thalcen. Y cena celwyddog, yn ei bygwth fel hyn ar ei haelwyd ei hun! Y fath ensyniadau hyll! Roedd hi ar fin ei herio, a hawlio tystiolaeth. Ond ymbwyllodd. Pa les ddôi o ymdderu ag o ac ymostwng i'r gwter ato? Drapia'r sglyfath yn ei styrbio fel hyn. Caeodd ei llygaid a cheisio meddwl yn glir. 'Wel, os holan nhw,' meddai'n araf, 'fydd 'na'm dewis ond deud y gwir.' Yna, a mymryn o gryndod yn ei llais, ychwanegodd: 'Ond sonia i ddim fel arall.'

Gollyngodd Ronald Parry ochenaid o ryddhad. ''Na'r cwbwl o'n i moyn ei glywed,' meddai'n orfoleddus cyn codi a mynd am y drws. Ond ni fedrai adael heb roi halen ar y briw. 'O ie. Fe. Y Brenin Mawr,' meddai'n dalog ar drothwy'r drws. ''Sa i'n becso be wedwch chi wrtho *Fe*.'

* * *

Bnawn Sadwrn, yn fuan ar ôl cinio, penderfynodd Rhian ei bod yn hwyr glas iddi hithau fentro allan o'r tŷ. Na, doedd hi ddim am i'r un o'r lleill ddod i gadw cwmni iddi, a chytunai Gordon a Ffred y gwnâi tro bach o amgylch y stad fyd o les iddi. Yr Athro Glandon oedd y cyntaf a welodd. Cydymdeimlodd â hi, yn fyngus aneglur, cyn diflannu i'w gar ar frys gwyllt. Ond nid ar hap, i brofi'r dyfroedd ymhlith y cymdogion fel hyn, y mentrodd Rhian allan. Roedd ganddi amgenach nod. Gwyddai y byddai Nicholas Nyerere yn treulio aml i fore Sadwrn yn llyfrgell y coleg, ac mai ei arferiad fyddai siopa ar ôl hynny a chael tamaid o ginio yn un o gaffis y dre cyn dychwelyd i'w dŷ lojin yn gynnar yn y prynhawn. Rhoddodd ei chalon lam. Roedd ei hamseru'n berffaith, a'r duwiau, mae'n amlwg, o'i phlaid. Fe'i gwelai'n dod yn y pellter. Ei fag lledr yn un llaw, a chydau plastig o W. H. Smith a Woolworth yn y llall.

Syllodd y ddau'n ansicr ar ei gilydd am eiliad. Ar ôl digwyddiadau trawmatig y tridiau diwethaf, roedd cymaint, cymaint i'w drafod. Ond doedd fiw gwneud hynny allan ar y stryd fel hyn yng ngŵydd pawb.

'Nos Ferchar?' meddai Rhian dan ei gwynt. 'Ydi nos Ferchar yn iawn?'

'Ydi. Ond ma' Mrs Davies yn gwybod. Dwi'n eitha sicr o hynny. Ond beth amdanyn nhw? Ydyn nhw wedi rhoi'r ddeddf i lawr?'

'*Nhw*? 'Sna neb i fy rhwystro i rŵan, nagoes?' Ac ymaith â Rhian yn wên o glust i glust.

*   *   *

'Dew, ofnadwy. Y mwrdwr 'ma. A Mrs Hughes o bawb.'

Bu bron i Ceiriog Pritchard â chael hartan a gollwng yr hambwrdd yr oedd o'n ei gario. Syllodd yn gegrwth ar ei wraig orweiddiog. Sut gwyddai'r sguthan? Damia hi! Mi edrychodd yn ddigon manwl ar rifyn dydd Gwener o'r *Gwalia News and Chronicle*. Doedd yr un gair yn hwnnw am ddigwyddiadau erchyll nos Iau. A fyddai Elena byth yn gwrando ar y radio. Fu'r ddynes llnau ddim yno chwaith ers bore Iau. Damia hi! Damia hi! Roedd hi'n gwybod, ac yntau heb fwriadu sôn yr un gair. Ond druan o Ceiriog. Ac yntau wedi byw yn y lle am yn agos i ugain mlynedd, mae'n rhyfedd na fyddai wedi sylwi. Pan fyddai cynnwrf yn Aberedwy, ni allai'r mynach mwyaf neilltuedig fod yn anymwybodol ohono. A hyd yn oed yng nghaethiwed ei gwely, yn ei hunigrwydd eithaf, roedd hi'n gwbl anochel y dôi Elena i wybod am y llofruddiaeth. Roedd ffenestri'r llofft led y pen ar agor drwy'r dydd, a chymdogion i'w clywed yn ddieithriad yn hel clecs dros wrychoedd y gerddi. Ac oedd, roedd gan Elena glust eithriadol fain.

'A pham na faset ti 'di deud?' meddai'n goeglyd. 'A hithe'n *ffrind* mor dda imi.'

'Do'n i'm am i ti gynhyrfu.'

'Cynhyrfu? Pam ddylswn *i* gynhyrfu? A finne rioed 'di gweld y ddynes.'

Carthodd Ceiriog ei wddf. 'Ond trychineba a mwrdwr,' meddai gan ymbalfalu am eiriau. 'Ma' sôn am betha felly'n styrbio pobol.'

'Ond Ceiriog, ti'n gwbod yn iawn 'mod i'n gwirioni ar lofruddiaethe. Ma'r peth yn gyffur yn 'y ngwaed i.' Estynnodd ei llaw a phwyntio at y silff lyfrau orlawn wrth y wardrob. Agatha Christie, Conan Doyle, P.D. James, Meuryn, J. Ellis Williams. Roedd yno drawsdoriad da o hen lyfrau castiau mul. 'Ond cofia, dydi ffuglen ddim cystal â mwrdwr go-iawn.'

'Ond mwrdwr mor agos â hyn atan ni. Ma' hynny'n fatar gwahanol.'

'Agos?'

'Ia. Ar y llwybr. Prin dri chan llath – '

'Mor agos â hynny! Wel, wel! Ca'l ei mwrdro o fewn tafliad carreg fel'na. A hithe'n ffrind mor ffyddlon imi.' Yn sydyn roedd y coegni wedi troi'n wrthnysedd du. 'Rŵan, nos Iau. O, ie. Biti garw! Mi gymris ormod o'r hen ffisig 'na. Bechod! Colli'r hwyl i gyd… Welist ti rywfaint o'r cyffro?'

'Na. O'n i'n y stydi. A wedyn es i i'r gwely'n reit gynnar.'

'Ond cariad bach, dydi hynna'n fawr o *alibi*… A sut gafodd hi'i lladd?'

'Ei thagu, medden nhw.'

'Ei thagu. Diddorol! Mi oedd gen ti ddwylo bach solet ers talwm. Ond mi oedd hynny cyn i'r hen gryndod 'na ddod.'

'Ga i fynd rŵan?'

'Cei. Ond cofia. Pan alwan nhw, fydd raid i finne siarad hefo nhw hefyd.'

'Hefo pwy?'

'Wel y plismyn, siŵr Dduw.'

'Y plismyn! Siarad hefo nhw! Na. Nefar. Chân' nhw'm dod ar dy gyfyl di. Dallt?'

'Ceiriog, paid â chodi dy lais. Dydi arthio fel'ma'n gneud

dim lles i dy galon di. Rŵan, i ffwr' â chdi'n hogyn da. A chofia be ddeudis i.'

Damia hi! Y sguthan! Yr hen sarffes slei! Ciliodd Ceiriog yn rhwystredig o'r frwydr. Aeth i lawr y grisiau a'r hambwrdd yn ratlo yn ei ddwylo crynedig. Gadawyd Elena i ori am brynhawn arall ar ei nyth. Wrth iddi orwedd yn ôl ar ei gwely, mor amlwg oedd eiddilwch esgyrnog ei chorff. Anadlodd yn ddwfn, a syllu ar y nenfwd gwyn. Ar hwn, o ddiwrnod i ddiwrnod, o fis i fis, y tafluniai ei holl rwystredigaethau. Ond syllai arno â gwên lydan y prynhawn hwn. Pefriai ei llygaid llesg hefyd.

PENNOD 13

FFRED A'R TEULU

'Ew, ma' pobol 'di bod yn dda, 'dydyn?' meddai Ffred cyn dechrau sglaffio'i ginio Sul.

''Di bod yn dda? Be ddiawl sy'n gneud i chi ddeud hynny?'

Bellach doedd wiw i Ffred yngan gair heb i Gordon dynnu'n groes a cheisio'i wrthbrofi. Roedd y ddau fel petaent yn ymgiprys am oruchafiaeth ar yr aelwyd, ac aent i eithafion plentynnaidd yn hynny o beth.

'Wel, be am yr holl gydymdeimlad?' ychwanegodd Ffred.

'Be? Mymblan chydig o eiria a'i heglu hi! Cydymdeimlad, myn uffar i!'

Roedd Brian wedi cael llond bol ar y cecru gwirion hwn, a doedd o ddim am weld pryd bwyd arall yn troi'n ffraeo dibwynt. Rhoddodd ei big i mewn. 'Ond ma' hynny'n naturiol,' meddai. 'Ma' pobol wastad 'run fath. Ei cha'l hi'n anodd sôn am farwolaeth.'

'A *mwrdwr* yn enwedig,' ychwanegodd Rhian.

Mwrdwr! Aeth pawb yn ddistaw. Mwrdwr! Yng ngŵydd ei gilydd fel hyn, hwn oedd y tro cyntaf i un ohonynt yngan y gair. Bu rhyw sensora anymwybodol arno. Wedi cael ei lladd yr oedd Nell. Roedd dweud hynny gymaint haws. Ond wele Rhian o'r diwedd wedi torri'r tabŵ. Doedd hynny, efallai, ddim yn annisgwyl.

Hyd yn oed cyn y taeru rhwng Ffred a Gordon a cham gwag Rhian, doedd fawr o argoel y byddai hwn yn ginio

Sul llwyddiannus. Ar hyd y blynyddoedd bwytaodd Ffred, Gordon a Brian brydau uffernol Nell heb air o brotest. Ond nid oeddynt mor llywaeth bellach. Wrth i Rhian baratoi'r bwyd bu hen gynnig cyngor a gweld bai: Oes 'na halan yn y tatws? Be 'di'r stêm uffernol 'ma? Esu, tro'r gril i lawr. Na, blawd plaen sy isio. Ac wrth iddynt fwyta cafwyd sylwadau yr un mor bigog. Na, doedd dim digon o halen yn y tatws. Yr oedd y tsiops, fel y daroganwyd, mor gnoadwy â lledr Cordofa, a'r grefi fel dŵr. A doedd uffar o ots gan Rhian.

''Dan ni'n embaras i bobol,' meddai Gordon ymhen dipyn, fel petai'n benderfynol o ailgynnau'r ffrae. ''Sgynnyn nhw'm obedeia be i ddeud wrthan ni. A felly fydd hi nes dalian nhw fo.'

'A mi wnân. Yn reit handi,' atebodd Ffred yn hyderus. 'Un garw 'di'r Llywelyn 'na. Uffar o foi abal.'

'Siŵr ei fod o,' meddai Brian yn goeglyd. 'Giamstar ar ddal pobol yn goryrru! Tsieciwr teiars gora'r wlad!'

'Be haru ti'n siarad fel'na?' meddai Ffred yn bigog. 'Ma'r dyn 'di dringo'n uchal. Yn dditectif. Ac yn dipyn o hen ben hefyd. Fydd o fawr o dro. Gewch chi weld.'

'Wel, gora po gynta,' meddai Gordon. 'Gas gin i'r ffor' ma' pobol yn sbio arnan ni.'

Fu dim achwyn am y pwdin reis. Mae'n wir mai ei fwyta'n ddigon misi'r olwg a wnaeth Brian a Gordon. Ond er ei fod yn sych grimp, cafodd Ffred gryn flas arno, yn enwedig ar ôl tywallt dogn dda o Ideal Milk drosto. Dros bwdin gwelwyd yn glir hefyd nad oedd Ffred ymostyngar y dyddiau gynt wedi llwyr ddiflannu.

'O'n i'n meddwl,' meddai'n betrus. 'Meddwl be ddeudach chi 'swn i'n picio allan heno. Mond am ryw beint bach tawal.'

'Iawn. Ond peint *gwirioneddol* dawal,' meddai Brian a'i dafod yn ei foch.

'Esu, ia,' atebodd Ffred yn ddiniwed. 'W'chi be? O'n i bron â tagu isio peint neithiwr. Ond fasa 'na ormod o bobol. Hitha'n nos Sadwn a bob dim.'

'Argoledig! Pam yr holl ffys?' taranodd Rhian. ''Di bywyd ddim ar ben mond am ei bod *hi* 'di... marw. Dwi'n mynd allan heno beth bynnag.'

'Allan? I lle?' arthiodd Gordon.

'Meindia dy fusnas.'

'Yli'r jolpan fach, dwi isio gwbod.'

Wrth weld Gordon yn taflu'i bwysau o gwmpas fel hyn cymhellwyd Ffred hefyd i ymdorsythu drachefn. 'Llai o'r lol 'ma, Rhian,' meddai. 'Rŵan, lle ti'n mynd? Ma' gin i hawl i wbod. Finna'n dad i ti.'

'Ond sgin Gordon ddim. Mond brawd ydi o... A pam yr holl strach? Ydi picio draw i weld Karen Gwynne yn drosedd ne' rwbath? Esu, 'dach chi fatha dwy hen iâr!'

'Hei, llai o'r siarad powld 'na,' rhybuddiodd Ffred. 'Dydi petha ddim 'di newid yn y lle 'ma. Oedd Nell yn gwbod sut i gadw llygad arnat ti. A fi 'di'r bòs rŵan. Dallt?'

Cododd Ffred oddi wrth y bwrdd bwyd. Teimlai'n hynod falch ohono'i hun. Yn falch ei fod wedi rhoi'r ddeddf i lawr fel hyn. Bechod na fyddai Nell yno i'w ganmol, meddyliodd. Aeth drwodd i'r stafell ffrynt am gyntyn bach haeddiannol. Wedi iddo fynd cododd Rhian ddeufys herfeiddiol ar ei ôl. Ond peth ffôl oedd hynny. Parodd i Gordon ddechrau arthio'n flin arni unwaith eto.

'Yr ast fach. Glywist ti be ddeudodd o. Dim mwy o dy blydi lol di, a dim mwy o godi cwilydd arnan ni fel teulu.

Bob man ti'n mynd; pawb ti'n ei gwarfod: fydda *i* isio gwbod. Dallt? A dim mynd allan tan berfeddion. Fyddi di'n ôl yn fa'ma'n hogan dda erbyn deg bob nos. A'r bastad mul 'na lawr y ffor'! Paid ti â hyd yn oed meddwl sbio arno fo eto.'

Synhwyrai Brian fod pethau'n mynd dros ben llestri unwaith eto, a cheisiodd ymyrryd. 'Gordon – ' meddai'n bryderus. Ond torrodd Rhian ar ei draws.

'S'im isio poeni, Brian,' meddai'n ddidaro. ''Dan ni i gyd yn gwbod am Gordon. Ceg fawr ydi o, a dim byd arall.'

'Reit, y gotsan!' Cythrodd Gordon am ei garddyrnau a'i thynnu tuag ato ar draws y bwrdd nes bod y llestri'n ysgwyd. 'Ceg fawr, ddeudist ti? Gawn ni weld! Gawn ni weld! Y blydi ast fach gegog, ma'n bryd i rywun dorri dy grib di. Ac os na neith Ffred, mi 'na i.'

'O, gwaedda di hynny t'isio!' atebodd Rhian yn herfeiddiol gan ymryddhau o'i afael. 'Dwi'n dy nabod di'n rhy dda, yli. Cachwr w'ti. Cachwr, a dim byd arall. Lle oeddat ti pan oedd Nell yn 'y nhrin i fel baw? Lle oeddat ti pan oedd *hi*'n 'y nghuro i? A rŵan, ti'n disgwl i fi ufuddhau iti. I ryw lipryn fatha chdi! O leia ma' Brian yn fwy gonast. Chymrodd o rioed arno'i fod o'n ddim byd ond llinyn trôns.' Cododd, a chamu'n dalog tua'r drws. 'A Brian,' meddai'n llances i gyd cyn mynd, 'cofia olchi'r llestri, nei di!'

'Yr ast,' sibrydodd Gordon o dan ei wynt. 'Mi geith hi weld! Ei rhoid hi'n ei lle rŵan s'isio, cyn iddi neud mwy o sôn amdanan ni yn y lle 'ma.'

'Wel, chafodd Nell a'i dullia fawr o effaith arni,' atebodd Brian.

'Dullia Nell! Pwy soniodd am rheini? Os gybolith hi eto

hefo'r blydi Nyerere 'na, fydd hi'n dipyn gwaeth arni.'

Aeth Brian ati i glirio'r llestri a'u golchi. Ni ddywedodd air arall o'i ben am dipyn. Doedd dim pwrpas nes y byddai Gordon wedi ymbwyllo. Ond pan fentrodd geisio rhesymu ag o drachefn, ni fu fawr elwach.

'Ond pam ddylsan ni boeni?' holodd yn daer. 'Ma' hi bron yn ddwy ar bymthag. Rhyngthi hi a'i photas, ddeuda i.'

'Be? Dim angan poeni! A hitha 'di cysgu hefo'r cwd du lawr y lôn!'

'A faint oedd d'oed di, Gordon? Faint oedd d'oed di y tro cynta?'

'Ma' hynny'n wahanol.'

'Be? Y ffaith ma' boi du ydi o sy'n dy boeni di?'

'Ia, siŵr Dduw. Ma'r peth yn afiach. Yn annaturiol. Llai o rwtsh trendi yn 'rysgol, a 'sa titha'n gweld hynny hefyd. Ac os ydi hi fel'ma rŵan, sut fydd hi mewn dwy ne' dair blynadd? Fydd bob diawl ar ei chefn hi. Fydd hogia Maes y Morfa'n ciwio tu allan i'r tŷ 'ma… Disgyblaeth. Dyna s'isio. Digon o ddisgyblaeth a mi ddown drwyddi fel teulu.'

Na, dim diolch, Gordon, meddyliodd Brian yn brudd. Gormod o ddisgyblaeth ac o gowtowio i Nell dros y blynyddoedd a drodd eu bywydau oll yn uffern. Troi rhif 7 yn aelwyd normal lle medrai pawb barchu'i gilydd oedd y peth pwysig iddo ef bellach. Ond pa bwrpas oedd ceisio goleuo Gordon ynghylch hynny? Beth bynnag, erbyn hyn roedd Brian wedi laru sôn am Rhian.

'Be ma'r plismyn yn ei neud erbyn hyn, tybad?' meddai. 'Ti 'di clywad rwbath?'

'Holi pobol ar y stad, am wn i.'

'Ti'n meddwl y cân' nhw lwc?'

'Anodd deud, 'dydi?' Tynnodd Gordon sigarét allan o'r pecyn Silk Cut oedd ar y bwrdd o'i flaen. Fe'i taniodd. Sugnodd y mwg yn eiddgar cyn ei ryddhau o ddyfnder-oedd ei sgyfaint. 'Dibynnu be oedd y cymhelliad. Os nad lladrad, eitha bet ma' un ohonyn nhw oedd yn gyfrifol. Ceiriog Pritchard, neu… Esu, Duw a ŵyr pwy!… Oedd 'na gymaint yn ei chasáu hi.'

'Ond be amdanan ni? Be am y teulu?' holodd Brian wrth iddo sgrwbio'r gril.

'Iechydwriaeth! 'Dan ni 'di sôn am hynny hyd syrffad,' grwgnachodd Gordon. Ffliciodd lwch ei sigarét i'r soser o'i flaen, a syllu'n watwarus ar ei frawd. 'A pwy ydi o tro 'ma? Ffred eto? Anghofia'r peth, iawn? Dydi Ffred jyst ddim digon cry'.'

'Dydi o'm yn gawr, nagdi. Ond mae o'n iach ac yn heini. A mae o 'di gneud gwaith corfforol ar hyd ei oes.'

Cododd Gordon a mynd at ei frawd wrth y sinc. 'Brian bach,' meddai. 'Pryd ddallti di? Ma' Ffred yn rhy dwp!' Agorodd y ffenestr a thaflu stwmpyn ei sigarét i'r ardd gefn. 'Fedrith o'm rhoi'i drowsus amdano heb faglu ar hyd y llofft 'na… Esu, nath o rioed benderfyniad o bwys yn ei fywyd. Ond yn sydyn mi gafodd Ffred uffar o syniad! "Be am fwrdro Nell?" medda fo wrth siafio ryw fora! Callia, Brian.'

'Ond be am Rhian?'

'Oedd hi 'di'i chloi yn ei llofft.'

'Ond mi oedd gynni hi oriad sbâr. Ma' hi 'di cyfadda hynny i bob pwrpas. W'sti fel ma' Ffred. Falla'i bod hi 'di sleifio allan a fynta'n rhochian o flaen y bocs… A be am Nain? W'ti 'di meddwl am hynny?'

Dechreuodd Gordon rowlio chwerthin. 'Nain! Ti rioed

o ddifri?' meddai yn ei ddyblau. 'O, honna 'di'r ora eto! Nain druan yn tagu Nell!'

'Ond ma' hi'n gry fatha ceffyl.'

'Yndi. Yn ddigon cry i godi'r Beibl du anferthol 'na. Ond dydi tagu rhywun ddim yn joban hawdd. Y lob gwirion, dim matar o neud cwlwm bach taclus ydi o… A pam yr holl falu cachu 'ma? Pam w'ti ar dân isio profi ma' un ohonan ni nath?'

Llyncodd Brian ei boer a dechrau sgrwbio padell y gril unwaith eto. 'Oeddan ni'n dau 'di meddwl am y peth,' meddai'n araf.

'A mi fasan ni 'di gneud hefyd.'

'Ac w'rach fod Ffred, Rhian ne' Nain 'di dod i'r un casgliad – ma'i lladd hi oedd yr unig ffor'.'

'Uffar o deulu! Pob un wan jac ohonyn nhw'n barod i fwrdro!… Callia'r cwd gwirion.'

'Wel, fydd petha'n haws, debyg, pan ddalian nhw fo. Ond, fel ma' petha, ma' hi mor hawdd hel meddylia.'

'Ond pam y teulu o hyd? Ma' 'na rei llawar mwy tebygol.'

'Pwy?'

'Be am Pritchard? Be am Nyerere? A be am Parry drws nesa?'

'Mond gobeithio fo' ti'n iawn.'

'Wrth gwrs 'mod i. Ond nes cân' nhw fo, fydd raid i ninna ddal i actio. Y teulu bach trist. Y plant oedd yn meddwl y byd o Nell. Y cachu yna i gyd – fydd raid i ni berswadio pawb ei fod o'n wir. A cheith Rhian ddim drysu'r cwbwl. Dim mwy o ledu'i choesa i ryw fastad du… A fydd 'na neb arall chwaith yn cicio dros y tresi. Ti'n dallt?'

Aeth Gordon am y drws, ond cyn mynd o'r gegin ailadroddodd ei rybudd: 'Ti'n dallt, 'dwyt?'

Amneidiodd Brian arno. Ie, Gordon oedd yn iawn, meddyliodd. Ond roedd ymarweddiad bwlïaidd ei frawd wedi'i anesmwytho. Wedi'i atgoffa, ar ei waetha, o Nell a'i dwrn dur.

* * *

Noson ddi-gwsg arall fu tynged Kate Williams yn dilyn ymweliad Ronald Parry. Roedd ei ensyniadau ynghylch Rhian wedi ei siglo i'w sail. Bu'n troi a throsi am oriau ac yn ymgodymu â'r posibilrwydd fod y pechod a'r gwacter moesol yn rhif 7 yn waeth nag y tybiasai erioed. A siom hefyd oedd gorfod ystyried nad oedd y pydredd du wedi'i ddileu'n llwyr yn sgil lladd Nell. Câi ei dwysbigo, yn ogystal, gan yr hyn yr oedd hi wedi'i addo i Ronald Parry. Hyd yn oed pe na bai'r plismyn yn crybwyll y peth, oni fyddai ei thawedogrwydd ynghylch yr hyn a welodd ddydd Mawrth yn gyfystyr â chelwydd? Trannoeth, pan alwodd Eifion Llywelyn, doedd hi'n fawr o syndod mai Kate Williams wahanol iawn i'r arfer a agorodd y drws iddo. Doedd hen gadernid Arfon ddim yno, a buan y synhwyrodd Llywelyn y byddai fel clai yn ei ddwylo.

Roedd Llywelyn wedi gwneud ei waith cartre mewn perthynas â Mrs Williams. Cafodd gryn sioc i ddechrau pan ddywedodd yr Arolygydd Gruffudd Williams wrtho ei bod yn gapelwraig selog. Doedd dim modd cysoni hynny â'r corff yr oedd wedi'i weld yn yr ysbyty a'r darlun o Nell oedd ganddo yn ei feddwl. Bu hyd yn oed yn siarad dros y ffôn â'r Parchedig Kelvin Aubel. 'Gonestrwydd, unplygrwydd… a styfnigrwydd.' Pan glywodd ei gweinidog yn defnyddio'r cyfryw eiriau i'w disgrifio, mi wyddai fod gobaith y câi dystiolaeth ddibynadwy ganddi, dim ond iddo'i thrin yn ofalus.

Cafodd Llywelyn ei arwain i'r parlwr, i ganol arogl y peli camffor. Cyfrannai'r lluniau melynfrown o'r diweddar Gapten Edward Williams at naws amgueddfaol yr ystafell, a bron nad âi Llywelyn ar ei lw fod y gadair freichiau yr eisteddodd ynddi yn damp. Ar ôl i Mrs Williams dystio mai yn y tŷ ar ei phen ei hun y bu hi gydol nos Iau – rhywbeth na ellid ei gadarnhau fwy na'i amau – gwyrodd Llywelyn ymlaen yn ei gadair freichiau, a dechrau siarad mewn rhyw lais pulpudaidd.

'Yr hen safone! Yr hen werthoedd! Be fase'n hanes ni hebddyn nhw, Mrs Williams?'

Nid ystryw llwyr oedd y siarad hwn ar ei ran. Roedd o'n digwydd credu'r peth. Safonau a gwerthoedd. Roeddynt yn bethau agos iawn at ei galon. Nid eu bod yn union yr un fath â'r rhai a goleddid gan Kate Williams a'i hildiai'i hun yn anhunanol i Dduw'r Goruchaf. Rhyw gyfuniad o Thatcheriaeth a'r foesoeg waith Brotestannaidd oeddynt iddo ef – pob un dim a hyrwyddai ei yrfa a'i les ei hunan.

Amneidiodd Mrs Williams arno. 'Ia, yr hen werthoedd!' meddai'n brudd. 'Ond faint sy'n glynu wrth y llwybr cul erbyn heddiw?'

'Dyne ddagre pethe,' atebodd Llywelyn.

'Dwn i'm be 'nes i o'i le, wir,' meddai hithau wedyn wrth i ddagrau lenwi'i llygaid. 'Ond mi 'nes i rwbath.'

'Ddylsech chi ddim eich beio'ch hun.'

'Ond pwy arall sy 'na? Oedd Edward druan ym mhen draw'r byd. A beth bynnag, dyletswydd mam ydi rhoi merch ar ben ffor'.'

'Mi welsoch lawer, ma'n siŵr. Byw drws nesa fel'ma.

Llawer o bethe roddodd loes i chi – '

Amneidiodd Mrs Williams arno, ac estyn hances fechan o lawes ei chôt weu.

' – Rŵan ma'n amlwg fod gen eich merch… fod genni hi… ffrindie gwrywedd, gawn ni ddeud? Ma'r enw Ceiriog Pritchard 'di ca'l ei grybwyll sawl tro.'

Cymerodd Mrs Williams anadl ddofn. 'Ma' hi'n hen stori,' meddai. 'Mi ŵyr pawb am y peth.'

'Ond ma' 'ne enwe erill hefyd. Be am Nicholas Nyerere?'

'Ddim hefo *Nell*,' meddai Mrs Williams. Yna petrusodd. 'Na, chlywis i rioed ddim byd amdano fo.'

'Ond be am y cymydog? Ronald Parry.'

Aeth Kate Williams mor welw â marwor.

'Ydi hynny'n wir?' gofynnodd Llywelyn.

'Ydi be'n wir?' atebodd Mrs Williams yn ffrwcslyd.

'Ydech chi'n credu fod Mr Parry yn… yn un arall o gariadon eich merch?'

Dechreuodd gwefusau Kate Williams grynu a daeth dagrau unwaith eto i lenwi ei llygaid. Syllodd yn ymbilgar ar Llywelyn. 'Ronald Parry, ddeudsoch chi?… Ronald Parry?… Oes raid imi atab?'

'Oes, Mrs Williams.'

'Dwn i'm be i ddeud,' meddai'n gryg. 'Mi rois i 'ngair iddo fo. Yr hen *gena*, yn dod yma fel'na.' Yna dechreuodd wylo'n hidl.

Gwenodd Llywelyn yn dosturiol arni. 'Mrs Williams, be am ddeud y cwbwl wrtha i?' meddai mewn llais melfedaidd. 'Be am ddeud y gwir? Mi neith hynny i chi deimlo'n well.'

Nid oedd Kate Williams mewn unrhyw gyflwr i farnu pa mor ddidwyll oedd ei apêl. Ond prin y methai yn achos un â geiriau *Rhodd Mam* wedi'u serio ar ei chof. Fyth ers i Ronald Parry alw bu'r syniad fod disgwyl iddi ddweud celwydd er mwyn achub anrhydedd y teulu yn stwmp erchyll ar ei stumog. Plant drwg oedd yn dweud celwydd. Roedd Llywelyn yn ei gwahodd i brofi drachefn mai un o'r plant da cadwedig oedd hi.

'Y fath drythyllwch!' dolefodd. 'Be ddeuda'r hen saint! Ei *chynnig* ei hun iddo fo fel'na! Ac yn ei thŷ ei hun!' Yna, yn ei dagrau aeth ati i adrodd yr holl hanes: yr hyn a welodd yn yr ardd; sut y ciliodd y ddau i'r tŷ; a'r hyn a ddigwyddodd yno, yn ôl pob tebyg. Soniodd hefyd am ymweliad Ronald Parry, gan fanylu ynghylch ei fygythion a'i ensyniadau, ac am y cysylltiad posibl rhwng Nicholas Nyerere a Rhian.

'Ond does bosib fod hynny'n wir!' ebychodd. 'Dim ond hogan ysgol ydi hi. Ffrwyth ei hen feddwl budur o ydi'r cwbwl, yntê?'

'Fwy na thebyg,' atebodd Llywelyn yn gysurlon. 'A waeth heb poeni. Dwi'n siŵr 'ych bod chi'n teimlo'n well yn barod. Cael rhannu'ch gofidie fel hyn.'

Ac yr oedd Mrs Williams yn teimlo'n well. Roedd pwys euogrwydd du wedi'i godi oddi ar ei hysgwyddau, a Llywelyn, wrth fynnu'r gwir ganddi, wedi'i chyfeirio'n ôl at y llwybr cul. Ac i feddwl ei fod o'n fab i weinidog Wesla! Mi aeth i fyny'n o arw yn ei golwg ar ôl iddo ddweud hynny wrthi. Dew, meddyliodd, mi wyddai hwn yn iawn beth oedd yr hen werthoedd.

Wrth adael y tŷ a cherdded am ei gar, nid yr hen werthoedd oedd flaenaf ar feddwl Llywelyn, ond pedwar enw – Pritchard, Parry, Nyerere a Rhian Hughes – pedwar enw yn seinio drwy'i gilydd fel clychau.

*　　*　　*

Drwy ffenestr y stafell ffrynt gwelodd Brian yr Uwch Arolygydd Llywelyn yn gadael tŷ ei nain. Roedd yr amheuaeth mai un o'r teulu oedd yn gyfrifol yn dal i'w boeni, ac o weld Llywelyn unwaith eto câi'r teimlad arswydus fod rhyw rwyd annelwig yn araf gau amdanynt. Ar wahân i hynny roedd perygl gwirioneddol hefyd y byddai chwalfa ddifrifol yn dod i ran y teulu. Gwelai'r peth yn dod o bell. Oedd, ar yr wyneb roedd pob dim yn iawn: Rhian wedi picio draw i weld Kate Gwynne; Gordon wedi mynd i loncian, a Ffred – ie, Ffred! – wedi rhyw ddeffro a stwyrian o'r diwedd, ac yn ymdrechu o'i hochr hi i gwblhau un o bosau'r *News of the World.* Ond o dan y papur wal rhosynnog a thenau hwn roedd y pared yn graciau i gyd, a'r rheini'n ymledu. Roedd Rhian a Gordon yng ngyddfau'i gilydd. Roedd Gordon hefyd yn brwydro'n barhaus gyda Ffred. Ffred druan a'i ymdrechion chwerthinllyd i ddwyn awdurdod trostynt. Ac yr oedd yntau Brian – roedd yntau Brian… Wel, yn dyfalu tybed yn wir nad oedd pethau'n well pan oedd Nell yn fyw. Oni fu amseroedd da hyd yn oed bryd hynny? Nell a hwythau yn ffair mis Tachwedd; Nell a hwythau yn y Rhyl yn cerdded ar hyd y ffrynt, a hithau wrthi o'i hochr hi'n bychanu Sgowsars. Oedd pethau mor ddrwg â hynny? Onid oedd ganddo *rywbeth* bryd hynny i ddal gafael ynddo; rhyw ganolbwynt i'w fywyd a oedd wedi'i chwalu'n deilchion erbyn hyn? Oedd hi, mewn gwirionedd, mor enbyd o annioddefol? Y digywilydd-dra a'r siarad bras ar yr awyren; y clochdar di-ben-draw ar draethau Tunisia a enynnai wg ei chyd-dwristiaid: oedd raid iddo gywilyddio gymaint o'i hachos?

Llifodd yr atgofion am Tunisia unwaith eto a dechreuodd Brian anesmwytho yn ei gadair. Atgofion am haul cras-boeth, camelod a thywod hyd at y gorwel. Am Ffred yn crwydro yn ei fyd bach ei hun yng ngerddi'r gwesty. Am Gordon yn trio'i lwc gyda phlompen o Almaenes a fola-heulai'n fronnoeth ar y traeth er gwaethaf gwg Moslem-aidd. Cofiai'r lemonau a'r ffigys, y teisennau Arabaidd bychain, a'r merched o dras Berberaidd yn y dref.

Cofiai'r bechgyn yn bla o'u cylch wrth iddynt gerdded heibio'r medina. Bechgyn yn gwau'n haerllug o'u hamgylch gan wneud pob math o gampau, yn sefyll ar eu dwylo a neidio tin dros ben, yn gwatwar, yn ensynio, yn ailadrodd fel tiwn gron: '*Voulez-vous coucher avec ma soeur?*'

Ac wedyn: '*Êtes-vous anglais? Voulez-vous coucher avec mon frère?*'

PENNOD 14

YR ATHRO A MRS PRITCHARD

Gwnaeth Ceiriog Pritchard ei orau glas i rwystro Elena rhag cysylltu â'r heddlu. Dros y Sul, ac yntau o gwmpas y tŷ, doedd hynny'n fawr o broblem. Bore Llun oedd y drwg. Gwyddai ym mêr ei esgyrn mai aros gartre o'r coleg fyddai'r peth callaf iddo. Fyddai hi ddim y tu hwnt i'r sguthan ddwyn perswâd ar y ddynes lanhau i godi'r ffôn yn y cyntedd ar ei rhan. Ond gwaetha'r modd doedd wiw iddo golli'r Pwyllgor Strategaeth Ymchwil. Pe na bai yno, byddai eraill – taclau hafing yr Adran Gymraeg, er enghraifft – wedi sbydu'r hanner miliwn o bunnau oedd wedi'i ddynodi ar gyfer hyrwyddo ymchwil o fri rhyngwladol. Na, byddai'n rhaid iddo fynd i'w goleg. Ond châi Elena mo'r gorau arno.

Pan gyrhaeddodd y ddynes lanhau ben bore Llun rhoddodd y ddeddf i lawr. Doedd hi ddim i ffonio'r heddlu pe digwyddai i Elena ofyn. 'Ma' hi'n rwdlan ddydd a nos am y mwrdwr 'ma,' pwysleisiodd. 'Dwi ddim am ei gweld hi'n mwydro penna'r plismyn.' Erfyniodd hefyd ar iddi aros yn gwmni i Elena hyd nes y byddai o wedi dod adre am ei ginio, a cheisiodd sicrhau y byddai'n cadw at ei gair drwy roi papur decpunt yn gildwrn iddi. Ond druan o Ceiriog. Un hirben oedd Elena. Gallai hithau hefyd gynnig cildwrn. Chwarter awr ar ôl i Ceiriog ei throi hi am y coleg, gyrrodd y ddynes lanhau i'r dref ar ei rhan i brynu bocs o hancesi papur. A phapur ugain punt yn ei llaw, ac addewid hael y câi gadw'r newid, gwawriodd ar honno y gallasai gwasanaethu dau arglwydd fod yn fusnes proffidiol dros ben.

Ond gyda'r ffôn yn y cyntedd mor bell, faint elwach oedd Elena o gael y tŷ'n rhydd iddi'i hun? Naill ai byddai'n rhaid i'r ffôn fagu traed, neu byddai'n rhaid i adferiad corfforol hafal i un o wyrthiau'r Testament Newydd ddod i'w rhan. Yr olaf a ddigwyddodd. Cododd Elena o'i gwely. Safodd. Cerddodd, fymryn yn sigledig i ddechrau, am y landing, ac yna i lawr y grisiau. Nid bod hyn oll yn wyrth yng ngwir ystyr y gair. Tebyg y byddai yng ngolwg Ceiriog a'r meddygon. Ond digwyddasai'r un peth o'r blaen. Wel, droeon a dweud y gwir. Ond cyfrinach fawr Elena oedd hynny. A bellach, wrth gamu o ris i ris, wrth ddynesu at y ffôn, gwyddai nad breuddwyd afreal oedd talu'r pwyth yn ôl i Ceiriog am ei anffyddlondeb, a dwyn dinistr am ei ben.

Lai nag ugain munud yn ddiweddarach eisteddai'r Uwch Arolygydd Eifion Llywelyn yn y gadair Chippendale gyferbyn â'i gwely.

*   *   *

Roedd yr olwg gyntaf a gafodd arno fymryn yn gamarweiniol. Y dillad ffasiynol a'r oglau sent siafio. Y farf, a'r *gel* yn y gwallt. Dandi da i ddim ydi hwn, meddyliodd yn siomedig, pan gerddodd i mewn i'w hystafell. Ond yna, o dipyn i beth, cododd ei chalon. Yn ôl maint yr ofn a'r panig yr oedd o'n debygol o achosi i'w gŵr yr oedd rhoi llinyn mesur arno. Ac ar ôl cael cyfle i graffu'n iawn ar ei wyneb, buan y synhwyrodd fod bwli hunangyfiawn yn llercian y tu ôl i'r dillad chwaethus. Roedd o'r un sbit â'r efengylwyr trendi hynny a welodd yn bygwth tân a brwmstan ar deledu America flynyddoedd maith yn ôl. Er gwaetha'i wisg a'i wallt ffasiynol, teimlai'n ffyddiog mai un a oedd yn byw'n ddeddfol o agos i'w le ydoedd. Un â moesoldeb yr Hen Destament yn agos iawn at ei galon. O'i drafod yn ofalus, a'i roi ar ben y ffordd, gallai hwn, meddyliodd, beri cryn artaith i Ceiriog.

'Ma'n siŵr bo' chi'n methu dallt,' meddai mewn llais bwriadol brudd. 'Eich llusgo chi yma fel hyn.'

'Dydi hynny ddim yn drosedd,' atebodd Llywelyn.

'Nac ydi. Ond mi fues i'n pondro llawer cyn gneud… Achos mi fydd y cwbwl yn ymddangos fel dial noeth… Mi allsech yn hawdd feddwl ma' gwraig wedi suro ydw i.'

'Does 'ne neb yn awgrymu hynny,' atebodd Llywelyn a mymryn o ddidwylledd yn ei lais. 'Mi rydech chi'n wraig ddewr. Ac yn amlwg wedi diodde llawer.'

'"Diodde", ddeudsoch chi? Gair bach annigonol, Mr Llywelyn! Ond awn ni ddim i drafod hynny. Isio sôn amdani *hi* yr ydw i. Nelly Veronica Hughes. Mi fydde'n galw'n amal yma, w'chi.'

'Wn i,' atebodd Llywelyn yn ochelgar. 'Dwi'n dallt bod Mrs Hughes yn ffrindie hefo chi.'

'Celwydd noeth!' ebychodd Elena. 'Mi oedd hi'n galw yma. Ond nid i 'ngweld *i*. Ydech chi'n meddwl ei bod hi'r teip 'swn *i*'n ei ddenu i'r tŷ 'ma?'

'Wel, na,' atebodd Llywelyn.

'Na. A mi ddeuda i pam. Baw isa'r domen oedd hi… Ond mi oedd hi'n gyfeillgar hefo 'ngŵr.'

'Dod yma'n unswydd i weld eich gŵr y bydde hi. Dyne 'dech chi'n ei ddeud?'

'Ie. A ma' 'na reswm syml hefyd… Mi fydde'n dod yma

i foddhau ei chwante o – rhai digon diniwed a chwerth-inllyd, dwi'n pwysleisio. Bob nos Lun a nos Iau, o dan yr unto â fi, mi fydde'n dod yma i odinebu!'

Tynnodd Elena anadl ddofn a phwyso'n ôl yn grynedig yn erbyn y glustog. Roedd hi'n benderfynol o ennyn tosturi Llywelyn a rhoi'r argraff fod traethu am hyn oll yn straen ddirdynnol arni. Ond gwyddai fod y ffin yn un denau. Y perygl, wrth fwrw'i bol fel hyn ynghylch Ceiriog, oedd ymddangos yn gnawes ddialgar. Roedd hi'n allweddol cynnal delwedd y druanes lesg a oedd wedi dioddef creulonderau ffiaidd o dan law ei gŵr. Nid bod rhaid iddi boeni'n ormodol. O gael y cadarnhad hwn, o lygad y ffynnon fel petai, ynghylch godineb Ceiriog Pritchard, roedd Llywelyn wedi cyffroi drwyddo. Prin y byddai wedi sylwi hyd yn oed petai cyrn yn tyfu o'i phen, a'r gair 'dialedd' wedi'i sgrafellu ar hyd ei thalcen.

'Felly,' ailadroddodd Llywelyn a gorfoledd yn llenwi'i lygaid, 'dod yma'n unswydd i weld eich gŵr y bydde hi?'

'Ie. Rhamantus, yntê? Dwy awr yn y stydi ar nos Lun. Dwy awr ar nos Iau.'

'A be arall wyddoch chi?'

'Wel, mi oedd gynni hi ei phris. Mân roddion i ddechre. Pres wedyn. A mi oedd hi 'di dechre sôn am ysgariad a phriodas.'

'Be?'

'Wn i. Ma'r peth yn anhygoel. Yn ddoniol o drist. Ond dyna ddigwyddodd nos Lun.'

'A mi ddaru'ch gŵr gydsynio?'

'Ffŵl di-asgwrn-cefn ydi Ceiriog. Ond fydde fo byth bythoedd yn ddigon gwirion i ystyried peth mor ynfyd â hynny.'

'Ond ydech chi'n siŵr mai dyne oedd ei bwriad hi?'

'O, yndw! A dwi'n meddwl ei fod ynte 'di dychryn am ei fywyd. Ei llygad-dynnu hi hefo mwy o roddion oedd yr unig ffordd allan o'r potsh.'

'Be 'dech chi'n feddwl?'

'Dwi'm yn gwbwl siŵr, ond nos Iau – '

'Noson y llofruddieth?'

' – ie, noson y llofruddieth, oedd hi mewn hwylie drwg pan gyrhaeddodd hi. Mi roddodd glep i ddrws y stydi. Oedd Ceiriog yn fa'ma hefo fi, a dyma fo'n mynd yn welw i gyd wrth glywed y sŵn a dechre mwydro pa mor ddrafft-iog ydi'r tŷ. Wel, i lawr y grisie â fo. Chlywis i'r un smic wedyn. Ond hanner awr cyn iddi fynd – mi fydde wastad yn hel ei thraed o'ma am hanner awr wedi naw – glywis i ddrws y stydi'n ca'l ei agor a Ceiriog yn mynd drwodd i'r parlwr. Dwi'n cofio'n iawn. O'n i'n methu glir â dallt be oedd o'n ei neud yno. Ac yna mi trawodd fi. Yr hen gwpwr' derw!'

'Yr hen gwpwrdd derw?'

'Ie, hen gwpwr' derw'r teulu. Mae o'n llawn llestri gleis-ion a photie piwtar. Trysore'r teulu… A 'mlwch geme i. Yn y drôr isa ma' hwnnw'n ca'l ei gadw. Wel, dwi'n ame'i fod o 'di bod yn tyrchu drwyddo fo. Mi clywis o'n agor y drôr. Dwi'n eitha sicr o hynny.'

'Diddorol.'

'Meddyliwch am y peth! Ysbeilio 'mocs geme i! Helpu'i hun fel'na er mwyn cymodi hefo putain front!'

'Ie, ofnadwy o beth. Ond ydech chi'n siŵr o'ch ffeithie? Pan gethon ni hyd i Mrs Hughes, doedd 'ne fawr ddim o werth yn ei meddiant hi.'

Cryn siom i Elena Pritchard oedd deall hynny.

'O, felly wir!' meddai mewn penbleth. 'Ond be arall oedd o'n ei neud yn y parlwr?' Yna, ar ôl meddwl am ychydig eiliadau, cynigiodd yr esboniad mwyaf damniol posibl. 'Ond falle mai y fo lladdodd hi! Er mwyn ca'l y geme'n ôl!'

Braidd yn amharod oedd Llywelyn i lyncu'r abwyd hwn. Prin y byddai Ceiriog Pritchard wedi llofruddio Nell ar gownt llond dwrn o emau yr oedd o wedi eu rhoi iddi ychydig funudau ynghynt. Yn ychwanegol at hynny, teimlai braidd yn anesmwyth erbyn hyn yng nghwmni Elena Pritchard. Ei waith o, a neb arall, oedd datrys llof-ruddiaeth Nelly Veronica Hughes. Y fo oedd i benderfynu pwy oedd o dan amheuaeth. Ac ar ôl pwyso a mesur y dystiolaeth yn wrthrychol oer, y fo, yn y diwedd, fyddai'n cornelu'r dihiryn a gyflawnodd yr anfadwaith. Nid mai ei fwriad oedd diystyru tystiolaeth Elena. Yr oedd wedi gwneud cryn argraff arno. A bellach gwyddai y byddai'n rhaid iddo holi Ceiriog Pritchard yn ddiymdroi am ei berthynas â Nell. Y bastad bach diegwyddor, meddyl-iodd; mi gâi dalu am gam-drin ei wraig yn y fath fodd.

Ar ôl gwneud ensyniad mor ddramatig, doedd Elena ddim am weld Llywelyn yn ymadael. Roedd o wedi gwrando'n astud ar bob gair o'i heiddo. Mi wyddai hynny'n iawn. Ond a oedd hi wedi'i berswadio fod Ceiriog yn ddigon o adyn i'w lusgo'n ddiseremoni i gelloedd yr heddlu? Un peth oedd crybwyll y garwriaeth. Ond a fyddai hynny'n creu amheuon damniol yn ei gylch ym meddyliau'r plismyn?

'A mi ddeuda i un peth arall hefyd,' ychwanegodd. 'Mae o 'di bod ar binne ers nos Iau. Yn crynu fel deilen. Yn colli'i dempar ar ddim.'

Prin oedd ymateb Llywelyn y tro hwn, a synhwyrodd Elena mai camgymeriad oedd ei borthi â mân atodiadau i'w phrif stori. Roedd o'n amlwg wedi dechrau colli diddordeb, yn ffidlan hefo'i gyfflincs a'i lygaid yn crwydro ar hyd yr ystafell. Ond roedd un peth yn gysur iddi. Waeth pwy oedd y llofrudd, mi fyddai perthynas Ceiriog â Nell yn siŵr o gael ei grybwyll mewn achos llys. Fedrai Ceiriog bellach ddim dianc rhag yr embaras hwnnw.

*   *   *

Ar ôl dychwelyd i swyddfa'r heddlu aeth Llywelyn ati i gysylltu'n ddiymdroi â'r adran fforensig yng Nghaeremrys. Roedd o'n bur amheus o stori'r bocs gemau. Doedd hi ddim yn amhosibl, wrth gwrs, fod Nell, ar y noson dyngedfennol, wedi ymadael â Min y Don â llond ei hafflau o emau gwerthfawr, a bod Ceiriog, o sylwi y byddai Elena yn sicr o weld eu colli, wedi rhuthro ar ei hôl ar hyd y llwybr. Ac eto, prin y credai fod hynny'n debygol rywsut. Er hynny, byddai'n werth cael barn y bois yng Nghaeremrys am y mater. Dri chwarter awr yn ddiweddarach cafodd wybodaeth gyffrous ganddynt. Cawsant hyd i ddau dwll bychan – olion pìn broetsh, mae'n debyg – yn y ffrog werdd a wisgai Nell pan lofruddiwyd hi.

Gwyddai Llywelyn mai'r cam rhesymol bellach fyddai gyrru plismyn unwaith eto i rif 7 i chwilota am bob un broetsh o eiddo Nell. Gellid cymharu'r olion ar y wisg â phìn pob un o'r rheini. Efallai mai olion broetsh y bu hi'n ei gwisgo fisoedd yn ôl oedd ar y wisg. Petai hynny'n wir, byddai'n amlwg wedyn mai ffrwyth dychymyg Elena Pritchard oedd stori'r gemau. Ond roedd hi hefyd yn allweddol bwysig cael gafael ar ei gemau hithau. Petai modd canfod drwy ddulliau microsgobig fod ffibrau o'r un deunydd â gwisg Nell ar un ohonynt byddai'n dystiolaeth arwyddocaol. Nid y byddai hynny'n ddigon ynddo'i hun i gyfiawnhau dwyn cyhuddiad yn erbyn Ceiriog Pritchard. Ond wrth holi a stilio, efallai y dôi mwy o dystiolaeth ddamniol i'r fei.

Petai Llywelyn wedi gofyn barn yr Arolygydd Williams, byddai hwnnw, yn sicr ddigon, wedi'i annog i weithredu'n ddiymdroi yn y modd hwnnw, gan sicrhau a diogelu tystiolaeth cyn i Ceiriog Pritchard gael unrhyw achlust eu bod ar ei drywydd. Ond er cydnabod hynny yn ei feddwl, câi Llywelyn ei ddenu gan syniad cyffrous arall. Creadur gwan oedd Ceiriog Pritchard; roedd hynny'n gwbl amlwg iddo ar ôl bod yng nghwmni Elena. Gyda'r mymryn lleiaf o berswâd, efallai y byddai'n barod i gyfadde'r cwbl. A oedd angen mynd i'r holl straffîg o chwilota drwy dŷ'r Huwsiaid unwaith eto? O symud yn sydyn, a herio Pritchard, efallai y byddai'r cwbl drosodd erbyn amser cinio a'r Chief ar y ffôn yn canu'i glodydd. A byddai yntau wedi datrys yr holl ddirgelwch heb help Williams a'i bloncars tindew.

Roedd un rheswm arall hefyd pam roedd Llywelyn mor eiddgar erbyn hyn i ddod wyneb yn wyneb â'r Athro Ceiriog Talhaiarn Pritchard – dialedd. Bu clywed am y godinebu gyda Nell yn ddigon i godi pwys arno. Ac roedd yr awydd angerddol i roi bys yn ei lygad, ei gornelu a'i arteithio â chwestiynau llym, yn cael ei gryfhau ymhellach gan y ffaith mai academydd ydoedd. Casâi Llywelyn academyddion. Y bastardiaid hynny o Rydychen a chwalodd ei freuddwydion flynyddoedd ynghynt! Fu dim maddau iddynt! A doedd y brid Cymreig yn fawr gwell yn ei olwg.

Gelod yn byw'n fras ar gefn cymdeithas oeddynt, yn cael tragwyddol heol i ddoethinebu ar donfeddi Radio Cymru ac S4C ac yn sanhedrin yr Eisteddfod Genedlaethol. Gwyddai hefyd, o astudio'r ffeiliau priodol, fod sawl eithafwr peryglus yn llechu yn eu plith. Doedd Ceiriog ddim yn un o'r rheini. Ond roedd o'n academydd diffaith. A doedd dim a roddai fwy o bleser i Llywelyn na thorri ei grib. Yn y diwedd, yr awydd angerddol hwnnw a orfu. Câi'r gwaith diflas o gasglu rhagor o dystiolaeth ar gyfer y tîm fforensig aros.

*   *   *

Dim ond unwaith o'r blaen y bu Llywelyn ar gampws Prifysgol Aberedwy. Roedd hynny yn ystod ymweliad brenhinol ddiwedd y saithdegau a thorf o fyfyrwyr anystywallt yn crochlefain '1282! 1282!' Am ryw reswm, roedd arweinydd y brotest honno wedi aros yn ei go. Gallai ei weld yr ennyd hon: rhyw ewach a golwg arno fel petai'n bwyta gwellt ei wely. Wrth syllu drwy ffenestr flaen ei gar, yr hyn a'i trawodd y bore hwn oedd pa mor ddi-raen yr edrychai'r adeiladau erbyn hyn. Mor siabi'r olwg oedd yr estyniadau a ymddangosai'n gyffrous o fodern pan godwyd hwy gyntaf yn ystod y chwedegau. Roedd hi'n amlwg, meddyliodd, fod cwtogiadau Thatcher wedi dechrau brathu o'r diwedd. Nid bod hynny'n ei boeni. Â'i bwyell lem, roedd y wreigdda honno wedi llwyddo i sbaddu radicaliaeth beryglus y prifysgolion. A da o beth oedd hynny, yn nhyb Llywelyn. Yng Nghymru hefyd, yn ei farn ef, bu ei chyfraniad yr un mor glodwiw wrth i feddylfryd gogoneddus y farchnad rydd fynd â'r gwynt o hwyliau'r mudiad iaith.

Parciodd ei gar o flaen hen adeilad y coleg. Roedd i hwnnw rywfaint o urddas o hyd, er bod llygredd traffig a stormydd didostur o'r môr wedi hen droi'r tywodfaen yn bygddu. Ac roedd hynny mor briodol rywsut yng ngolwg Llywelyn. Roedd gwedd allanol yr adeilad yn amlygiad o'r llygredd moesol y daethai ef yno'n unswydd i'w ddileu y bore hwnnw. Yn y cyntedd cafodd ei ddal yn y rhuthr rhwng dwy ddarlith a bu'n rhaid iddo ymwthio drwy griw swnllyd a oedd wedi ymgasglu o amgylch peiriant coffi. Yn ôl yr hysbysfwrdd ar y mur o'i flaen, roedd swyddfeydd Yr Athro/Professor Ceiriog T. Pritchard a'r Uned Ymchwil Iaith a Chymdeithas ar y trydydd llawr. Anelodd am y lifft.

*   *   *

Cafodd Ceiriog Pritchard fore uffernol. Gwnaeth lanastr iawn o bethau wrth geisio dadlau'i achos yn y Pwyllgor Strategaeth Ymchwil. Roedd hi'n amlwg o'r cychwyn cyntaf fod penaethiaid yr Adrannau Cymraeg a Saesneg wedi bod yn cynllwynio yn ei erbyn ymlaen llaw. Y canlyniad fu i'r rhan fwyaf o'r arian gael ei sbydu ganddynt gan adael prin wyth mil o bunnau ar gyfer ei brosiect peilot ef ar 'Iaith a Throsedd ar Ynys Môn'. Doedd hynny'n fawr o syndod. Trwy gydol y pwyllgor, prin y medrai ganolbwyntio. Nell. Elena. Y ddynes lanhau. Ymweliad anochel y plismyn. Roedd y cwbl yn troi a throsi yn ei ben. Ac ar ôl dod yn ôl i'w ystafell doedd pethau fawr gwell. Bu wrthi fel dyn gwirion yn mynd draw at y ffenestr bob hyn a hyn rhag ofn y gwelai gar dieithr yn parcio y tu allan. Fu hynny ddim yn ofer. Roedd o yno'n syllu, fel anifail rhwystredig yn ei gaets, pan gyrhaeddodd Llywelyn. Ar ôl bod a'i drwyn mewn papurau newydd fyth ers y llofrudd-iaeth, a gweld ei wep ar y teledu, fe'i hadnabu'n syth. Ond o leia dod i'r coleg a wnaeth, meddyliodd. Roedd hynny'n rhyddhad. Gallai'n hawdd fod wedi galw yn y tŷ fin nos a mynnu gweld Elena 'run pryd... Ceiriog druan.

*   *   *

Reit 'te, Pritchard, meddai wrtho'i hun. Reit 'te, y bastad bach, ma' hi'n bryd i ti ddechre chwysu. Aeth ei feddwl yn ôl i'r honglad capel yn Llandudno. Clywai lais ei dad yn pregethu'n bwyllog, ac yn codi'i destun o Efengyl Ioan. 'Dyma'r canghennau a gesglir i'w taflu i'r tân i'w llosgi.' Byddai'n meddwl yn ddieithriad am yr adnod honno wrth gornelu dihirod. Agorodd ddrws y lifft o'i flaen, ac yr oedd ar fin camu i mewn pan darfwyd ar ei fyfyrdodau.

'Inspector! Inspector!'

Trodd. Gordon Hughes oedd yno, yn ei lifrai glas, a golwg ymbilgar arno.

'Sori!... Eich haslo chi fel'ma! Ond ga i air hefo chi? Plîs?'

Roedd y lifft yn wag erbyn hyn, a Llywelyn wedi'i fwrw oddi ar ei echel gan y cais annisgwyl hwn. Damia Gordon Hughes, meddyliodd. Yr oedd o wedi'i baratoi ei hun, gorff ac enaid, i ddelio â Pritchard. A dyma hwn yn mynd â'r gwynt o'i hwyliau. Câi ei demtio i ddweud wrtho lle i fynd, ond cydsynio a wnaeth gan amneidio tuag at ystafell wag y porthorion wrth y prif ddrws. Ymwthiodd yn ôl drwy ganol y myfyrwyr a Gordon wrth ei gynffon.

'Esu, dwi'n falch 'mod i 'di'ch gweld chi,' meddai Gordon, a safai erbyn hyn a'i gefn yn erbyn ffenestr fewnol y gellid gweld prysurdeb y cyntedd drwyddi. 'Dwi 'di

bod yn poeni, ylwch. Poeni'n uffernol… Dydd Gwenar…
Y sgwrs fach geuthon ni… Wel, ddeudis i mo'r cwbwl
wrthach chi.'

''Wn i,' atebodd Llywelyn yn swta.

'Ond oedd hi'n anodd. Uffernol o anodd. Disgwl i mi
ddatgelu bob dim am y teulu fel'na.'

'Ac oedd hynny'n bwysicach na dal y llofrudd?'

'Sori! Sori! Mi 'nes i fistêc. Ond mi ddeuda i bob dim
wrthach chi rŵan.'

Syllodd Llywelyn yn ddirmygus arno. Y diawl bach,
meddyliodd. Ar ôl ei gamarwain yn y modd mwyaf difrifol,
ar ôl tarfu arno ac yntau ar fin mynd i'r afael â Pritchard,
roedd y cena bach yn disgwyl iddo wenu'n glên arno fel
petai dim oll o'i le.

'A mi wn i pam,' atebodd Llywelyn yn frathog. ''Dech
chi'n gwbod bod eich nain 'di deud y cwbwl.'

'Na,' meddai Gordon gan syllu i fyw ei lygaid. 'Sgin i'm
syniad be'n union ddeudodd hi wrthach chi. Anodd ca'l
unrhyw sens gynni hi ar ôl nos Iau.' Tynnodd anadl ddofn a
syllu am ychydig eiliadau ar fonitrau'r camerâu diogelwch
ar y wal gyferbyn ag ef. 'Ylwch, dwi'n gwbod be 'dach chi'n
ei feddwl,' ychwanegodd. ''Dach chi'n meddwl ma' trio
achub 'y nghroen ydw i. Ond ma' 'na fwy iddi na hynny.
Dwi isio helpu. A ma' hi'n uffernol o bwysig bo' chi'n ca'l
gwbod be'n union ddigwyddodd.'

'Wel, atgoffwch fi!'

'Mi fuo 'na ffrae. Mam a Rhian. Ac mi a'th petha chydig
bach dros ben llestri. Welsoch chi'r clais, 'do? Wel, bora
wedyn, mi a'th Rhian i'r ysgol. Ond doedd Mam ddim am
iddi fynd. Meddwl y basa'r athrawon yn sylwi ar yr olwg
oedd arni hi, a dechra siarad. Ar ôl i Rhian ddod adra mi

a'th petha o ddrwg i waeth. Gafodd hi ei chloi'n ei llofft… O'n i isio deud wrthach chi… ond o'n i'n poeni. Ofn i chi ga'l yr argraff anghywir o Mam.'

Yr argraff anghywir ohoni? Nefoedd yr adar! meddyliodd Llywelyn. Oedd y bachgen yn meddwl ei fod o'n gwbl naïf? Oedd o'n credu y gallasai daflu llwch i lygad Uwch Arolygydd a'i arwain i gredu mai mam gyfrifol a rhinweddol oedd Nelly Veronica Hughes o bawb?

'Nyerere. Hwnnw oedd y drwg,' ychwanegodd Gordon. 'Ma'r bastad 'di bod yn ei thrin hi.'

Gwenodd Llywelyn. O'r diwedd! O'r diwedd! meddyliodd. Roedd Gordon Hughes o'r diwedd wedi penderfynu traethu'n onest am deulu bach rhif 7. Dyna welliant. Roedd ganddo ddiddordeb rŵan yn yr hyn oedd gan y bachgen i'w ddweud.

Symudodd Gordon oddi wrth y ffenestr. Closiodd at Llywelyn a sibrwd yn gynllwyngar. 'Fedrwch chi'm gneud rhwbath am y peth?'

'Gneud rhywbeth?'

'Ia. Ei yrru fo o'ma. Gyrru'r cwd yn ôl i'w wlad ei hun… Ydach chi 'di 'i holi fo eto?'

'Na – ond mi ddaw ei dro.'

'Wel, gora po gynta. Gafodd o a Mam uffar o ffrae nos Iau. Oeddach chi'n gwbod hynny?… Esu, falla ma' fo nath!… Ond ei hel o o'r wlad. Mi fedrwch neud hynny, debyg. Duw a ŵyr pa mor hir mae o 'di bod yn ei thrin hi! Falla'i bod hi o dan oed pan neuthon nhw ddechra!'

Roedd yr awgrym hwn yn apelio at Llywelyn. Na! O, na! Doedd o ddim yn hiliol. Nac oedd, siŵr Dduw! Welodd o erioed hiliaeth ymhlith yr heddlu, a chelwydd noeth oedd yr holl daeru i'r gwrthwyneb. Bobol bach, roedd o wedi ymddwyn yn gwrtais erioed ymhlith pobl dduon, a hel pres iddynt yn ei flwch cenhadol pan oedd o'n hogyn bach. Ond, yn anffodus, taclau diog oedd y rhan fwyaf ohonynt. Nid ei fai o oedd hynny. Nage, siŵr. Ac roedd hwn, mae'n amlwg, wedi manteisio ar hogan fach ddiniwed. O, na! meddai Llywelyn wrtho'i hun drachefn a thrachefn, doedd o ddim yn hiliol... Ond eto fyddai un dim yn rhoi mwy o bleser iddo na gyrru Nyerere o Aberedwy i bellafoedd byd. Gallai gydymdeimlo â Gordon Hughes. Ond doedd fiw dweud yn rhy blaen wrtho ei fod yn gweld lygad yn llygad ag o ynglŷn â'r mater hwn.

'Falle'i bod hi'n rhy gynnar i ni sôn am hynny,' meddai'n ochelgar. 'A ma' 'ne berygl eich bod chithe'n gorymateb.'

'Gorymateb!' meddai Gordon gan godi'i lais. 'Iawn, dydan ni ddim yn angylion. Ond ma' gynnon ni'n hunanbarch fel teulu.' Aeth yn ôl at y ffenestr, a syllu unwaith eto ar y monitrau. Roedd dagrau yn ei lygaid erbyn hyn. 'Esu, triwch ddallt,' ymbiliodd. 'Ma'r peth yn straen... Rhian... Y teulu... Ar 'yn sgwydda i ma'r holl gyfrifoldeb rŵan. A cheith y bastad yna ddim llusgo'n henwa ni drwy'r baw... Sgynnoch chi chwaer?'

'Na. Ond ma' gen i blant.'

Erbyn hyn roedd Llywelyn wedi cael golwg newydd ar Gordon. Eithriad, yn ei farn ef, oedd clywed unrhyw un o'r genhedlaeth iau yn mynegi'r fath ymlyniad clodwiw wrth yr uned deuluol. Ar ôl syrthio ar ei fai, roedd y bachgen wedi profi fod ganddo ryw fath o ymlyniad wrth y glân a'r pur. Na, chwarae teg iddo, meddyliodd Llywelyn, doedd hwn ddim wedi ymwrthod yn llwyr â hen safonau ei nain y drws nesaf.

'Wel, mi wna i 'ngore,' meddai Llywelyn. 'Dim mwy.'
'Diolch,' atebodd Gordon.

Ac ymaith â Llywelyn am y lifft unwaith eto.

*   *   *

Lle goblyn oedd y dyn! Ar ôl gweld Llywelyn yn cyrraedd yn ei Ford Granada bu Ceiriog ar binnau yn disgwyl am y gnoc ar ei ddrws. Ac O! mor araf y ticiai'r cloc ar y ddesg o'i flaen. Cododd ac estyn copi o'r *Journal of Celtic Linguistics* oddi ar un o'r silffoedd. Nid drwg o beth, fe dybiai, fyddai i Llywelyn feddwl ei fod o ynghanol ei brysurdeb. Eisteddodd. Agorodd y cyfnodolyn a chraffu ar y dudalen gynnwys. 'How early is "Early Welsh"?'… 'Affricates in Welsh: the Blaenau Ffestiniog Survey'… 'Edward Lhuyd and the dialects of Brittany'. Syllodd ar y cloc unwaith eto a rhoi'r cyfnodolyn wyneb i waered ar y ddesg. Cododd drachefn, a mynd at y drws y tro hwn. A fyddai'n well iddo'i adael yn gilagored? Na. Na. Doedd o ddim am i Llywelyn feddwl ei fod o'n ei led-ddisgwyl. Aeth yn ôl at ei ddesg a dechrau bodio'r *Journal* unwaith eto…

*   *   *

Roedd Elena Pritchard yn llygad ei lle! O'i weld yn y cnawd fel hyn, gwyddai Llywelyn i sicrwydd bellach mai llipryn di-asgwrn-cefn oedd yr Athro Ceiriog Talhaiarn Pritchard. Y peth cyntaf a'i gogleisiodd oedd ymdrech druenus yr hybarch Athro i ymddangos mor ddidaro â phosibl. Yr ysgwyd llaw brwd. Y wên bathetig. Y mân siarad am y tywydd ac am gyflwr y ffordd rhwng Caeremrys ac Aberedwy. A'r cwbl yn cael ei danseilio gan yr ofn a'r arswyd a saethai o ddwfn ei lygaid. O, do, mi fu'n werth mentro, meddyliodd! Efallai'n wir y byddai'r cwbl drosodd erbyn cinio! Os mai hwn oedd yn gyfrifol, prin y gallai fyw'n hir yn ei groen ar ôl cyflawni'r fath weithred. Nid mai bwriad Llywelyn oedd troi tu min yn syth bìn. Bobol bach, na! Nid dod yno i gornelu llofrudd yn unig a wnaeth, ond i chwarae'n sadistaidd â'i brae.

'Mi wyddoch, debyg, pam 'y mod i yma,' meddai ar ôl eistedd am y ddesg â Cheiriog.

'Gwn. Y mwrdwr ofnadwy 'ma,' ebe hwnnw.

'Rŵan, mi fuo Mrs Hughes draw acw nos Iau. Ydi hynny'n wir?'

'Yndi. Mi ddoth draw i weld Elena.'

'Wrth gwrs! Elena!... Eich gwraig... Hi sy'n gaeth i'w gwely, yntê?'

'Ia... Cyflwr ofnadwy ydi o... Ac unrhyw sioc neu gyffro, wel, mi allsa hynny fod yn ddigon amdani... Ca'l digon o lonydd. Dyna'r tonic gora, medda'r doctoriaid.'

'Ac eto mi fydde Mrs Hughes yn galw i'w gweld hi'n gyson?'

'O, bydda. Bob nos Lun a nos Iau, chwara teg iddi.'

'Ond be am y tonic? Oedd Mrs Hughes ddim yn aflonyddu arni?'

'Wel... Ymm... Mi oedd Mrs Hughes yn gwbod sut i'w chysuro hi.' Ond erbyn hyn sylweddolai Ceiriog ei fod wedi rhoi ei droed ynddi, a dechreuodd wingo yn ei gadair fel petai'n forgrug byw drosto. 'Un dda oedd hi am leddfu pryderon.'

'Diddorol! Mi ddylswn neud nodyn o'r peth. Dene wedd newydd imi ar gymeriad Mrs Hughes.'

'O?'

Pwysodd Llywelyn yn ôl yn ei gadair ac ymlacio. Lledodd crechwen ar draws ei wyneb. Am gythrel o academydd! meddyliodd. Y fath feddwl ansoffistigedig! Roedd taflu'r mymryn lleiaf o lwch i lygaid rhywun y tu hwnt i hwn. Druan o Brifysgol Cymru!

'Athro Pritchard, deudwch i mi, ydi'ch gwraig yn diodde o salwch meddwl?'

'Salwch meddwl? Bobol bach, nagdi! Ma'r clefyd 'di'i chleisio hi'n seicolegol. Ond salwch meddwl? Na!'

'Oes 'ne esboniad arall, felly, pam fod Mrs Pritchard yn taeru wrtha i na welodd hi rioed mo Nelly Veronica Hughes?'

Aeth Ceiriog yn wyn fel y galchen. Cododd. Cythrodd yn y *Journal of Celtic Linguistics* cyn ei daflu'n ôl ar y ddesg. Dechreuodd weiddi fel dyn o'i go. 'HI!… ELENA!… MA' HI 'DI BOD YN SIARAD HEFO CHI!… PRYD?… SUT? …' Yna, yr un mor ddisymwth, suddodd yn ôl yn sypyn gorchfygedig i'w gadair. 'Y blydi ast!' mwmialodd wrth i ddagrau lenwi'i lygaid.

'Rŵan 'te, Athro, be am roi cynnig arall ar ateb 'y nghwestiyne i?'

Erbyn hyn roedd llygaid Ceiriog yn troi fel marblis yn ei ben. Syllai ar y silff lyfrau gerllaw'r ffenestr; syllai ar y bocsys nodiadau ar ben y cwpwrdd; syllai ar y nenfwd; syllai ar unrhyw beth heblaw ar wyneb Llywelyn.

'Ond y tu ôl i 'nghefn i fel'na,' meddai'n gwynfannus. 'Pam na fasach chi 'di trefnu hefo fi?'

'Ditectif ydw i, dim swyddog cysylltiade cyhoeddus,' atebodd Llywelyn yn frathog. 'A beth bynnag, pam yr holl gelwydde…? Y chi a Nelly Veronica Hughes. Ma' pob copa walltog i'w weld yn gwbod.'

'Be! 'Dach chi'n rhoi coel ar hen wragedd straegar?'

''Dech chi'n gwadu'ch bod chi'n gariadon?'

'Gwadu? Wrth gwrs 'mod i… Iawn, mi fydde Mrs Hughes yn dod draw acw. Dwi'n cyfadda hynny. Ond mond i gadw cwmni i mi. Dod acw am sgwrs fydda hi, ac i fod yn gefn i ddyn.'

'Ac am be fyddech chi a Mrs Hughes yn sgwrsio? Y *Journal of Celtic Linguistics*? Dewch yn eich blaen, Athro Pritchard. Mi oeddech chi'n gariadon! Ac ar ben hynny mi dalsoch yn hael am ei gwasaneth hi!'

'Talu? Naddo! Dim peryg!'

'Wel, dim arian sychion. Ond be am y teledu lliw a'r peiriant fideo? A fuo 'ne'm sôn am gar?'

'Phrynis i rioed gar iddi hi… Teledu a pheiriant fideo, falla. Ond doedd hynny'n fawr o dâl am ei holl gymwynasgarwch hi.'

'A be am y froetsh? Mi oedd honno'n werth dipyn mwy.'

Aeth hwrdd sydyn o fraw drwy gorff Ceiriog, fel petai rhywun wedi cysylltu'i gadair wrth blwg trydan. Roedd fel petai ei ysgwyddau ar fin rhoi o dan bwysau'i ben, a'r gadair swyddfa fawr yn ei araf draflyncu. Llaciodd ei dei ac agor botwm ucha'i grys a cheisio sychu'r chwys oddi ar ei dalcen â chledr ei law.

'Broetsh?' meddai'n gryg. 'Pwy soniodd am froetsh?'

'A 'dech chi am drio celu hynny rŵan! Wel, be am i mi'ch atgoffa chi? Y noson y cafodd hi'i lladd mi roesoch un o froetsys eich gwraig i Mrs Hughes.'

Am ychydig eiliadau y cwbl a wnaeth Ceiriog oedd syllu ar y ddesg o'i flaen; syllu fel dyn ar foddi yn gweld troeon yr yrfa yn gwibio o'i flaen. Yna'n araf cododd ei ben a syllu i fyw llygaid Llywelyn.

'Wel... Falla... Falla 'mod i... Ond un ddigon tila a rhad oedd hi.'

'Un rad! Un dila!... Ond fedrwch chi *brofi* hynny, a honno bellach ar goll!'

'Ar goll?'

Damia! Gallasai Llywelyn yn hawdd fod wedi'i gicio'i hun. Dyna Ceiriog yn gwybod yn awr fod y froetsh ar goll, ac yntau wedi colli'r cyfle i geisio profi a wyddai hynny'n barod ai peidio... Wel, doedd dim pwrpas poeni am gam gwag mor fychan.

'Wrth gwrs, mi fedre Mrs Pritchard ein helpu ni,' meddai heb droi blewyn. 'Ma'n debyg ei bod hi'n gwbod faint oedd ei gwerth hi.'

'A mi fasach yn barod i'w chredu hi?... Mi ddeuda i wrthach chi rŵan be fydd barn Elena. Fydd y dam broetsh werth ffortiwn! Rwbath i 'ngwthio i i'r cach.'

'Athro Pritchard! Ma' tystioleth Mrs Pritchard wedi bod yn eitha agos ati hyd yma!... 'Rŵan, be am i chi ddisgrifio'r froetsh?'

'Dduw annwl, prin 'nes i sylwi arni! Agoris i'r bocs a chythru yn y peth cynta welwn i... Rwbath i'w thawelu hi!... Falla'i bod hi ar siâp deryn... Paun, falla... Efo darna bach o wydr yn y ll'gada ac ar hyd y gynffon... Oedd hi'n froetsh fach reit gywrain.'

'A mi nethoch chi roi'r froetsh iddi er mwyn ei thawelu hi.' Gwyrodd Llywelyn tuag ato gan grechwenu unwaith eto. 'A pham ei bod hi mor flin? Chi oedd 'di troi'r drol?'

'Na! Na! Dim y fi! Rhian oedd dani... Y busnas 'ma hefo Nicholas Nyerere. Oedd Nell 'di dod i wbod. Ac ar

ben hynny, oedd hi 'di dod wynab yn wynab â fo ar y ffor'
acw... Doedd 'na'm taw arni.'

'Ac mi oedd hi am i chi ei phriodi hi!'

'Iechydwriaeth! Tynnu 'nghoes i ydach chi?' ebychodd
Ceiriog. Roedd yr ofn a'r arswyd yn dechrau troi'n ddicter,
a'r wyneb a fu mor welw gyhyd yn prysur adennill ei liw.

'Ysgariad. Wedyn ail briodas. Be sy haws y dyddie
hyn?'

'Neno'r Tad! Oes raid i mi'ch atgoffa chi...? Dwi'n
Athro Prifysgol... Yn uchel 'y mharch yn y coleg 'ma...
Dwi'n un o brif gynghorwyr y Gymuned Ewropeaidd ar
ieithoedd llai eu defnydd... Y fi a Nelly Veronica Hughes
yn uno mewn glân briodas!... Dowch yn eich blaen,
Inspector!'

'Ond falle'i bod hi'n trio'ch ca'l chi i'r allor trwy flacmel.'

'Hi'n 'y mlacmelio i? Ond sut?'

'Dene rwbeth y leciwn i chi'i ddeud wrtha i.'

*   *   *

Bu'n rhaid i Ceiriog oddef yr artaith am hanner awr dda
arall. Ond er holi a bygwth, ni ddaeth y gyffes y bu
Llywelyn yn ei disgwyl. Do, yn y diwedd, cyfaddefodd
Ceiriog fod y berthynas rhyngddo a Nell yn un rywiol.
Ond er dychwelyd dro ar ôl tro at ei hymweliad olaf, ni
chanfu Llywelyn unrhyw anghysondebau o bwys yn ei
atebion. Y fo, mae'n ddigon gwir, oedd yr olaf i weld Nell
ar dir y byw. Rhoesai'r froetsh iddi, a doedd dim sicrwydd
chwaith ei fod yn y tŷ pan gyflawnwyd y drosedd. Ond
doedd y ffeithiau diymwad hynny, ar eu pennau eu hunain,
ddim yn ddamniol. Beth bynnag, gan fod Ceiriog yn
greadur mor emosiynol, ac o gofio pa mor chwerthinllyd

o amlwg oedd ei gelwyddau ar y cychwyn, amheuai Llywelyn a oedd deunydd llofrudd ynddo. Petai'n wir wedi llindagu Nell, a fyddai ganddo'r cyneddfau a'r hunan-ddisgyblaeth i gelu'r cwbl? Efallai'n wir ei fod yn giamstar ar gymdeithaseg iaith, ond prin fod ganddo'r rhuddin i fod yn llofrudd. Yn ychwanegol at hynny, wrth i'r cyfweliad fynd rhagddo, roedd un enw arall yn mynnu ymwthio i feddwl Llywelyn. Roedd Kate Williams wedi'i grybwyll; yna Gordon; a hyd yn oed Ceiriog Pritchard ei hun.

Do, cafodd Llywelyn fwynhad digymysg o weld Ceiriog yn gwingo o'i flaen. Ond erbyn diwedd y cyfweliad roedd un arall o drigolion Aberedwy – Nicholas Nyerere – wedi'i oddiweddyd ar frig cynghrair y drwgdybiedig rai.

'Wel, Athro Pritchard, mi neuthoch chi bethe'n anodd i chi'ch hun.'

'Anodd, ar f'enaid i! Dwi newydd dywallt holl fanylion 'y mywyd personol o'ch blaen chi.'

'Ond chi, cofiwch, oedd yr ola i weld Mrs Hughes yn fyw… A ma'ch gwraig yn deud bod y garwrieth 'di para am ddwy flynedd o leia – '

''Y ngwraig! 'Y ngwraig!… Ac ydi bob un dim ma' hi'n ei ddeud yn efengyl?… Dwn i'm be oedd ar 'y mhen i'n ei phriodi hi!'

Cododd Llywelyn. Yna, cyn mynd oddi yno, pwyntiodd at y lluniau o Ceiriog ynghanol dosbarthiadau gradd blyn-yddoedd a fu. Pwyntiodd at y cwpwrdd gwydr lle cadwai Ceiriog ei holl gyhoeddiadau. 'Ond mi fuo'n dda ichi wrthi hi,' meddai. 'Drwyddi hi y da'th hyn i gyd, yntê?'

PENNOD 15

HELYNT YN NHŶ'R HUWSIAID

Brynhawn dydd Llun parhaodd yr heddlu â'u hymholiadau o ddrws i ddrws. Erbyn hynny roedd y rhwyd wedi'i hymestyn i waelod y dre, a phlismyn o ben isa'r sir wedi eu galw i Aberedwy i gynorthwyo. Ond siomedig fu'r ymateb a gawsant. Tystiai un hen wreigan iddi glywed sgrechian annaearol y tu allan i'w thŷ am hanner awr wedi deg nos Iau. Ond roedd hi'n byw gryn bellter o Awel y Môr, a thebyg mai myfyrwyr yn cadw reiat ar eu ffordd o dafarndai'r dref a glywsai. Yn eu cyfarfod ddiwedd pnawn roedd hi'n boenus o amlwg i Llywelyn a Williams, a rhai eraill o blith y prif swyddogion, nad oedd ganddynt yr un dernyn bron o dystiolaeth ddibynadwy. Ar wahân i olion y froetsh ar wisg Nell, doedd dim arall o werth wedi dod o du'r tîm fforensig, a doedd neb ar stad Awel y Môr wedi sylwi ar unrhyw beth anghyffredin. Doedd yr un car dieithr wedi ei weld, na'r un creadur amheus ychwaith yn symud o lech i lwyn.

Y cwbl oedd ganddynt i gnoi cil arno oedd Ceiriog Pritchard a dau neu dri o drigolion y stad a allai fod â chymhellion posibl dros ei ladd. Cytunwyd mai doeth fyddai holi Nicholas Nyerere rhag blaen. Ond bu anghyd-weld rhwng Llywelyn a Williams ynghylch y modd mwyaf priodol o fynd ynglŷn â hynny. Barnai Llywelyn y dylid ei ddwyn i'r ddalfa, ac er mwyn rhoi cymaint o bwysau â phosibl arno, y dylent ei arestio'n ffurfiol ar amheuaeth o gael cyfathrach rywiol gyda merch a oedd o dan yr oedran cydsynio. Annog gofal a phwyll a wnâi Williams. Gwyddai fod Nicholas yn ddysgwr uchel ei barch ymhlith llawer o Gymry dylanwadol y dre, ac y gallai unrhyw weithredu eithafol o lawdrwm arwain at gyhuddiadau o hiliaeth yn erbyn yr heddlu. Ond Llywelyn a orfu, ac erbyn saith o'r gloch y noson honno roedd y creadur wedi'i gipio'n ddiseremoni o ganol ei lyfrau i'r ddalfa.

Ysywaeth, o'r eiliad y cafodd Nicholas ei arwain o'r car i'r celloedd, roedd hi'n amlwg fod strategaeth Llywelyn yn un druenus o ddiffygiol. Os mai'r bwriad oedd ei ddychryn gan obeithio yr arweiniai hynny at gyffes, buan y gwelwyd na ddôi hi byth i hynny. Nid llipryn di-asgwrn-cefn fel Ceiriog Pritchard oedd hwn. Y peth cyntaf a wnaeth oedd hawlio cyngor cyfreithiol. Bu'n ddigon hir-ben hefyd i fynnu galwad ffôn, a chysylltodd â phennaeth yr Adran Gymraeg er mwyn ei hysbysu am y picil yr oedd ynddo.

Ar ôl disgwyl am gyfreithiwr, roedd hi ymhell wedi wyth erbyn i Llywelyn ddechrau'i holi. Ni cheisiodd Nicholas gelu o gwbl fanylion y ffrae a fu rhyngddo a Nell, ond tystiai ei fod erbyn deg o'r gloch nos Iau yn yfed mygaid o Horlicks yng nghwmni Mrs Creirwy Davies. Mater bach fyddai cael Mrs Davies i gadarnhau hynny. Ond roedd hi'n anoddach bod yn sicr ynghylch ei symudiadau cyn hynny. Pan ddechreuwyd ei holi'n benodol am ei berthynas â Rhian, dechreuodd pethau boethi. Ymatebodd yn chwyrn i ensyniadau Llywelyn ynglŷn â'i hoedran. A phan ddechreuodd yr Uwch Arolygydd ddannod iddo mai ymwelydd yn unig â'r Deyrnas Unedig ydoedd, ac y gellid yn hawdd ei alltudio, dangosodd Nicholas ei fod yntau hefyd yn medru troi tu min. Na, nid un o fois Brixton, y medrid ei gipio ar hap i'r ddalfa a'i golbio am gyffes, oedd o. Mi wyddai ei hawliau, ac fe wyddai gyfraith Lloegr.

Wrth i'r cyfweliad fynd rhagddo âi'r Arolygydd Gruffudd Williams i deimlo'n fwyfwy anesmwyth. Nid tynged Nicholas oedd yn ei boeni, ond y ffaith fod ei bennaeth i'w weld mor llwyr allan o'i ddyfnder wrth geisio cornelu un â chyneddfau deallusol mor llym. Ddwywaith neu dair, daliodd lygad y cyfreithiwr ifanc a oedd yno'n cynrychioli Nicholas. Roedd yr holl sioe'n prysur droi'n embaras.

Petai Llywelyn wedi dangos rhywfaint o synnwyr cyffredin, byddai wedi rhyddhau Nicholas yn dawel y noson honno. Ceisiodd Williams awgrymu hynny'n gynnil wrtho. Ond doedd dim yn tycio. Prin y gellid cyfiawnhau ei gadw yn y ddalfa mewn perthynas â'r llofruddiaeth ei hun, ac oni ellid sicrhau tystiolaeth yn ei erbyn gan Rhian, ymddangosai na ddôi dim ychwaith o'r cyhuddiad o garu â merch o dan un ar bymtheg. Ond daliai Llywelyn i lynu fel gelen wrth y syniad y gellid alltudio Nicholas. Roedd yn benderfynol o'i gadw dan glo hyd nes y câi fwy o fanylion amdano o'r Swyddfa Gartref.

Wrth gwrs, Williams oedd yn iawn. Fore Mawrth cafodd Llywelyn gryn sioc o ddeall pa mor ffyrnig fu'r ymateb ymhlith brawdoliaeth yr academwyr Celtaidd yn Aberedwy i'r newyddion fod Nicholas dan glo. Buan yr ymledodd yr hanes. Cysylltodd yr Athro Cymraeg rhag blaen â'r Aelod Seneddol lleol. Bu llywydd Undeb y Myfyrwyr Cymraeg wrthi fel lladd nadroedd yn trefnu'r rhengoedd ar gyfer diwrnod o bicedu y tu allan i swyddfa'r heddlu. Oni ildiai Llywelyn, roedd hi'n gwbl ddichonadwy y byddai achos Nicholas Nyerere yn destun adroddiadau newyddion ar y cyfryngau Cymreig erbyn amser cinio. Ai dyma'r math o sylw yr oedd o'n ei chwennych? Beth fyddai ymateb y Chief a'r cenedlaetholwr plagus hwnnw ar Awdurdod yr Heddlu? Am hanner awr wedi deg rhyddhawyd Nicholas Nyerere.

Bu'n rhaid i Llywelyn wastraffu gweddill y bore ar y ffôn yn tawelu'r dyfroedd. Doedd y Prif Gwnstabl ddim yn orgondemniol. Gadael yr holl fater yn nwylo'r Swyddfa Gartref fyddai'r peth gorau. Er mwyn tawelu'r wasg leol addawodd hefyd y byddai'n cael gair â'i hen ffrind, Major Edgar Francis-Miles, perchennog y *Gwalia News and Chronicle*, ac yn ei berswadio o'r tebygolrwydd y gallai rhoi sylw i achos Nicholas Nyerere beryglu'r holl ymchwiliad. Gwrandawyd yn ystyriol ar yr un apêl, o enau Llywelyn ei hun y tro hwn, gan un o olygyddion newyddion hygoelus y BBC yng Nghaerdydd. Ni thorrodd y stori, a phan alwodd Llywelyn ei brif swyddogion ynghyd ar ôl cinio, roedd mor hunanfeddiannol ag erioed, a helbulon y bore fel petaent yn gwbl angof.

*   *   *

Ddiwedd y prynhawn daeth yn bryd i Llywelyn droi trwyn ei Ford Granada am Awel y Môr unwaith eto, i chwilio pac Ronald Parry y tro hwn.

Ar y stad roedd holl gyffro'r mynd a dod a ddilynodd y llofruddiaeth wedi peidio, a rhyw lun o normalrwydd swbwrbaidd yn teyrnasu unwaith eto. Wrth i Llywelyn yrru'n araf drwyddi, doedd dim oll i amlygu'r ffaith fod y stad fach hon newydd gael ei siglo i'w seiliau. O boptu'r brif hewl a ddirwynai drwy'r tai roedd y coed ceirios yn werth eu gweld a haul diwetydd yn diferyd drwyddynt.

Aethai'r camerâu teledu a'r gohebyddion i'w hynt gan adael i'r trigolion ailafael yn nefodau syml eu bywydau. Dychwelasai'r gweinyddwyr o'u swyddfeydd, y darlithwyr o'u coleg, a'r athrawon o'u hysgolion; dod yn ôl wedi llafur y dydd i dai'n llawn aroglau bresych, a grefi, a chig yn rhostio. A hithau'n noson mor braf, tystiai grŵn y peiriannau torri gwair fod rhai eisoes allan yn eu gerddi.

Wrth i Llywelyn barcio'i gar y tu allan i dŷ Ronald Parry, cafodd gip ar rywun mewn dillad loncian yn dod allan o rif 7. Craffodd yn ei ddrych a gweld mai Gordon oedd yno. Arhosodd nes iddo ddod drwy'r giât. Agorodd ffenestr ei gar ac amneidio arno.

'Newyddion da!' meddai. 'Fydd Nyerere ddim yma fawr hirach. Ma' bechgyn y Swyddfa Gartre ar ei drywydd o… Ond dim gair wrth neb, cofiwch.'

*   *   *

Roedd y newyddion am Nyerere yn sicr wedi'i blesio. Ond wrth i awel y môr ymdreiddio'n ddyfnach ddyfnach i'w ysgyfaint, yr hyn a yrrai iasau drwy gorff Gordon oedd meddwl am y dyfodol. Cadw'r teulu ynghyd; bod yn angor iddynt ac amddiffyn eu henw da: roedd hi'n gwbl amlwg bellach mai i'w ran ef y dôi'r swydd arswydus honno. Doedd Nell ddim yno mwy, ac roedd Ffred, yn sgil ymdrech chwerthinllyd y dyddiau cynt, wedi profi'n derfynol ei fod yn greadur rhy wan ac annigonol i ysgwyddo'r fath gyfrifoldeb. Y fo, Gordon, o hyn allan fyddai eu tŵr a'u tarian. Y fo hefyd fyddai'n rhoi'r ddeddf i lawr ar yr aelwyd. Nid bod meddwl am hynny'n ei arswydo. Gwyddai ym mêr ei esgyrn fod y cwbl o fewn ei allu. Roedd Ffred wedi hen arfer cowtowio, ac mi blygai i'r drefn newydd unwaith y byddai'n gynefin â hi. Un ufudd a didrafferth oedd Brian yn y bôn hefyd. Erbyn mis Hydref mi fyddai'n fyfyriwr yn y Brifysgol ac yn addurn iddynt fel teulu. Dim ond un cwmwl du oedd yna ar y gorwel – Rhian. Roedd cicio dros y tresi wedi tyfu'n ail natur iddi. Ond o hyn allan, troedio'r llwybr cul fyddai ei thynged. Dim Nyerere! Dim joli-hoetian tan berfeddion a dwyn anfri arnynt! Dim ond ufudd-dod llwyr a'i thrwyn yn gyson ar y maen! Ac ymhen blwyddyn neu ddwy efallai y byddai hithau wedi dod at ei choed, ac y byddai swydd ysgrifenyddol naw tan bump hefo un o gyfreithwyr y dref, neu yn un o adrannau gweinyddol y coleg, o fewn ei chyrraedd.

Erbyn hyn, roedd Gordon yn dynesu at ben pella'r prom. Ond heno nid y lladdfa arferol oedd loncian iddo. Wrth i'r chwys ddylifo ar hyd ei gefn, roedd fel petai'n bwrw hen hen ludded yn derfynol o'i gorff. Ar ôl uffern y dyddiau diwethaf, allai pethau ddim ond gwella, medd-yliodd. Gwyddai fod dyddiau llawenydd gerllaw. Ac onid oedd y cread o'i gwmpas – y môr glas a oedd yn dechrau troi'n fflamgoch tua'r gorwel, a'r tonnau gwynion a drawai'r traeth – yn amlygu hynny?

Ar ôl cyrraedd y pen pella, trodd am ganol y dre gan wau'i ffordd am adre drwy'r strydoedd culion. Ond cyn cyrraedd Awel y Môr torrodd un o reolau euraid ei sesiynau loncian. Wrth ddynesu at y Rose and Crown aeth ei syched yn drech nag o a throdd i mewn am beint. Ond bu'n werth gwneud hynny. Yno, yn y gornel bellaf, yng nghwmni un o'i chyd-athrawesau, eisteddai Delyth Prydderch… Ar ôl prynu diod, mentrodd Gordon draw tuag atynt.

*　　*　　*

'Iawn! Iawn! 'Wy'n cyfadde. Bues i draw yn ei thŷ hi,'
meddai Ronald Parry gan gerdded fel dyn gwyllt o
amgylch y lolfa. 'Ond pa ots am 'ny? Jiawch erio'd, o'n
ni'n gymdogion!… A marciwch hyn, 'wy'n gwbod pwy sy
'di bod yn clapan. Hi… Kate Williams… Yr ast.'

'Falle… Ac yn anffodus i chi, dwi'n digwydd credu bob
un gair ddeudodd Mrs Williams wrtha i,' ebe Llywelyn yn
bwyllog. 'Hen werin y graith, ylwch.'

'Gwerin y graith, myn uffarn i!… Fydd yn flin 'da'r ast
am hyn… Ffaelu cadw'u trwyne mas o fusnes pawb arall.
'Na'r drwg 'da'r blydi Gogs.'

'Ydech chi'n bygwth tyst, Mr Parry? Ydech chi'n dallt
fod hynny'n drosedd ddifrifol?'

'Jôc, Inspector! Jôc!… Ond pipan fel hyn ar bawb a
phopeth! Sdim byd gwell 'da hi i' neud?'

'Ond ydech chi'n gwadu'r peth?… Ydech chi'n gwadu'ch
bod chi'ch dau 'di diflannu drwy'r drws cefn ym mreich-
ie'ch gilydd?… Ond dene ni, mi oeddech chi'n gymdogion!
A diawcs, falle ma' mynd draw i rif 7 i fenthyg llawlyfr
garddio neuthoch chi!'

Aeth yn nos ar Ronald Parry. Roedd ar fin rhoi rheswm
od o debyg am ei ymweliad â chartref Nell. Ond yn awr,
yr union eiliad hon, hyd yn oed gyda holl ddarfelydd
gwerthwr insiwrans, ni allai feddwl am stori fach gyfleus
arall, hyd yn oed petai'n fater o fywyd a marwolaeth.

*　　*　　*

Hwn oedd y tro cyntaf. Mi wyddai Gordon hynny'n iawn.
Ar ôl i'r athrawes arall orfod mynd yn gynt na'r disgwyl,

hwn oedd y tro cyntaf erioed iddo fo a Delyth Prydderch lwyddo i sgwrsio'n rhydd ac ymlacio yng nghwmni'i gilydd. Roedd y rheswm am hynny'n amlwg. Doedd Nell ddim yn bod bellach. Doedd hi ddim yno i godi cywilydd arnynt, a doedd 'na'r un rheswm dros grybwyll ei henw hyd yn oed. Yn y gornel glyd hon, am y tro cyntaf erioed, roedd modd iddynt sgwrsio â'i gilydd fel dau oedolyn cyfrifol.

'Pitïo'r gwragadd o'n i,' meddai Gordon. 'Oedd o'n fywyd uffernol o galad iddyn nhw… Esu, 'swn i 'di aros, 'swn i byth bythoedd 'di priodi… Priodi a bod yn yr armi: 'dyn nhw ddim yn mynd hefo'i gilydd.'

'O, 'sa i mor siŵr,' atebodd Delyth. 'O'dd e'n gyfnod diddorol ar un ystyr. Yr Almaen, Cyprus. O'n i'n hoff iawn o Cyprus… Wrth gwrs, o'dd hi'n anodd weithie… Bod ar wahân am gyfnode hir. Adeg 'ny bydde rhai o'r gwragedd yn craco lan. Taro'r botel ac ati.'

'Oedd troi cefn ar y cwbwl ddim yn demtasiwn?'

'Wel, o'dd dim dewis 'da fi. Y fyddin o'dd ei fywyd e… O, 'wy'n cofio'n iawn! O'dd rhai o'n ffrindie coleg i'n credu bo' colled arna i… Priodi sowldiwr! British Army!… Ond proffesiwn, job o waith, o'dd y cwbwl iddo fe… Wrth gwrs, o'dd ei weld e'n mynd bant i Ogledd Iwerddon yn wahanol.'

'Oedd, debyg… Ond cofiwch, doedd bod yn fan'no ddim yn ddrwg i gyd. Oedd y lle'n eich c'ledu chi.'

'O?'

'Bod ar binna o hyd. Yr holl gyfrifoldab. Oedd wsnos yn y lle'n gneud i chi dyfu i fyny… Oedd y car 'na 'di'i barcio yn fan'na ddoe?… Be sgin nacw'n ei bocad?… Babi sy'n y goetsh 'na?… Oeddach chi'n gofyn cwestiyna drw'r adag. Ac yn y diwadd, oeddach chi'n dechra meddwl... Amdanach chi'ch hun... am fywyd... Welis i ddau fêt yn ca'l eu saethu. Ddigwyddodd y peth fel'na... Ond gwbod bod y bastads i gyd yn eich erbyn chi. Oedd hynny'n waeth, rwsut.'

'A 'na be sy'n hala fi'n grac,' meddai Delyth. 'Sneb yn becso bod y lle'n gadel y fath greithie emosiynol ar ein bechgyn ni.'

Gallasai Gordon fod wedi aros yn llawer hirach yn y Rose and Crown. Ond er mor frwd y sgwrs, roedd gofalon teuluol yn galw, a'r ddwyawr o hoe oedd gan Delyth cyn i'w merch ddychwelyd o glwb chwarae'r Urdd yn prysur ddirwyn i ben. Ond o leia câi Gordon y cyfle i gydgerdded â hi yn ôl am y stad. Ac ar ôl y fath ddechrau addawol, meddyliodd, pwy wyddai beth ddôi o'r cyfarfyddiad hwn?

Erbyn iddynt gyrraedd gwaelod yr allt roedd y machlud wedi hen bylu a chysgodion yr hwyr yn cau amdanynt. Ac yn y llwydolau hwn, wele Gordon yn mentro'i lwc ac yn rhoi ei fraich am ei chanol. Ond gwingo o'i afael a chadw'i phellter a wnaeth Delyth. Er hynny, wrth iddynt esgyn yr allt, parhaodd i sgwrsio'n ffri, a gwrandawodd yn astud arno hefyd wrth iddo fwrw'i fol a chwyno na fedrai fyth ystyried Aberedwy yn wir gartref iddo. A deimlai hithau hefyd yr un mor ansicr ag o ynghylch y dyfodol? A fyddai hi, fel y fo, yn teimlo'n uffernol o unig weithiau?

'Weithie. Ond ma' fe'n beth rhyfedd. Weden i 'mod i bron iawn yn ei fwynhau e.'

'Ond ma'n siŵr fod petha'n medru bod yn galad. Hogan fach i'w magu, a joban ddysgu ar ben hynny.'

'Diwedd pob gwylie. 'Na pryd ma' hi waetha. 'Wy'n teimlo euogrwydd ofnadw wrth fynd 'nôl i'r ysgol a gwbod bo' fi'n ffaelu rhoi f'amser i gyd iddi hi.'

Oedodd y ddau i ffarwelio wrth giât rhif 13, ac er gwaetha'r cam gwag ar yr allt, nid oedd Gordon wedi anobeithio'n llwyr, a rhoddodd gynnig ar drefnu oed arall.

'Cymysgu mwy a dod allan o dy gragan. Mi fasa hynny'n gneud byd o les i ti.'

''Na be ma' pawb yn ei weud. Ond 'wy'n ame 'ny.'

'Be am nos Sadwrn nesa? Uffar o glwb da 'di agor yng Nghaeremrys. Ti ffansi?'

'Be? Joio mas draw mewn clwb nos! O'dd 'ny'n iawn flynydde'n ôl. Ond ma' pethe'n wahanol nawr.'

'Ty'd. Mi fasa'n donic i'r ddau ohonan ni...' Rhoddodd Gordon ei fraich am ei chanol a'i thynnu'n sydyn tuag ato. 'Ti ar dân isio dod! Dwi'n gwbod! Fedra i ddeud arnat ti!'

'Na – peidiwch!'

'Esu, be sy?... Ymlacia. A llai o'r "chi" gwirion 'ma... Gawn ni dacsi yno a bob dim.'

'Na. Na.' Gwingodd Delyth o'i afael unwaith eto ac ymdrechu i godi clicied y giât. 'Na. Ma'n ddrwg 'da fi, Gordon.'

'Ond pam?... Deuda'r gwir. Ti licio fi, 'dwyt?' Cythrodd Gordon ynddi unwaith eto a'i thynnu'n ôl tuag ato. 'Dwi'n gwbod, yli. Yn gwbod yn iawn bo' ti isio fi.'

'Gordon, chi'n camddeall pethe,' atebodd hithau'n bwyllog. 'Wy'n eitha hoff ohonoch chi. Ond smo fi *isie* chi.'

'Ond pam? Deuda pam.'

'Oes raid imi?... Wrthych chi, o bawb!... Iwerddon, Gordon!... Iwerddon!... 'Na *pam*!'

*   *   *

'Iawn,' meddai Ronald Parry, a'r chwys yn disgleirio ar ei dalcen erbyn hyn, ''wy'n fodlon cyfadde bo' ni 'di ca'l... chi'n gwbod... bach o sbort 'da'n gilydd.' Ond er gwaetha'r chwys, awgrymai'r wên gam ar ei wep nad oedd ganddo ronyn o gywilydd wrth ddatgan hyn. Yn ei ddillad sbifaidd onid edrychai Llywelyn hefyd fel un o'r bois iddo ef? Ac onid oedd y bois o hyd yn deall ei gilydd?

'Chi'n gwbod siwd o'dd pethe,' ychwanegodd. 'Chi 'di'i weld e, Ffred. Pŵar dab!... O'dd hi'n fenyw a hanner. Yn fenyw actif... Chi'n deall be 'sda fi?... Moyn MOT a *service* yn aml... A 'sa i'n credu ma' fi o'dd y cynta.'

'Ma' hynny'n eitha amlwg,' atebodd Llywelyn yn bigog. 'Ond yn anffodus, mi roesoch MOT iddi chydig ddyddie cyn iddi ga'l ei llofruddio.'

'Ond smo 'ny'n profi dim. Cyd-ddigwyddiad o'dd e... Ac o'dd hi 'di bod yn pipan arna i yn yr ardd ers wthnose.'

'Ydech chi'n trio awgrymu wrtha i mai hwn oedd y tro cynta?'

'Wrth gwrs 'ny! 'Na pam gawson ni'n dala'n yr ardd gan Attila the Hun.'

'Ond falle'ch bod chi wedi mynd ati'n fwriadol i dynnu ar Mrs Williams.'

'Uffach gols, o'dd dim clem 'da fi bo' hi 'no. 'Se'n i'n gwbod, fydde hi 'di bod yn rhwyddach mynd drwy'r ardd ffrynt... 'Wy'n gweu'thoch chi. 'Na'r tro cynta – a'r ola.'

'Felly, rhyw howdi-dŵ-hwyl-fawr o beth oedd y cwbwl. Dene 'dech chi'n ei ddeud?'

'Wrth gwrs 'ny. A wedes i'n blaen wrthi hefyd.'

'O! A mi fase hi 'di lecio ca'l mwy o'ch cwmni chi?'

'Wel, 'sa i'n hoffi bragaldan! Ond o'dd hi'n blês 'da fi! Sdim dowt am 'ny!'

'Diddorol… Diddorol iawn… Mi oedd hi am weld pethe'n datblygu, a chithe isio dianc o'i chrafange hi.'

'Na! Nage 'na beth o'dd 'da fi… Chi'n camddehongli'r hyn 'wy'n ei weud!'

'Ond be'n union 'dech chi'n drio'i ddeud?… Dwi'n meddwl y base'n well i ni drafod hyn chydig yn fwy manwl.'

'O, diawl erio'd!' ebychodd Ronald. Gallai fod wedi'i gicio'i hun – a hynny nid am y tro cyntaf yn ei fywyd – am fod mor wirion o ddiofal wrth delynegu am yr unig dalent fawr y'i cynysgaeddwyd â hi.

*   *   *

Ar ôl gwneud stomp o bethau gyda Delyth Prydderch, cyrhaeddodd Gordon adre'n flin fel tincar. Wedi orig mor addawol yn y Rose and Crown, dim ond adflas chwerw'r cwrw oedd yn aros erbyn hyn, ynghyd ag awydd anniwall i ddial ar bwy bynnag o blant dynion y digwyddai daro llygad arnynt. A heno, yn rhif 7, gallai fwrw'i ddialedd ar un o ddau. Aethai Ffred allan am beint, a hynny am y drydedd noson yn olynol, ond roedd Rhian a Brian yno, ac yn dargedau hwylus i'r carwr gwrthodedig.

Ar ôl diwrnod mor braf, daethai rhywfaint o frath y gaeaf yn ôl yn sgil awyr ddigwmwl yr hwyr. Swatiai'r brawd a'r chwaer yn y stafell ffrynt o flaen y tân trydan. Roedd Rhian â'i phen mewn nofel a Brian wedi'i fesmereiddio gan raglen ar BBC 2 a drafodai'r cysyniad o ddiwinydd-iaeth mewn byd ôl-fodern. Ni chymerodd yr un ohonynt fawr o sylw o'u brawd, ond roedd ffrwydrad yn anochel, a'r tebygolrwydd mai Rhian yn hytrach na Brian fyddai'n diodde yn bur uchel. Wrth gwrs, roedd ganddo rywbeth i'w ddannod iddi hi.

'Wel, dwi 'di setlo'r hen stalwyn,' meddai. 'Ta-ta Aber-edwy fydd ei hanas o rŵan.'

Cymerodd eiliad neu ddwy i Rhian ddirnad at bwy'n union yr oedd ei brawd yn cyfeirio. Ond pan wawriodd arni, caeodd y llyfr yn glep o'i blaen. A chyda thân yn ei llygaid dyma lyncu'r abwyd.

'Be ti'n feddwl?'

'Fo. Y cwd lawr y lôn. Fydd o'm yma fawr hirach. Mae o'n hel ei bacia'r funud 'ma. Fetia i chdi!'

'Ond dwi'n ei weld o for– ' Rhoddodd Rhian ei llaw dros ei cheg. Ond roedd y gath allan o'r cwd.

'Y slwtan fach! Dyna oedd dy blania di, ia? Wel, dallta hyn. Fydd o'm yma. Fydd o ar ei ffor' 'nôl i'r ffycin jyngl. Ma'r Home Office ar ei ôl o. Dallt?'

'Ond fedran nhw ddim! Sgynnyn nhw'm hawl! Mae o'n fyfyriwr yma.'

'*Big deal*! Ma' 'na ddeddfa mewnlifiad yn y wlad 'ma, yli... A ma' 'na ddeddfa hefyd i nadu rhyw fastad fel'na rhag manteisio ar genod bach.'

'Manteisio arna i? Paid â siarad drwy dy blydi het!'

'Ond mi ddaru o, yn llygad y gyfraith. Oeddat ti o dan oed, a manteisio ydi hynny... Unwaith y dalltan nhw, mi gân' warad â'r sglyf mewn cachiad. A mi fydd Rhian bach heb gariad wedyn... Bechod! Biti!'

Wrth i oblygiadau'r hyn yr oedd Gordon yn ei ddweud ddod yn gliriach, dechreuodd Rhian fygwth a rhincian dannedd. 'Chân' nhw ddim! Chân' nhw ddim!' sgyrnyg-odd. 'A pwy sy tu ôl i hyn? Y blydi plisman 'na?'

'Ia. A fi roddodd o ar ben ffor',' atebodd Gordon a gwên ddirmygus ar ei wyneb.

Roedd y wên yn ormod i Rhian. Gyda gwaedd annaearol, taflodd ei llyfr i wep ei brawd a rhuthro tuag ato fel cath wyllt o'r coed. 'Y diawl! Y bastad! Mi lladda i di am hyn!' Cythrodd yn ei wallt a cheisio cripian ei wyneb. 'Y cwd busneslyd!' dolefodd drachefn.

Ond O, mor falch oedd Gordon! Mor falch fod y sopen fach wirion wedi ymateb i'w her. Gafaelodd ynddi heb unrhyw drafferth, a'i gwthio'n ddiseremoni tua'r llawr nes bod ei hwyneb yn y carped. Clodd ei grafangau am ei breichiau a dechreuodd eu troi'n araf y tu ôl i'w chefn.

'Yr ast dinboeth,' meddai. 'Fi 'di'r bòs rŵan.'

Câi Gordon, yn amlwg, ryw bleser gwyrdroëdig o weld ei gwewyr yn gwaethygu. A chan blygu'i breichiau'n nes ac yn nes at ei phalfeisiau, dechreuodd sibrwd yn ysgafn yn ei chlust: 'Ryw ddwrnod, pan fyddi di'n gallach, fyddi di'n diolch i fi am hyn. Achos fi sy'n iawn, ti'n gweld. Ac am ma' fi sy'n iawn, ti'n mynd i neud bob dim dwi'n ddeud... Bob ffycin dim. Dallt?'

Erbyn hyn roedd Rhian mewn dygn artaith, a'i griddfannau'n ddigon dirdynnol i beri i Brian hyd yn oed ymwroli ac ymyrryd. 'Rho'r gora iddi, Gordon,' ymbiliodd. 'Plîs, rho'r gora iddi. Ma' hi 'di dysgu'i gwers rŵan.'

Yn araf, llaciodd Gordon ei afael. Cododd, gan adael Rhian fel doli glwt ar y llawr. Ond er colli'r frwydr, roedd hi'n amlwg nad oedd ysbryd y chwaer fach wedi'i dolcio'n rhy ddrwg.

'Chei di'm 'y nhrin i fel'ma,' meddai ynghanol ei dagrau. 'Y diawl brwnt. Ddeuda i wrth y plisman 'na.'

'Paid hyd yn oed â meddwl am y peth,' rhybuddiodd Gordon, a dorsythai'n fuddugoliaethus uwch ei phen erbyn hyn. Ond roedd ei ymffrost fymryn yn rhy gynnar. Anelodd

Rhian gic filain am ei figwrn. Gyda sêr yn fflachio o flaen ei lygaid a phoen yn saethu drwy'i gorff, syrthiodd yntau ar ei hyd ar y soffa. Mewn chwinciad roedd Rhian ar ei thraed ac yn anelu am y drws. Doedd ganddi'r un amcan i ble roedd hi am fynd. Yr unig nod oedd cael dianc o'r seilam hwn. Ond fu ei chic ddim cweit ddigon hegar. A hithau ar fin diflannu i'r nos drwy'r drws ffrynt, cafodd Gordon ei grafangau arni drachefn. Fe'i llusgodd yn ôl i'r cyntedd, a tharo'i phen yn fwriadol gïaidd yn erbyn y pared.

'Ffycin hel, chwaer fach!' crochlefodd. 'Ffycin hel, ti'm 'di dechra dallt, naddo?… Wel, mond un ffor' sy 'na, chwaer fach!'

*   *   *

Y drws nesaf, a Ronald Parry'n dal i wingo'n anesmwyth o'i flaen, clywodd yr Uwch Arolygydd Llywelyn y gweiddi a'r cythrwfl am y pared ag ef. Cododd ei aeliau fel rhyw blisman drama yn goractio… Tylwyth hapus yr Huwsiaid?… Roedd hi'n dipyn o sioc eu clywed nhw wrthi'n ffraeo fel tincars. Efallai y byddai'n syniad da iddo alw yno ar ôl gorffen hefo Ronald Parry.

Ond, ar yr union eiliad honno, daeth sŵn o berfedd ei radio symudol… ac wele alwad o swyddfa'r heddlu a fyddai'n trawsnewid holl natur yr ymchwiliad…

PENNOD 16

CYFFES

Dyma beth yr oedd Llywelyn wedi bod yn ei ddistaw gredu drwy gydol yr ymchwiliad. Am hyn, yn dawel fach, y bu'n dyheu. Roedd yr heddlu yng Nghaeremrys, fel ym mhob tre arall yn y gorllewin, wedi bod ar eu gwyliadwriaeth, a phan sylwyd ar y tebygrwydd posibl rhwng y ddau achos, cysylltwyd yn ddiymdroi â Llywelyn yn Aberedwy.

Horwth mawr tua phedair ar bymtheg oed oedd o. Eisteddai yn y stafell gyhuddo a'r bwli diedifar yn amlwg yn ei holl osgo. Ond yn nwfn ei lygaid roedd ofn hefyd yn llercian. Roedd ganddo'r math o gorff afrosgo o fawr a fedrai godi arswyd. Ond dirmyg yn unig a lanwai galon Llywelyn wrth syllu arno: y pen mawr fel rwdan, yr wyneb plorynnog, y gweflau cilagored a'r wefus isa'n bargodi'n llipa dros yr ên. Mae'n siŵr mai hen ŷd y wlad oedd ei gyndeidiau, meddyliodd Llywelyn. Ond pen dafad oedd hwn wedi ei lwyr gyfrgolli ymhlith gwehilion tref. Gwisgai jîns pygddu a siaced ledr a oedd wedi'i chau'n dynn amdano. Roedd gwddw'r siaced yn gramen sgleiniog o faw, a phob math o fathodynnau rhafliog yn blastar drosti. Ac roedd o'n drewi. Dyna'r peth cyntaf a drawodd Llywelyn wrth ddod i mewn i'r ystafell: arogl stêl y dillad ac arogl chwys.

'Wel, ti 'di gneud hi tro 'ma, yn do?'

''Nes i'm byd,' atebodd yr horwth.

Gwaetha'r modd, roedd y dystiolaeth yn ei erbyn yn

llethol. Yn gynharach y noson honno, a hithau ar fin tyw-yllu – doedd ganddo ddim hyd yn oed digon o grebwyll i aros iddi nosi'n iawn – yr oedd wedi ymosod ar hen wreigan ar un o strydoedd cefn Caeremrys. O fewn golwg tyst busneslyd a ddigwyddai fod yn sbecian o'r tu ôl i lenni un o'r tai teras cyfagos, roedd o wedi cythru am ei bag llaw a'i daro ar ei phen â phastwn bychan. Ond un wantan oedd yr hen wreigan, ac erbyn i ymgeleddwyr ei chyrraedd, roedd hi wedi marw. Pan arestiwyd yr horwth ddeng munud yn ddiweddarach roedd ei phwrs yn ei feddiant o hyd. O dan drwynau'r plismyn fe geisiodd ei daflu i ardd tŷ cyfagos. A'r £15.50 a oedd ynddo? Roedd y £15.50 yn dal i nythu yng nghledr chwyslyd ei law. Pan ddywedwyd wrtho fod yr hen wraig wedi marw, ei unig ymateb oedd: 'Nô-wê! Nesh i'm ei tharo hi'n galad.' Ond diriad oedd yr horwth, ac o'r awr y'i ganed tynghedwyd y byddai, ryw ddydd, yn gynefin â muriau cell. Yn awr, roedd pob argoel y byddai ei gyfnod cyntaf dan glo yn un enbyd o hir.

Tynnodd Llywelyn ei siaced ac eistedd am y ddesg ag o. 'Be 'di d'enw di?'

'Darren Morgan. Dwi 'di deud wrth y llall yn barod.'

'*Fi* sy'n gofyn rŵan. A lle ti'n byw?'

'Coronation Park.'

Un arall o drychinebau cynllunio Llafurwyr y chwedegau oedd Coronation Park. Jerwsalem newydd a'i llond o graffiti a chachu ci a thai wedi dechrau dadfeilio. Roedd marchnad rydd Thatcher a'i hocsiwn dai cyngor wedi hen fynd i'r gwellt yno hefyd. Y llafnau ifanc yn y ceir wedi'u dwyn, y cyffuriau amhur, y trais domestig: lle felly oedd Coronation Park.

'A be ma' dy dad yn ei neud?'

'Cownsil. Ar y loris.'

'Dy fam?'

'Mam?'

'Ie, dy fam. Ydi hi'n gweithio?'

'Ydi, weithia. Golchi lloria, llenwi silffoedd. B&Q, Safeway, Great Mills: ma' hi 'di gneud y blydi rownds. Ond fydd *hi*'m yn poeni.'

'Felly dwi'n dallt… Ond ma' hi'n gwbod.'

'*So what*!… Uffar o otsh gynni hi amdana i. Redodd hi ffwr' efo rhyw gwd pan o'n i'n dair ar ddeg.'

'Ac ma' hynny'n dal i dy gorddi di?'

'Bechod iddi rioed ddod 'nôl.'

'A dwyt ti rioed wedi madde iddi?'

'Dwn i'm… Dda gin i mo'i gwep hi. Dyna'r cwbwl.'

'Diddorol. Ac w'sti be ddeudodd hi pan gafodd hi wbod? "Rhyngtho fo a'i botas rŵan!" '

Syllu'n ddidaro ar y bwrdd o'i flaen oedd ymateb yr horwth. 'A be dwi fod i' neud rŵan? Crio?'

'Fedri di esbonio un peth i mi? Pam wyt ti mor barod i ymosod ar ferched? Ffordd o ddial arni hi ydi o?'

'O, clyfar iawn!' meddai'r horwth dan ei wynt.

'Ond ma' 'ne ryw reswm pam dy fod ti'n targedu merched…'

''Dach chi'n ffycin gwirion ne' rwbath? Ma'n nhw'n wannach, 'tydyn?'

'Ac mi wyt ti hefyd yn targedu merched hŷn. Miss Eifiona Jenkins heno. A'r un yn Aberedwy. Mi oedd honno'n tynnu am ei hanner cant – tua'r un oed â dy fam.'

'Aberedwy? Be ddiawl 'dach chi'n fwydro?'

'Hanner cant. Ac oedd hi'n eitha tebyg i dy fam hefyd,

'swn i'n feddwl.'

'Dwi rioed 'di bod yn Aberedwy.'

'Rioed 'di bod yno! Rioed 'di bod am drip i lan y môr! Ti'n disgwl i fi gredu hynny?'

'Wel… estalwm, falla.'

'Wrth gwrs bo' ti… Oeddet ti yno nos Iau dwetha, er enghraifft.'

'O'n i, ddiawl.'

'Lle oeddet ti felly? Lle oeddet ti nos Iau?'

'Nos Iau?… Sgin i'm syniad… Nos Lun. Nos Fawrth. Nos Ferchar. Nos Iau. Nos Wenar… Ma'n nhw i gyd 'run fath. Pam ffyc ddylswn i gofio lle o'n i nos Iau?'

'Ond mi oedd nos Iau'n sbesial. Rhyfedd na faset ti'n cofio.'

Roedd chwys ar dalcen yr horwth erbyn hyn. Rhoddodd ei benelinoedd ar y bwrdd, a rhoi ei ben yn ei ddwylo. Syllodd Llywelyn arno. Syllu ar y gwallt seimllyd a'r dwylo praff. Dwylo horwth, meddyliodd. Dwylo llindagwr.

'O'n i'n y pictiwrs. Efo lefran,' atebodd Darren Morgan o'r diwedd.

'A be welsoch chi yno?'

'Dwi'm yn cofio… *Twister*.'

'Bythefnos yn ôl oedd *Twister* yno. Mi est ti i Aberedwy nos Iau. Dwi'n iawn, 'dydw?'

'Blydi hel, na! Dwi 'di deutha chi. Dwi'm 'di bod yno ers blynyddoedd.'

'Mi est ti yno wsnos dwetha. A fatha heno, oeddet ti isio chydig bunnoedd i gael peintyn neu ddau.'

''Nes i ffyc *all* o'i le. Heno na nos Iau.'

'Ty'd o'ne, Darren! Gest ti dy ddal efo'r pres yn dy law. Mi oedd 'ne dderbynneb hefo'i henw hi arno fe ymhlyg yn y papur pumpunt. Mi gest ti dy weld gan PC Hughes a WPC Edwards yn taflu'r pwrs i'r gwrych.'

Roedd yr horwth yn agos at ddagrau. ''Dach chi'n trio fframio fi,' protestiodd. 'Welis i'r un dderbynneb.'

'Ac ar ben hynny, gest ti dy weld o'r tai gan rywun oedd yn dy nabod di. Ma'r sarjant wrthi'r funud 'ma yn paratoi'r cyhuddiad yn d'erbyn di. Ond prin fod 'na bwynt. Mi fasa'n llai o drafferth dy roi di mewn cell rŵan, a thaflu'r goriad i waelod y môr.'

Dechreuodd yr horwth dagu a glafoerio. 'Celwydd 'di'r cwbwl!' ebychodd. ''Nes i rioed…' Dechreuodd y corff afrosgo wingo drwyddo. 'Do'n i'm yn dallt…'

'Doeddet ti ddim yn dallt dy fod ti mor gry! Dene ti'n drio'i ddeud?… Wel, dwn i'm. Gest ti ddigon o bractis… Ac oedd yr hen bensiynwraig yn haws ei thaclo na'r un yn Aberedwy? Gest ti fwy o strygl tro blaen, yndo?'

'Doedd 'na'm "tro blaen". Dwi 'di deud.'

'Doedd honno ddim mor wan, nac oedd? Llond llaw, ddeudwn i.'

''Dach chi'n dychmygu petha. Fyddwch chi'n deud 'mod i hefo'r IRA nesa.'

'Sgen i'm diddordeb yn yr IRA. Mond mewn ymosodiad arall fel hwn… Nest ti daflu llwch i'n llygaid ni am chydig, Darren. Mi oedd hi'n joben mor… ddestlus. A faint gest ti am dy holl drafferth?'

''Dach chi'n siarad drw'ch tin.'

'Dipyn mwy na phymtheg punt, dwi'n siŵr o hynny. A be am y froetsh?'

'Broetsh?… Be ddiawl 'dach chi'n ei falu?'

'Y froetsh oedd hi'n ei gwisgo. Be nest ti hefo hi? Ei gwerthu hi? Ei rhoi hi i'r "lefran"…? Ond falle ma'i thaflu hi nest ti. Bechod. Oedd hi'n werth cryn dipyn.'

Edrychodd Llywelyn arno, gan ddisgwyl gweld awgrym o siomedigaeth. Ond dim ond bwli mewn penbleth a welai gyferbyn ag ef.

'A mi gest ti well hwyl ar y joben gynta. Llecyn bach snêc a thywyll. Neb yn debygol o dy weld di. Ac yna Mrs Hughes yn dod heibio ar ei phen ei hun bach. Oedd hi'n d'atgoffa di o dy fam? Rhyw fath o goch oedd lliw ei gwallt hi, yntê? Be 'di lliw gwallt dy fam?'

'Blondan ydi hi.'

'Wedi'i lifo fo ma' hi? Lliw potel ydi o?'

'Wel, dim o ffycin Sweden ma' hi'n dod.'

'Lliw potel. Fatha Nelly Veronica Hughes. Diddorol... Mi gest amser i sylwi, debyg. Gweld ei bod hi'n dipyn o slag. Ac mi oeddet ti'n barod amdani efo dy weiren. Teclyn bach handi... hefo darne o bren bob pen iddo fo, ie?... Mond am ei dychryn hi oeddet ti?'

'Sgin i'm clem am be 'dach chi'n sôn,' plediodd yr horwth drachefn.

'Ond unweth oedd y weiren am ei gwddw hi, mi oedd hi'n anodd stopio. Mi oedd yn rhaid mynd i'r pen. Ydw i'n iawn? Ac mi oedd e'n deimlad braf, yntoedd? Nest ti ddechra'i fwynhau e. Ac wrth dynhau a thynnu, gest ti godiad, Darren?'

'Esu, *hold on!*'

'A chyn i ti sylweddoli be'n union oedd 'di digwydd, mi oedd hi'n farw ar y llawr. Be nest ti wedyn, Darren? Be nest ti hefo'r weiren?'

Roedd yr horwth yn gegrwth erbyn hyn, a dagrau'n llenwi ei lygaid. ''Dach chi jyst yn... yn palu clwydda,' meddai.

'O na, dwi ddim. Ti'n gwbod yn iawn am be dwi'n sôn. A gest ti hyd i'w phwrs hi wedyn, yndo? Ac ar ôl hynny y froetsh. Ond be nest ti hefo'r weiren, Darren? Ei thaflu hi i'r môr? Neu falle bo' ti 'di chadw hi. Ei chadw hi'n saff adre, yn barod am y tro nesa.'

'Blydi hel, cerwch yno i chwilio!'

'Ac mi oedd 'ne "dro nesa" i fod 'toedd? Gest ti andros o gic wrth ei thagu hi. Fel 'tase ti'n gwasgu gwddw rhywun arall.'

'Be andros – '

'Yn dy feddwl, oeddet ti'n tagu rhywun arall, 'toeddet? Ac mi oedd hi mor hawdd tynnu'n gletach gletach wrth feddwl ma' hi oedd yno'n gwingo.' Gwyrodd Llywelyn ar draws y ddesg, a syllu'n dadol ar yr horwth crynedig. 'Cyfadde'r cwbwl. Dyne'r peth calla. Yn y pen draw, mi fase hynny o les mawr i ti.'

Dechreuodd yr horwth igian crio. 'Iawn, iawn… yr hen wraig 'na heno… fi ddaru. Ond do'n i ddim 'di bwriadu'i lladd hi. Wir yr!'

'Dduw Mawr, ma' pawb yn gwbod am y llanast nest ti heno. Y joben yn Aberedwy. Am honno dwi'n holi.'

'Doedd 'na'r un joban yn Aberedwy. 'Nesh i ddim – '

'O, do, mi nest ti. Dydd Iau dwetha. Be oedd yn mynd drwy dy feddwl di pan welest ti hi'n dod? Mi oeddet ti yn dy gornel fach dywyll, a dyma hi'n dod i lawr y llwybr yn fronne ac yn din i gyd. Oedd hi'n d'atgoffa di o dy fam?'

'Be ffyc sy 'nelo Mam hefo hyn?'

'Dipyn go lew, Darren. Dipyn go lew. Pan roist ti'r weiren 'ne am ei gwddw i ddechre, doeddet ti ddim yn bwriadu brifo gormod arni. Ydw i'n iawn?… Gwranda, gei di ddeud hynna yn yr achos llys, ac os nei di gydweithredu, nawn ni ddim trio gwrthbrofi hynny. 'Den ni i gyd ar yr un ochor, Darren.'

Erbyn hyn roedd y dagrau'n powlio dros ruddiau'r horwth. ''Dach chi jyst yn pigo arna i...' dolefodd. '...'Dach chi 'di trefnu'r cwbwl.'

'Dyden ni ddim, Darren. Am i ti ddeud be'n union ddigwyddodd yden ni... Mi nest ti dynnu hynny fedret ti ar y weiren 'na,'ndo? Ti'n hogyn cry, Darren. Ac mi nest ti dynnu a thynnu, a thynhau a thynhau – '

'Naddo!'

'Ac mi oedd hi'n cicio. Yn gwingo. Yn ymladd am ei hanadl – '

'Na! Na!'

'Ac oeddet ti'n methu stopio. Yn tynhau, tynhau, tyn-hau. A dyma ti'n teimlo'i chorff hi'n llonyddu'n ara'. Ond jyst i neud siŵr, mi ddalist ati i dynhau'r weiren; ei thynnu a'i thynhau; ei thynnu a'i thynhau.'

'Naddo! Do! Naddo! Do... do... do...'

PENNOD 17

DIWEDDGLO HAPUS

'*West Wales Murders – Man Held*'. '*Double Murder – Man In Custody*'.

Y bore wedi i Llywelyn ruthro fel dyn gwyllt am Gaer-emrys, cyhoeddai'r hysbysfyrddau y tu allan i siopau papurau newydd Aberedwy fod yr ymchwiliad i lofrudd-iaeth Nelly Veronica Hughes i bob pwrpas ar ben. Yn y diwedd gwireddwyd yr hyn yr oedd Llywelyn wedi'i broffwydo wrth ei gyd-swyddogion ar ddechrau'r achos. Ac wrth hel ei bethau ynghyd a chlirio'i ddesg yn y stesion yn Aberedwy, roedd yn dra pharod i atgoffa'r Arolygydd Gruffudd Williams o hynny.

'Dene oedd 'y marn i o'r cychwyn cynta,' meddai'n dalog. 'Mae o'n beth eitha cyffredin, 'tydi? Ymosod heb unrhyw fwriad o ladd. Y cwbwl yn mynd dros ben llestri, a'r troseddwr yn cael cic allan o hynny... Disgwl iddo fo daro eto. Dene oedd ein hunig ddewis ni, mewn gwir-ionedd.'

'Ac fe gyffesodd y bachgen?'

'O, do,' atebodd Llywelyn gan gasglu'i bapurau yn bentwr taclus ar y ddesg o'i flaen. 'Wrth gwrs, unweth y daeth cyfreithiwr i'r golwg – a hynny ar ein traul ni'r trethdalwyr – mi newidiodd ei gân, mond er mwyn rhoi bys yn ein llyged ni. Ond mi gyffesodd. O, do. A thorri'i enw ar waelod y datganiad.'

'Gawsoch chi hyd i'r arian a'r froetsh?'

'Ddim eto... Debyg fydd raid inni os 'den ni am gyflwyno achos gwerth chweil. Ond fydde hi ddim yn ddiwedd y byd 'taen ni'n gorfod gollwng y cyhuddiad cynta. Ma' 'ne domennydd o dystioleth yn ei erbyn o ar gownt y llofruddieth yng Nghaeremrys... Cythrel bach milain. Diolch i'r drefn 'i fod o dan glo, ddeuda i.'

Roedd yn anodd gan Llywelyn gelu'i falchder. Ar ôl llai nag wythnos, wele'i ymchwiliad llawn cyntaf i achos o lofruddiaeth wedi'i ddwyn i fwcwl yn llwyddiannus. Ni allai lai na meddwl am ei ragflaenydd. Smith druan. Aeth Smith i fedd cynamserol a thri mwrdwr heb eu datrys yn cnoi o'i fewn. Ond, hyd yma, fedrai'r Prif Gwnstabl ddim dannod iddo fo fod ymchwiliad aneffeithiol o hir yn draul ar adnoddau prin.

'Wel, Williams, 'dech chi ddim yn teimlo rhyddhad?'

'Odw, glei.' Ond yn ei fyw ni allai Williams rannu brwdfrydedd ei bennaeth nac ymroi ychwaith i'w longyfarch yn frwd. Roedd rhyw fanion bach yn mynnu'i anesmwytho.

'Y *modus operandi*. 'Na beth od 'i fod e mor wahanol,' meddai. 'Weiren y tro cynta a wedyn pastwn.'

'Wel, mi fase'n rhyfedd iddo fo ddefnyddio'r un arf ddwyweth,' atebodd Llywelyn yn ddiamynedd. 'Mae o'n dwp, ond dydi o'm yn ffŵl.'

'Chi'n gweld patrwm felly?' holodd Williams.

'Ydw, dwi'n meddwl. Ddaru'r peth 'y nharo i'r eiliad y soniodd y sarjant am y fam... Yr un teip yn union â Nelly Veronica Hughes. Mi redodd i ffwr' hefo dreifar lori pan oedd o'n dair ar ddeg. Mi ddoth yn 'i hôl. Ond mi oedd hi'n rhy hwyr... Roedd y drwg 'di'i neud... Math o ddial ar y fam ydi'r llofruddiaethe 'ma. Diodde'n ddirprwyol ddaru'r ddwy. 'Dech chi'n gyfarwydd â'r cysyniad, Williams?...

Gawson nhw'u lladd oherwydd ei gasineb at ei fam. Dial ar ei fam oedd o. Dial am ei fod o 'di cael ei amddifadu a'i adel.'

'Diddorol,' meddai Williams, ond heb ddangos unrhyw frwdfrydedd. Plisman o'r hen deip oedd ef; un dygn, ymdrechgar nad oedd yn debygol o gael ei lygad-dynnu gan gysyniadau seicolegol ffansi. 'Rhaid 'mod i'n camgymryd,' meddai. 'O'n i'n credu fod y fenyw yng Nghaeremrys yn tynnu 'mla'n.'

Syllodd Llywelyn yn flin arno. 'Wel?'

'Targedu menywod o'dd yn ei atgoffa fe o'i fam. O'ch chi'n awgrymu taw hynny o'dd y bwriad.'

Roedd Llywelyn yn prysur anniddigo a'i wefusau wedi tynhau. 'Mi oedd hi'n gyfnos... Bron â th'wyllu... Ond hollti blew 'den ni rŵan. Os cawn ni hyd i'r froetsh, fydd gynnon ni achos cry. Os na chawn ni, fydd raid inni fodloni ar yr un cyhuddiad. A hyd yn oed 'tai o'n cael dwy ddedfryd, cydredeg fydden nhw... Ymlaciwch, Williams. Cerwch allan i ddathlu... O'n safbwynt ni ma'r ddau ymchwiliad ar ben.'

Ond doedd Williams ddim wedi'i fodloni. Ac wrth gamu'n dalog o'r ystafell, ni welodd Llywelyn yr olwg anesmwyth ar ei wyneb. Yn y dyfodol, byddai mwy o achlysuron tebyg, a chyd-blismyn eraill yn syllu'r un mor anniddig arno. Ond mynd oddi yno'n ddifraw a wnaeth Llywelyn. Roedd o'n hapus. Roedd yr ymchwiliad ar ben a dirgelwch llofruddiaeth Nelly Veronica Hughes wedi ei ddatrys.

*   *   *

Y noson honno yn y Ship roedd Ffred Hughes yn hael ei

ganmoliaeth i'r Uwch Arolygydd Llywelyn a'i gyd-blismyn.

'Dipyn o fois ydyn nhw. Cymrwch chi Llywelyn. Mi fasa'n medru ca'l hyd i bìn mewn tas wair. Meddwl fatha rasal gynno fo. A boi di-lol a gonast hefyd.'

O gwmpas y bwrdd roedd cyd-yfwyr Ffred yn unfryd unfarn. Dipyn o foi oedd Llywelyn, a diolch i'r drefn am hynny.

Ac wele fynegi teimlad trwch poblogaeth Aberedwy. Ar ôl bod yn destun sylw holl gyfryngau'r wlad am bron i wythnos, roedd yn dda gan y rhelyw weld yr hen le yn cael llonydd i fod drachefn yn dref neilltuedig ar gyrion Ewrop. Roedd rhai, bid siŵr – Miss Marian Harris yn eu plith – yn synnu mai rhyw ddieithryn o Gaeremrys oedd yn gyfrifol. Ond o leiaf ni fyddai dod wyneb yn wyneb â'r Huwsiaid yn debygol o beri embaras i neb o hyn allan. Roeddynt yn deulu bach dewr a oedd wedi dioddef prof-edigaeth erchyll. Nid bod hynny, wrth reswm, yn golygu eu bod gyfuwch o ran statws â gweddill trigolion Awel y Môr.

*　　*　　*

Dyna ddiwedd y stori felly. Ac ymhen dim, llwyddodd yr Huwsiaid i ailafael yn eu bywydau. Ym mis Awst cafodd Brian ganlyniadau boddhaol iawn yn ei arholiadau safon uwch, a chafodd swydd dros yr haf yn un o siopau llyfrau'r dre. Weithiau, ar ambell hwyrnos braf, mentrai allan yng nghwmni Gordon i dorri syched. Ac o'r diwedd, yn un o dai bwyta Eidalaidd y dref, darganfu'r ddau beth oedd bwyd da, a dechrau magu blas ato. Yr haf dilynol, efallai yr aent am eu gwyliau i'r Eidal. Ond ar adegau, er hynny, câi Brian ei lethu gan byliau o ddigalondid. Mi ddylswn deimlo'n rhydd: byddai'r geiriau hynny'n troi a throsi yn ei feddwl ar gyfnodau o'r fath.

Yr haf hwnnw blodeuodd bywyd carwriaethol Gordon yn rhyfeddol. Synnai Brian at nifer y merched a ddenid i'w grafangau. Yn wir, roedd hi fel petai'r llofruddiaeth wedi peri ei fod yn fwy o atyniad iddynt. Ond nid aeth allan gyda Delyth Prydderch. Dim un tro.

Bu'r ddau frawd hefyd yn fawr eu gofal dros eu nain drws nesaf. Ni chiliodd y pyliau ffwndrus a ddaeth yn sgil llofruddiaeth Nell, ac yn ystod oriau'r nos byddai Mrs Williams yn aml yn breuddwydio am dân a brwmstan a Dydd Barn a diwedd byd.

Ac ar aelwyd rhif 7 daeth Gordon yn ei dro i deyrnasu gydag awdurdod di-syfl. Fin nos, yn ddieithriad bron, âi Ffred allan i'r Ship. Ond roedd hynny'n ddigon derbyniol yng ngolwg ei fab hynaf. Ni fyddai Ffred byth bythoedd yn addurn iddynt fel teulu, ond gellid bod yn hyderus na fyddai ychwaith yn debygol o ddwyn gwarth arnynt. I bob golwg roedd yr hen greadur yn fodlon iawn ei fyd, er mai gwadu hynny a wnâi ef, a thaeru bod yr hiraeth ar ôl Nell yn llethol. A beth am Rhian? Ar ôl gwrthryfel y dyddiau cynnar, ymostwng yn ufudd i'r penteulu newydd fu ei thynged hithau hefyd. Ymddangosai fel petai dwrn dur Gordon yn ystod yr wythnos gyntaf ar ôl y llofruddiaeth wedi talu ar ei ganfed. Nid bod yr eboles fach wedi'i thorri i mewn yng ngwir ystyr y gair. Os na bydd ddewr bydd gyfrwys: wrth i'r haf hwnnw fynd rhagddo daeth Rhian i sylweddoli'n gynyddol pa mor ddoeth oedd yr hen gyngor hwnnw.

Yn ara deg trodd haf poeth yn Fedi mwyn. Diflannodd y twristiaid o Aberedwy a chiliodd acenion canolbarth

Lloegr o'r prom am ychydig. Ond yna daeth yr hydref â'i nawfed ton, a sŵn myfyrwyr o gyrrau pella'r deyrnas i lenwi'r lle. Cofrestrodd Brian yng Ngholeg Prifysgol Aberedwy, a dewis astudio Hanes fel prif bwnc. O dipyn i beth, gwnaeth ffrindiau newydd; yn eu plith Hywel Davies, bachgen pryd golau digon abl yr olwg o Borthmadog.

Dyna sut y bu pethau felly yn hanes yr Huwsiaid yn ystod y misoedd ar ôl i Nell farw. Ond beth am y gwŷr a'r gwragedd eraill a ddaeth i gysylltiad â hi yn ystod ei hwythnos olaf ar y ddaear hon? Ronald Parry, Ceiriog Pritchard, Nicholas Nyerere a Delyth Prydderch; pa beth erbyn yr hydref eu hystad? Aethant hwythau'n ôl i'r un hen rigolau hefyd. Ond beth am gael un sbec fach arall arnynt cyn ffarwelio? Beth oedd eu hanes ar ddydd Sadwrn, Hydref 18, dyweder, bron i chwe mis ar ôl i Nell gael ei llofruddio?

*   *   *

Drwy gyfres o gyd-ddigwyddiadau roedd pedwar o'r rhai oedd yn adnabod Nell – Gordon a Brian, Ronald Parry a Ceiriog Pritchard – yng Nghaeremrys y Sadwrn hwnnw. Yn Undeb y Myfyrwyr cynhelid y Ddawns Ryng-golegol. Grŵp dwyieithog o Lŷn, un rhyngwladol ei olygon o'r enw Bardsey Boys, oedd y prif atyniad. Ni fwriadai Brian fynd yno yn wreiddiol. Casâi ddawnsfeydd; casâi'r gwingo ynghanol cannoedd o gyrff chwyslyd; a chlywsai y byddai'r daith yn ôl ar y bws yn un hunlle chwydlyd yng nghanol rafins y neuadd Gymraeg. Ond roedd Gordon am fynd, ac yn benderfynol o gael cwmni ei frawd bach ar y bws ar y ffordd yno. Wrth gwrs, unwaith y cyrhaeddodd y ddau Gaeremrys, ac unwaith y dechreuodd y cwrw lifo, aeth

Gordon ati i gymysgu'n hyderus â'r myfyrwyr eraill. Ac wrth hel tafarndai cyn i'r ddawns gychwyn, roedd rhai ohonynt yn cael eu denu ato fel gwenyn at bot mêl. Roedd hwn wedi byw. Roedd hwn yn borthor yn eu coleg ac yn gyn-filwr. Roedd hwn yn un o'r wêr. Ac i gywion bach oedd newydd ddianc o aelwydydd cysgodol y dosbarth canol, roedd sgwrsio â Gordon Hughes yn fath o brawf eu bod hwythau hefyd yn y bôn yn bobl go-iawn. Roedd Gordon hefyd yn ddigon hirben i beidio â gwneud ffŵl ohono'i hun yn eu gŵydd. Weithiau byddai'r sgwrs y tu hwnt iddo. Nid sôn am 'anghanoli'r diwylliant Cymraeg' gan orseddu 'lluosogedd ôl-fodernaidd' yn ei le oedd ei syniad ef o sgwrs uwchben peint, rywsut, a phan refrai rhyw frawd milwriaethus ei dôn am y cyfryw bynciau, caeai ei geg yn glep.

Erbyn iddynt gyrraedd neuadd y ddawns, roedd Gordon yn gryn ffefryn ymhlith y genod, ac wedi dechrau ymddwyn fel myfyriwr hanner pan ei hun. Aeth yntau ati, fel y rhelyw, i watwar dau Efengylwr oedd yn rhannu pamffledi wrth y fynedfa, ac ym mar gorlawn y neuadd ddawns prynodd lond ei hafflau o boteli Newcastle Brown Ale. Ar lawr y ddawns ei hun, bwriodd ei hun i ganol y cannoedd diadwaen, a chyn pen dim roedd wedi diosg ei grys. Fel yr âi'r ddawns rhagddi âi cerddoriaeth y Bardsey Boys yn fwyfwy gorffwyll wrth i'r hen hogiau (dau o feibion y mans, etifedd un o ffermydd brasaf Llŷn, a mab i fardd bro cyhyrog ei sonedau) bicio y tu ôl i'r llwyfan o bryd i'w gilydd am rywbeth amgenach na mwg baco a chaniau lager i'w cyfnerthu. Roedd Gordon yn mwynhau, ond doedd y dawnsio hwn yn un criw gwyllt ddim wrth fodd ei galon yn llwyr. Doedd hi ddim mor hawdd bachu fel hyn. Mi fyddai'n well ganddo fiwsig ychydig yn arafach, a chyfle i ddawnsio'n gyplau. 'Taen nhw ond yn canu'n debycach i'r Eagles, 'tai'r rhythmau ond yn fwy synhwyrus, mi fyddai'n haws closio a theimlo siâp pen-ôl. Daeth rhywfaint o achubiaeth, er hynny, ar ôl i'r B.Boys – felly y cyfeirid atynt ar dudalennau *Melody Maker* – orffen eu set gyntaf. Hen stejars wedi gweld dyddiau gwell, hasbîns go-iawn, oedd y grŵp wrth gefn, tri neu bedwar sacsoffonydd, gitarydd bas tragwyddol ifanc a phrif leisydd a ganai fel petai newydd lyncu pwcedaid o dywod. Roedd caneuon y rhain yn arafach, ond yn fwy joli na rhai'r B.Boys. Cilio am y bar wnaeth y lefrod ifanc, er hynny, a gadawyd Gordon yn dawnsio ymhlith criw o athrawesau oedd yn ddigon hen i gofio'r hasbîns yn nyddiau eu bri.

*   *   *

Awn yn ôl i Aberedwy am ychydig, ac at bedair gwraig oedd yn gybyddus â Nelly Veronica Hughes; tair gwraig a fyddai wedi bod yn ddigon bodlon estyn cymorth i'w llofrudd. Roedd Delyth Prydderch newydd roi ei merch yn ei gwely. O'i blaen, ar fwrdd y gegin, roedd pentwr o waith marcio a myg o goco. Syllu ar y pentwr gwaith yn freuddwydiol a wnâi Delyth. Syllu'n drist, fel y bu er y diwrnod hwnnw pan alwodd y caplan milwrol. Ym Min y Don, ar ei phen ei hun yr oedd Elena Pritchard hefyd. Wedi i Ceiriog fynd allan codasai ar ei hunion, ymbincio, ac estyn clustdlysau a mwclis o'r bocs gemau a gedwid erbyn hyn yn ei llofft. Eisteddai'n gyfforddus yn y stafell fyw yn gwylio'r teledu, a photel wisgi'n swatio'n braf wrth ei hochr. Dyma'r bywyd! Pam, o pam, na feddyliasai am hyn flynyddoedd yn ôl! Ryw ddiwrnod, efallai y mentrai allan o'r tŷ. Bu marwolaeth Nell yn gyfrwng i'w rhyddhau hi o gaethiwed ei gwely.

Cymerodd swig arall o'r botel, ac yna chwerthin yn aflywodraethus o flaen y sgrin. Dim ond noson lawen briddlyd ei hiwmor mewn tŷ gwair oedd hi. Ond jiw, jiw, am gesys oedd y crymffastiau 'na wedi'u gwisgo fel menywod. Cymerodd swig arall. Roedd hi'n hapus.

Ryw hanner milltir i ffwrdd, roedd Mrs Kate Williams yn troi a throsi'n anniddig yn ei gwely. Fel hyn y byddai am nosweithiau bwy'i gilydd, yn y tir neb hwnnw rhwng cwsg ac effro. Dim ond yn achlysurol y câi noson braf o gwsg trwm. Âi i'w gwely'n gynnar. Cysgai am ryw awr. Ond yna deuai'r gweledigaethau. Bu bron iddi â gofyn i'r meddyg am dabledi cysgu, cyn penderfynu mai arwydd o wendid ar ei rhan fyddai hynny. Troi a throsi oedd ei thynged eto heno. Rhyw bum munud neu ddeg o gwsg, ac yna sgytiad bach sydyn arall. Llonyddwch, ymlacio drachefn, cyn i leisiau, pytiau o emynau ac adnodau ddechrau gwau fel morgrug drwy'i hymennydd. Ac mi glywai un adnod yn arbennig heno: 'A'r cŵn a fwytânt Jesebel... [ac] ni chawsant ohoni onid y benglog a'r traed, a chledrau'r dwylo.'

Yn narlith agoriadol Cymdeithas Lenyddol Eglwysi Rhyddion Aberedwy, syllai Mrs Creirwy Davies mewn llesmair llwyr ar y bardd ifanc o ddarlithydd o Wynedd. Golchi'n donnau annirnad drosti a wnâi ei druth am 'R.Williams Parry: y Modernydd Cyndyn'. Ond bois bach, roedd hi'n dotio at y llygaid glas. A'i thro hi heno oedd cynnig llety i'r darlithydd gwadd.

*   *   *

Mewn sinema lychlyd yng Nghaeremrys a oedd wedi gweld dyddiau gwell, âi Ronald Parry drwy'r mosiwns arferol gyda Monica Haf Maciwan; Monica ddel, ddwy ar bymtheg oed. Ar ei gylchoedd clera fel dyn siwrin bu wrthi'n ddyfal yn tynnu sgwrs â hon yn ei phortocabin o swyddfa yn iard Moduron a Thryciau Caeremrys. Ac roedd pob damwain, pob cais am yswiriant, yn esgus pellach dros sgyrsiau hir ar y ffôn gyda hi. Heno, roedd misoedd o baratoi gofalus i'w weld yn talu ar ei ganfed. Camgymeriad, efallai, oedd y pryd Indiaidd trwm cyn mynd i'r sinema. Ond roedd oriau lawer cyn y deuai'r nos i ben.

'O, 'wy'n meddwl bo' ti'n ffantastig,' sibrydodd Monica. Monica ddel ac oglau nionyn a garlleg yn drwm ar ei gwynt. Na, ni fu fawr o newid yn hanes Ronald Parry yn sgil marwolaeth Nell. Roedd Ronald hefyd yn hapus.

* * *

Tua un ar ddeg, am y tro cynta'r noson honno, dechreuodd Gordon boeni am Rhian. Erbyn hynny roedd y B.Boys yn ôl ar y llwyfan a'r neuadd yn orlawn. Oedd y jolpan fach yn bihafio'i hun yn Aberedwy ac yntau mor bell? Damia, meddai wrtho'i hun. Damia'r hogan yn gwneud iddo boeni fel hyn. Falla'i fod o'n mynd dros ben llestri, meddyliodd ymhellach. Ond doedd ei chwaer fach ddim yn dryst. Dim eto, beth bynnag. Yn ystod yr egwyl rhwng dwy gân ymwthiodd drwy'r cyrff chwyslyd at un o'r byrddau ar gyrion y llawr dawnsio. Yno'r eisteddai Brian a Hywel Davies fel dau belican.

'Ti'n meddwl 'sa'n well i ni ffonio Mrs Gwynne?' meddai Gordon. 'Jest i neud siŵr fod pob dim yn iawn?'

Mam Karen oedd Mrs Gwynne, a'r Sadwrn hwnnw

roedd Rhian, gyda chydsyniad Gordon, am gael treulio'r nos yn eu cartref. Yn ystod yr wythnosau ar ôl llofruddiaeth Nell, roedd Karen wedi bod yn gefn mawr i Rhian, a'r ddwy wedi tyfu'n benna ffrindiau. A chwarae teg i Mrs Gwynne, roedd hithau hefyd wedi dangos cryn garedigrwydd a chydymdeimlad gan annog Rhian i alw draw atynt am sawl pryd bwyd.

Yng ngŵydd Hywel, roedd gan Brian fymryn o gywilydd o weld ei frawd yn ymddwyn fel rhyw dad gorgyfrifol. 'Esu, gad lonydd iddi, wir Dduw,' meddai. 'Fydd yr hogan yn iawn.'

'Ond neith o'm drwg iddi ga'l ei hatgoffa pwy 'di'r bòs.'

'Fel'na mae o ar ôl i Mam ga'l ei lladd,' meddai Brian wrth Hywel ar ôl i'w frawd fynd i chwilio am y bythau ffôn yng nghyntedd y neuadd. 'Mae o 'di cymryd yn ei ben ma' *fo* sy'n gyfrifol am y teulu. Ond paid â 'nghamddallt i. Halan y ddaear ydi Gordon.'

'Ia, debyg,' cytunodd Hywel. 'Ond ma' 'na beryg, 'toes?'

'Peryg?'

'Ia, y busnas penteulu 'ma. Ma' gin ti dy fywyd dy hun. Byw hwnnw sy isio i ti neud rŵan. Ei fyw o i'r eitha!'

'A dyna dwi'n neud heno!' meddai Brian. Ond llwch yn llygaid Hywel oedd ei frwdfrydedd. Daeth ton sydyn o ddigalondid drosto, a hen amheuon cynefin i'w boeni. A gâi, yn y dyfodol, deimlo'n gwbl rydd? Oedd o isio i hynny ddigwydd? Neu oedd o am i Nell barhau â'i gafael drosto hyd yn oed o'i bedd? Ac felly y bu, yn hel meddyliau yn ei gongl, hyd nes y daeth Gordon yn ei ôl.

'Gest ti siarad hefo hi?' holodd.

'Na. Oedd hi a Karen 'di mynd â'r ci rownd y bloc. Ond oedd bob dim yn iawn, yn ôl Mrs Gwynne.'

*　*　*

Ynghanol coedlan fechan ar gyrion meysydd chwarae Prifysgol Cymru Aberedwy gorweddai Rhian Hughes yn orawenus hapus. Doedd hi ddim ar ei phen ei hun, ac ar ôl hirlwm misoedd yr haf roedd blys a chwant a chnawd yn felys felys.

'Ti ddim yn ofni bydd dy frawd yn dod i wybod?' meddai ei chymar.

'Neith o ddim,' atebodd Rhian gan biffian chwerthin. 'Mae Mrs Gwynne a fi'n dallt ein gilydd. "Rhaid i ni fenywod sefyll 'da'n gilydd!" Dyna'i phregeth fawr hi. A ma' hi'n gwbod gymaint o hen fwli ydy o, yli. Argol, mi fasa'n barod i balu unrhyw glwydda ar fy rhan i. Gordon druan. Pathetig ydi'r gair. Oedd hyd 'noed Mam yn fwy hirben na fo.'

Chwarddodd ei chymar cyn i'r ddau dawelu. Yna drwy'r distawrwydd daeth sŵn cusanu blysig drachefn. Sŵn mân frigau'n torri, a dau mewn stryffâg yn ceisio datod a diosg dillad ei gilydd. Wele'r lleuad hefyd yn bwrw'i olau ar gluniau llyfn; rhai Rhian yn Gymreig o wyn a rhai'i chymar mor ddu â'r muchudd.

*　*　*

Yn y tŷ teras cyfforddus ar gyrion Caeremrys, derbyniodd yr Athro Ceiriog Pritchard wydryn arall o chwisgi Tullamore. Roedd bron ddeufis bellach ers iddo ateb yr hysbyseb yng ngholofn 'Awydd Dêt?' *Y Cymro*: 'Gweddw ganol oed ddiwylliedig yn chwennych cyfeillgarwch'. Hwn oedd eu trydydd cyfarfyddiad, ac mi wyddai y byddai'n rhaid iddo fod yn amyneddgar. O leiaf roedd hi'n ddigon hawddgar, ac roedd hi'n barod iawn i wrando arno ef yn bwrw drwyddi. Eithriad, yn wir, oedd iddi roi ei phig i mewn i sôn amdani ei hun.

'Wrth gwrs, wrth gwrs, ma' cwyno'n groes graen i mi,' meddai Ceiriog, 'ond ma'r blynyddoedd dwytha 'ma 'di bod yn un hunlla.'

'Alla i feddwl,' atebodd y weddw.

'Hunlla! Pob un dwrnod! O fora gwyn tan nos!' ychwanegodd Ceiriog yn ddig.

'Gwedwch fwy.'

Ac aeth Ceiriog ati i fwrw'i fol. Mae'n rhyfedd na fyddai wedi syllu'n fanylach ar wynepryd y weddw. Efallai y byddai wedi gweld y dirmyg tuag ato yn sgleinio yn ei llygaid. Y creadur, petai ond wedi sylwi. Ond efallai fod y duwiau wedi rhagarfaethu mai camu o'r badell ffrio i'r tân fyddai tynged yr Athro Ceiriog Talhaiarn Pritchard wedi marwolaeth Nelly Veronica Hughes.

*　　*　　*

Wrth edrych ar Gordon yn dawnsio o'i hochr hi ynghanol y dorf, aeth Brian i hel meddyliau unwaith eto. Heno roedd Gordon yn ymgorffori'r peth sylfaenol hwnnw yr oedd o'n ei chwennych: yr hyder i ymollwng ac ymlacio ynghanol eraill heb ronyn o swildod.

'Esu, 'sa'n braf – ' ebychodd.

'Be?' holodd Hywel gan blygu'n nes ato ar draws y bwrdd.

''Sa'n braf... Dim byd... Mond meddwl o'n i. Gweld Gordon yn fan'na... Ma' bywyd yn byrlymu drwyddo fo, 'dydi?... 'Sa'n braf medru ildio fel'na. Rhoi rhwydd hynt i'r greddfa a mwynhau.'

'A pham lai?' meddai Hywel gan roi winc slei arno.

'Argoledig, 'swn i'n fan'na, ac un o'r genod yn cythru amdana i, dwn i'm be nawn i… Sbia ar honna'n hongian am ei wddw fo… Ma'r peth yn ail natur iddo fo. Fferru'n stond 'swn i.'

'Am dy fod ti'n wahanol, falla. Wedi dy neud yn wahanol,' awgrymodd Hywel.

'Gwahanol? Yn wahanol i Gordon?'

O dan y bwrdd teimlodd Brian law Hywel yn ymestyn am ei glun ac yn cau'n gynnes amdani. Dim ond am ychydig eiliadau y parhaodd y cyffyrddiad. Ond lle bu'i law roedd sioc y cyffwrdd wedi troi'n gynhesrwydd braf.

*   *   *

Roedd gwydryn peint Ffred yn wag, a chwpan y bencampwriaeth ddartiau yn sgleinio ar y bwrdd o'i flaen. Yn ystod y misoedd ar ôl marwolaeth Nell datblygasai'n chwaraewr dartiau llygatgraff ei annel, a mawr fu'i gyfraniad i lwyddiant y tîm y noson honno. Roedd y fuddugoliaeth, a'r dathlu wedyn ar ôl stop-tap, wedi mynd i'w ben a siaradai'n dafotrydd sentimental. Fel hyn y byddai ar ôl cael diod, a chlywsai selogion y Ship yr un hen eiriau'n dod o'i ben droeon cyn hynny… Nell druan… Dew, y fath wraig ardderchog oedd hi… Ac O! fel y carai flingo'r bastad a'i lladdodd… Ac O! fel roedd o'n diolch bob nos ar ei liniau yn ei byjamas am y plant ardderchog yr oedd Nell wedi'u dwyn i'r byd… Ac O!… O!… fel roedd hi'n ddrwg calon gynno fo fynd i'r ffasiwn stad fel'ma, a drysu hwyl pawb, a chrio fel peth gwirion…

'Dere nawr, Ffred. Llai o ddwli. Ti moyn peint?… 'Run peth 'to, ife?'

'Iawn... Esu, na. 'Sa'n well i mi'i throi hi. Mi fyddan adra toc, ac yn disgwl tamad yn eu bolia. Dew, coblyn o gyfrifoldeb ydi o, w'chi – magu teulu ar eich pen eich hun.'

'Ma' digon o fenywod ar y *shelf* yn y dre 'ma. Priodi 'to! 'Na'r ateb, Ffred!'

'Tewch wir, y tacla,' meddai Ffred gan godi'n sigledig ar ei draed. 'Ond dalltwch hyn... dw inna 'di bod yn rhyw feddwl am hynny hefyd... '

*　　*　　*

Dim ond curo gwan yn y pellter oedd sŵn y gerddoriaeth bellach, a rhyngddynt a'r ddawns ymestynnai labrinth o goridorau gwag a thywyll. Fu'r un gair rhwng y ddau ers iddynt lithro o'r neuadd orlawn a gwthio'u ffordd drwy'r criwiau hanner pan o feddw yn y cyntedd. Fu dim bwriad ganddynt i grwydro fel hyn. Digwydd wnaeth y peth, fel petai rhyw gyd-ddealltwriaeth greddfol rhyngddynt, a'r un awydd yn isymwybod y ddau i ymbellhau o sŵn a chrechwen torf. Ond nid aent ddim pellach na'r llafn hwn o olau yr oeddynt wedi'i weld o ben arall y coridor ac wedi dynesu mor betrus tuag ato. Na, nid oedd na phorthor na'r un enaid byw yma wedi'r cwbl. Ond o'u blaenau roedd dihangfa dân, a thrwy'r gwydr gwifrog goleuadau Caeremrys yn sbeciau oren islaw. Dôi'r llafn o olau drwy ddrws cilagored ar y dde iddynt a 'Dynion (Staff yn Unig)' yn llythrennau breision arno. Am rai munudau bu'r ddau'n syllu ar oleuadau'r dref. Yn y pellter gwelent olau glas injan dân neu ambiwlans yn trywanu'r tywyllwch, ac ar gyrion Caeremrys y draffordd, a gerllaw iddi safle gwasanaethau yn cynnig lloches i fforddolion blin y nos.

Roedd syllu fel hyn yn haws na siarad. Ar hap y daethant yma, ond gwyddai'r ddau ym mêr eu hesgyrn fod ffin wedi'i chroesi. Rywle ar y coridorau tywyll roedd cyfeillgarwch yr wythnosau cynt wedi troi'n swildod, a dau a fu gynt mor rhwydd eu sgwrs bellach yn ymbalfalu'n anobeithiol am rywbeth ystyrlon i'w ddweud.

'Esu, dwi bron â byrstio,' meddai Brian o'r diwedd.

Chwarddodd Hywel. 'Rhamantus!' meddai. 'O'n i'n disgwl englyn o leia!'

Chwarddodd Brian hefyd.

'Wel o leia ti'n y lle iawn,' ychwanegodd Hywel.

Aethant i mewn. Fe'u dallwyd am ychydig gan y golau llachar a'r muriau claerwyn. Doedd dim mochyndra na chwd yma fel yn y toiledau ar bwys y ddawns. Dim ond glendid ac arogl diheintydd a sawr lemwn yn gry arno. Aeth y ddau at y cafnau sgleiniog a gollwng dŵr. Syllasant ar yr arwyddion cryno uwchben bob un cafn: 'Golchwch eich Dwylo. Glendid = Iechyd!' Aethant at y basnau, tynnu hylif golchi dwylo o declyn plastig a throi'r tapiau; ac yna, wrth i'r dŵr ffrydio, mentro ciledrych ar ei gilydd yn y drych. 'Byw i'r eitha. Byw'n rhydd.' Clywai Brian eiriau Hywel yn gynharach y noson honno yn atseinio drwy'i ben. Roedd y dŵr yn dal i ffrydio. Trodd y ddau, wynebu'i gilydd yn eofn ac ymgofleidio... Yna sŵn, sŵn traed. Y drws yn cael ei hyrddio ar agor, a'r ddau'n syllu tuag ato gan ymwahanu'n syfrdan.

'Gordon!... Esu, Gordon!'

Craffodd y brawd mawr arnynt am ennyd, cyn anelu'n ymddangosiadol bwyllog tuag at y cafnau gwneud dŵr.

'Fa'ma 'dach chi, hogia?' meddai wrth ddatod ei falog. 'Dwi 'di bod yn chwilio bob twll a chornal amdanat ti,

Brian. Isio gair, yli.'

Ai twyll oedd tôn ddidaro'r llais? Doedd dim y gallai Brian a Hywel ei wneud ond syllu'n anesmwyth ar ei gilydd, a disgwyl i sŵn y ffrydlif yn y cafn ddod i ben.

Caeodd Gordon ei falog a throi tuag atynt. 'Dwi newydd ddeud 'mod i isio gair efo 'mrawd.'

'Be? Ar ei ben ei– ?'

'HEGLA HI!'

Am eiliad, ymddangosai fel petai Hywel am ddal ei dir. Ond wrth i Gordon gamu'n fygythiol tuag ato trodd ar ei sawdl a sgrialu allan drwy'r drws. Clywsant sŵn ei draed yn dyrnu mynd ar hyd y coridor, ac yna'n troi'n eco gwan yn y pellter. Aeth Gordon at y basn golchi dwylo a chau'r tapiau. Yna trodd fel mellten, cythru yng ngwddw'i frawd, a'i wthio'n ôl yn erbyn y mur.

'Y blydi ffŵl!'

'Gordon!… Paid!'

'Y blydi ffŵl! Liciwn i roi stîd iawn i ti.'

'Stopia, Gordon. Ti'n 'y nhagu fi.'

'Dyna 'di'r bwriad, washi. Iesu Grist, ti'n codi'r pych arna i. Ti a dy siort. Dal dylo dan bwr' efo ryw bwfftar bach arall… A rŵan yn fa'ma.'

'Ddigwyddodd 'na'm byd.'

'Dwi'n ffycin gobeithio, mêt.'

'Esu, stopia, Gordon… A be 'di'r otsh…? Falla 'mod i'n wahanol… Ond be 'di'r otsh?'

'Cau hi. Ti'n meddwl 'mod i isio pwfftar yn frawd?'

'Dydi hynna'm yn deg.'

'Dwi'n gwbod yn iawn am eich siort chi. Oedd 'na rei'n yr armi. Swyddogion ac ati. Cynnig diod i rywun yn glên i gyd, a'r funud nesa'n trio agor dy falog di. Ond dallta

249

hyn, fydd 'na'r un pwfftar yn ein teulu ni.'

'Callia, Gordon. Jyst callia. Ti 'di meddwi, yli... Siaradwn ni bora fory.'

''Dan ni'n mynd i siarad rŵan. Ti'n 'y nallt i? Gobeithio fod ti, achos ti'n mynd i addo i fi rŵan ma' hwn 'di'r tro ola. Y tro ffycin ola, yli.'

'Plîs, Gordon. Siarad am y peth yn gall bora fory 'sa ora... Ti 'di ca'l sioc. 'Di dychryn... Dw inna hefyd... Achos heno ma' 'na rwbath 'di digwydd. Dwi 'di sylweddoli rwbath. 'Di dallt rwbath o'r diwadd.'

'Mond un peth sy 'na i ti'i ddallt – heno 'di'r tro ffycin ola... Blydi hel, poeni am Rhian oedd y mistêc! 'Swn i ond 'di sylweddoli fod gin i filigydiwr bach o frawd oedd yn disgwl ei gyfla... Ond dallta hyn. Os dalia i di eto, fydda i'n hannar dy ladd di. Dy ffycin stido di. Dallt?'

'Esu gwyn, Gordon, paid â bod mor blydi melodramatig!'

'Be? Ti'n meddwl ma' malu cachu dwi? Oedd 'na gwdyn bach yn meddwl 'run fath yn Werddon.' Llaciodd Gordon ei afael yng ngwddw Brian, ond parhâi ei lygaid i fflachio'n fygythiol. 'Tisio clywad hanas y cwd bach o Belffast?... Pabydd oedd o, yli. Barman yn ganol dre. Mi sbragiodd y bastad wrth y Provos fod un o'n mêts ni'n lysio yno... Ond geuthon ni afal arno fo. Ges i awran dda hefo fo mewn hen chwaral ar gyrion Belfast... Oedd ei wynab o fatha pwdin mwyar duon... Neith o byth gerddad eto... A 'tasat ti'n llusgo'n henwa ni drw'r baw... wel, 'swn i'n gneud union yr un peth i ti.'

'OK 'ta, leinia fi! Dyrna fi'n racs! Fedri di byth byth-oedd newid yr hyn sy tu fewn i fi. Y ffor' dwi 'di ca'l 'y nghreu.'

'Paid â bod mor siŵr. Ma' gin i fwy o afa'l drosta ti na ti'n feddwl. Mond i mi agor 'y ngheg a 'sa hi 'di cachu arnat ti… Dwi'n gwbod rwbath damniol amdanat ti.'

'Be?'

'Dwi'n gwbod bo' ni'n dau 'di cynllwynio i ladd ein "diweddar annwyl fam"… A be ddigwyddodd ar Ebrill 24…? Be ddigwyddodd, Brian?'

Chwarddodd Brian. 'Esu, ti *wedi* meddwi, Gordon bach. Am wybodaeth syfrdanol! Pwy ddiawl sy'n poeni am hynny rŵan. Ma'r lob 'na o Gaeremrys yn jêl bellach, 'tydi?'

'Dim am fwrdro Nell. Neuthon nhw ollwng y cyhuddiad. Ond ma'n siŵr ma' matar hawdd fydda iddyn nhw ailagor yr ymchwiliad. Dim ond i fi fynd lawr i'r stesion.'

'Mynd lawr i'r stesion a deud be? Deud ein bod ni'n dau, wrth orwadd yn ein gwlâu, 'di bod yn trafod sut i ladd Nell? Paid â malu cachu.'

'Ond mi *gafodd* hi'i mwrdro… A dyna i ti beth od, gafodd hi'i mwrdro yn y ffor' oeddan ni 'di'i blanio. Gafodd hi'i thagu hefo weiran… A ma' honno erbyn hyn 'di'i chladdu yn un o'r gwlâu rhosod ym mharc y dre.'

'Geuthon nhw rioed hyd iddi – '

'A ryw ddwrnod – gwanwyn nesa falla – fydd Ffred yn ca'l hyd iddi wrth docio'r rhosod. A falla bydd o'n ei thaflu hi ar y pentwr sbwrial.'

'Ffred?'

' – a fydd o ddim callach ma' dyna'r weiran helpodd Nell i fynd o'r hen fyd 'ma. Fydd o ddim callach achos fod y carna oedd bob pen iddi 'di ca'l eu torri i ffwr', a'u taflu ar y tân ym mar y Rose and Crown am ddeg munud i ddeg y noson pan gafodd hi'i mwrdro.'

'Gordon! Paid â malu... Siarad lol w'ti, 'te?' Gwingodd Brian yn rhydd o'i afael a phlygu'n llawn dryswch dros y basn ymolchi. Syllodd arno'i hun yn y drych. Roedd golwg uffernol arno... Oedd Gordon yn deud y gwir? Nac oedd! Nac oedd! Rargian fawr, nac oedd!... Ond beth petai o?... Wrth i Brian ddechrau amgyffred y posibilrwydd hwnnw, dechreuodd gyfogi'n wag uwchben y basn.

'Y cachwr bach. A ma' hyd yn oed meddwl am y peth yn ddigon i dy ypsetio di?... Ti'm yn meddwl 'mod inna hefyd 'di teimlo fatha chwydu? Ond ei ddal o'n ôl; ei ddal o'n ôl fatha dyn; ei ddal o'n ôl yr holl ffor' i'r Rose and Crown – dyna nes i... A dal ati i dancio hefo'r hogia. 'Y ngorfodi'n hun i yfad – dau, tri, pedwar peint arall.'

'Blydi hel, Gordon, ti'n siarad drw dy het. Ti 'di meddwi. Ti'n dychmygu petha. Sôn yn unig am ei lladd hi neuthon ni.'

'O'n i'n gwbod, yli. Yn gwbod o'r cychwyn cynta ma' cachgïo fasat ti. Dim asgwrn cefn. Dim gyts. Ac ar ôl y gwffas rhwng Nell a Rhian, mi welist ti dy gyfla. Gest ti hyd i'r esgus perffaith... Pa ddewis arall oedd gin i ond taro ar 'y mhen 'yn hun? Dewis dwrnod gwahanol a lle gwahanol. A dyna ni – bingo!... Ac w'st ti be? Oeddan nhw'n funuda i'w cofio.'

'Be? – '

'Esu, oeddan. Gweld ei chorff hi'n gwingo o 'mlaen i... A nes i'n siŵr bod hi'n dallt ma' fi oedd wrthi. Oedd hi'n gwbod ma' fi, Gordon Hughes, un o'r cywion annwl, oedd yn ei thagu hi. Dyna nes i fwynhau fwya.'

'Ma' 'na goll arnat ti. Dim ti lladdodd hi. Ma' pawb yn gwbod hynny.'